扬州大学出版基金资助

马克思主义
理论前沿问题

ADVANCES IN MARXIST THEORY

张爱武　主　编
戴玉琴　副主编

社会科学文献出版社
SOCIAL SCIENCES ACADEMIC PRESS (CHINA)

前　言

习近平在党的二十大报告中指出，"马克思主义是我们立党立国、兴党兴国的根本指导思想。实践告诉我们，中国共产党为什么能，中国特色社会主义为什么好，归根到底是马克思主义行，是中国化时代化的马克思主义行。拥有马克思主义科学理论指导是我们党坚定信仰信念、把握历史主动的根本所在"①。培养德智体美劳全面发展的社会主义建设者和接班人是我国的教育方针，关乎着中国式现代化的成功实现及其创造的人类文明新形态对人类文明进步作出巨大贡献，决定着中华民族伟大复兴宏伟目标的如期实现。这就不仅要求我们坚持、创新和发展马克思主义，而且要求我们做好对马克思主义的宣传和教育工作。高校马克思主义教育是铸魂育人的主渠道。新中国成立以来，我国高校一直开设马克思主义理论课。改革开放以来，马克思主义理论课得到不断推进和加强。在新世纪新阶段，高校马克思主义教育也取得了新成效。2004 年，中共中央提出实施马克思主义理论和建设工程以进一步加强马克思主义学科体系、教材体系、研究和教学队伍建设；2005 年，国务院学位委员会和教育部下发了《关于调整增设马克思主义理论一级学科及所属二级学科的通知》，将马克思主义理论学科从政治学学科中分离出来，升格为法学门类下独立的一级学科。党的十八大以来，马克思主义的学习、宣传和教育被推进到了新阶段。2019年 3 月 18 日，习近平主持召开了学校思想政治理论课教师座谈会，强调指出，我们党对思想政治工作高度重视，"始终坚持马克思主义指导地位，大力推进中国特色社会主义学科体系建设，为思政课建设提供了根本保证"②。

---

① 习近平：《高举中国特色社会主义伟大旗帜 为全面建设社会主义现代化国家而团结奋斗——在中国共产党第二十次全国代表大会上的报告》，人民出版社，2022，第 16 页。
② 习近平：《思政课是落实立德树人根本任务的关键课程》，人民出版社，2020，第 8 页。

　　自调整增设马克思主义理论一级学科以来，马克思主义理论学科建设取得了丰硕成果和宝贵经验，马克思主义的影响力不断扩大，话语权不断提升。但是，一些基础性、内涵性工作有待进一步推进和加强。与此同时，中国特色社会主义的快速发展和时代的快速进步，呼唤着我国教育事业必须卓有成效地推进内涵式建设，推进教育现代化。正是在这样的大背景下，为了加强研究生课程建设，提高研究生培养质量，国务院学位委员会第七届学科评议组组织编写《学术学位研究生核心课程指南（一）（试行）》，并由高等教育出版社于 2020 年 9 月正式出版。《学术学位研究生核心课程指南（一）（试行）》中共有七门马克思主义理论一级学科研究生核心课程，为这些课程的规范化建设提供了重要指导。本书就是根据其中针对博士研究生开设的"马克思主义理论前沿问题"的课程内容组织编写的，旨在为加强本门课程建设进而加强马克思主义理论学科建设进行积极探索并作出应有的贡献。

目 录
Contents

第一讲
马克思主义理论的整体性和本质特征

马克思主义理论是关于自然、社会和人类思维发展一般规律的学说，科学揭示了人类社会的发展规律，具有科学性、人民性、实践性、发展性等鲜明特征，其中整体性是其本质属性。马克思主义的创立、构成、方法、理论等都体现了整体性特征，因此应当从整体性视角准确、完整地认识和理解马克思主义及中国特色社会主义理论体系，树立马克思主义理论的整体性形象。

一 马克思恩格斯对创立马克思主义的重大贡献

"马克思主义是社会发展和科学发展的结果，是出生于 19 世纪初叶的马克思、恩格斯经过长期科学研究和实践活动，于 19 世纪 40 年代末创立并不断发展起来的。"① 马克思恩格斯的主要贡献就在于，创立并不断发展了辩证唯物主义与历史唯物主义的马克思主义哲学，发现了剩余价值规律，使用该规律深刻分析了资本主义制度与人类社会的发展规律，并在此基础上发展了科学社会主义。

18 世纪下半叶，珍妮纺纱机的发明率先在英国揭开了工业革命的序幕，瓦特改良蒸汽机将人类社会带入"蒸汽时代"，此后的 100 余年间，工业革命席卷英国、法国、德意志、美国等地，这些地区的生产力水平得到极大提高。到 19 世纪三四十年代，随着机器大生产取代工场手工业，社会关系发生深刻变化，逐渐分裂出工业资产阶级与工业无产阶级两大对立阶级，资本主义制度在西欧等国相继建立。资本主义制度建立初期，资产

---

① 房广顺等：《马克思主义整体性研究》，中国社会科学出版社，2012，第 161 页。

阶级对无产阶级在政治、经济等方面不加掩饰、毫无顾忌地剥削与压迫，促使无产阶级的反抗逐渐从最初以提高工资为诉求的自发、分散式经济抗争，发展为以争取普选权等政治权利为诉求的反抗资本主义统治的政治斗争。以法国里昂工人武装起义、英国宪章运动、德意志西里西亚工人起义等事件为标志，无产阶级作为独立的政治力量登上历史舞台。这一时代背景既是马克思主义产生的社会经济基础、阶级基础与实践基础，也是对指导无产阶级革命乃至整个人类社会发展形态探索之科学理论的呼唤。

在此背景下，从学生时代到1844年《德法年鉴》出版之前，马克思和恩格斯立足于欧洲社会，分别从哲学—政治批判与社会—经济批判的路径入手，实现了世界观和革命立场的同步转变，冲破了资本主义的思想体系，在思想斗争与现实的政治斗争中初步展开了对资本主义社会的政治经济学分析，为后来马克思主义的创立做好了思想和理论准备。继而，于《1844年经济学哲学手稿》至1867年《资本论》第1卷发表期间，马克思恩格斯从哲学、政治经济学和共产主义等多个视角探析了人类社会的发展规律，以《共产党宣言》为标志，创立了马克思主义理论体系。自1867年《资本论》第1卷发表，一直到他们去世之前，马克思恩格斯都致力于发展马克思主义哲学、政治经济学与科学社会主义理论。

具体来说，在1830年到1844年《德法年鉴》出版的10余年间，马克思在思想上批判黑格尔哲学，在现实中积极参与政治斗争，其唯物主义思想由此不断成长。马克思也深刻意识到研究经济问题和共产主义问题的重要性，逐步明晰了把社会问题归结为国家，把国家归结为理性和哲学的矛盾，进而提出市民社会决定国家的思想，开始专注于对市民社会的政治经济学分析。通过这样的哲学—政治批判路径，马克思实现了世界观方面由唯心主义向唯物主义，革命立场方面由革命民主主义向共产主义的转变。

与此同时，恩格斯在历经少年时代试图摆脱宗教虔诚主义倾向，不来梅时期反对宗教虔诚主义与封建专制制度，柏林时期参加青年黑格尔派并批判谢林启示哲学，从而充分阐发其革命民主主义思想的三个阶段后，思想不断成熟。在曼彻斯特时期（1842年11月至1844年8月），恩格斯一方面实际考察了英国的经济、政治状况，提出了物质利益在社会生活中发挥重大作用的唯物主义观点；另一方面系统地研究了德国古典哲学、资产阶级古典经济学和空想社会主义相关理论，从经济学的角度分析英国社会，得出了未来的社会革命是资本主义制度本身矛盾运动的结果的结论，论证了共产主义革命的历史必然性，撰写了《政治经济学批判大纲》。由此，通过社会—经济批判，恩格斯实现了向唯物主义与共产主义的转变。

秉持着相同的唯物主义世界观与共产主义革命立场，马克思恩格斯通力合作，阐发了唯物史观与剩余价值学说，并在这两大理论基石上论述了科学社会主义，共同创立并全面论证了马克思主义理论体系。

哲学上，马克思恩格斯创立了唯物主义历史观的基本理论。在批判黑格尔和费尔巴哈的过程中，马克思恩格斯重新审视了唯心主义的思辨哲学与旧唯物主义，并系统地阐发了历史唯物主义基本原理，发现了人类历史的发展规律，为马克思主义奠定了坚实的唯物主义基础。"1846 年，《德意志意识形态》关于历史唯物主义基本原理的系统阐述，标志着唯物史观的形成。"[1] 1884 年，恩格斯在《家庭、私有制和国家的起源》中科学地分析了原始社会从产生到消亡的过程，指出私有制、阶级和国家的历史过渡性质，进一步完善了唯物主义历史观。在 1886 年撰写的著作《路德维希·费尔巴哈和德国古典哲学的终结》中，恩格斯论述了马克思主义哲学产生和发展的全过程，系统呈现了历史唯物主义基本原理。1890 年，恩格斯在致约·布洛赫的信中提出"历史合力论"，1894 年，恩格斯在致瓦·博尔吉乌斯的信中提出社会发展的"中轴线论"，丰富了唯物史观的内涵。

马克思和恩格斯还共同创立并发展了马克思主义政治经济学。《资本论》第 1 卷的出版标志着马克思主义政治经济学体系的建立。马克思以唯物史观为指导，深刻分析了资本主义生产方式及其运作机制，发现了剩余价值学说，并以此为线索对剩余价值的生产、实现、分配，以及剩余价值进行了系统的论述。马克思在《资本论》第 1 卷中研究了资本主义的直接生产过程，分析了剩余价值的秘密，从根本上阐明了资本主义经济中最基本的问题。

马克思逝世后，恩格斯继续推进对政治经济学的探索。

一方面，梳理、总结马克思生前关于资本主义政治经济学的分析，整理、出版《资本论》第 2 卷、第 3 卷，并在此基础上对资本主义垄断及其发展趋势作进一步分析，指出"无论转化为股份公司和托拉斯，还是转化

---

① 张雷声：《论马克思主义的整体性发展》，《教学与研究》2014 年第 1 期，第 13 页。

为国家财产，都没有消除生产力的资本属性"①。《资本论》第 2 卷考察了广义的资本流通过程，分析了剩余价值的实现问题；第 3 卷侧重于阐释剩余价值的分配，分析了资本主义生产的全过程。

另一方面，与时俱进地加深其对于资本主义发展的认知。恩格斯在《英国工人阶级状况》1892 年德文第二版序言中指出现代政治经济学的新规律，即资本主义越发展，就越不能采用作为其早期阶段之特征的那些小的哄骗、欺诈手段。②

马克思恩格斯在马克思主义哲学与政治经济学的基础上，创立了科学社会主义理论。他们总结 1848 年欧洲革命经验，发表了《共产党宣言》，在其中论述了马克思主义阶级斗争学说，运用辩证唯物主义与历史唯物主义分析生产力与生产关系、经济基础与上层建筑的矛盾，特别是资本主义社会阶级斗争产生、发展的过程；说明了无产阶级政党的性质、特点、目的、任务、理论与纲领；批判了当时反动的社会主义思潮，剖析、评价了空想社会主义。《共产党宣言》第一次完整而系统地阐述了科学社会主义理论，标志着马克思主义的诞生和科学社会主义的创立。后来在《哥达纲领批判》中，马克思提出过渡时期理论，将共产主义社会划分为低级阶段与高级阶段。马克思恩格斯还对东方的社会主义道路进行了探索。

除此之外，恩格斯在《自然辩证法》中考察了自然科学的发展，阐明了劳动的重要作用，使马克思主义的辩证唯物主义思想更加系统化。恩格斯在《反杜林论》中，从哲学、政治经济学、社会主义三个领域与杜林展开论战，批判了杜林的错误理论，维护了科学社会主义纲领，详细而全面地阐释了马克思主义。在哲学部分，恩格斯批判了杜林在《哲学教程——严格科学的世界观和人生观》中表现出的唯心史观与形而上学观点，系统地阐发了唯物主义的物质观、历史观；在政治经济学部分，恩格斯以马克思的劳动价值论和剩余价值论为依据，论证了政治和经济的关系，以及暴力在社会革命中的作用；在社会主义部分，恩格斯深刻分析了资本主义的发展规律，在分析空想社会主义的基础上，阐释了科学社会主义的历史和基本原理。由此，在这部与杜林进行思想论战的著作中，恩格斯系统论述

---

① 《马克思恩格斯全集》第 25 卷，人民出版社，2001，第 407 页。
② 房广顺等：《马克思主义整体性研究》，中国社会科学出版社，2012，第 166 页。

了马克思主义哲学、政治经济学和科学社会主义，第一次全面地呈现了马克思主义理论的三个重要组成部分及其关系，详细透彻地阐明了马克思主义的特点，使马克思主义的世界观、方法论深入人心，也让这部著作成为"每个觉悟工人必读的书籍"①。

二　马克思主义理论整体性问题的历史由来和研究价值

在马克思主义发展和传播的过程中，由于历史文化背景、社会经济状况、认知程度等方面的差异，其追随者与反对者对马克思主义作了不同的阐释、传播与批判。一方面，弘扬和发展了马克思主义，扩大了马克思主义的影响力；另一方面，也出现了对马克思主义的曲解、肢解和消解等情况，究其原因，还是在于对马克思主义整体性的背离。回溯并分析马克思主义发展过程中这段背离马克思主义整体性的历史及其危害，有助于阐明马克思主义理论整体性问题的历史由来，凸显研究马克思主义整体性问题的理论价值与现实意义。

（一）马克思主义理论整体性问题的历史由来

1. 有关马克思主义解读的误解和曲解

在马克思主义发展史上，由于时代局限或个人立场的原因，一些研究者对马克思主义的解读出现了误解与曲解。这种情况大致可以分为两类：一类是站在资产阶级立场上，对马克思主义进行故意歪曲；另一类则是在发展和传播马克思主义的过程中，由于时代局限与个体对马克思主义缺乏完整理解，误解了马克思主义的真正内涵。

19世纪90年代，欧洲思想界出现了一股"经济决定论"思潮。德国社会学家保尔·巴尔特将历史唯物主义称作"经济唯物主义""技术经济史观"等，曲解了历史唯物主义的本意。恩格斯对此进行了明确回应，"经济状况是基础，但是对历史斗争的进程发生影响并且在许多情况下主要是决定着这一斗争的形式的，还有上层建筑的各种因素"②。此外，欧根·杜林将马克思的学说分解为若干独立的观点，试图进行逐个攻击。对此，恩格斯在《反杜林论》中对马克思主义进行了完整全面的系统梳理，

---

① 《列宁选集》第2卷，人民出版社，2012，第310页。
② 《马克思恩格斯选集》第4卷，人民出版社，2012，第604页。

阐释了马克思主义理论各组成部分之间的内在关联，构建了完整的马克思主义理论体系。"正是从这时开始，马克思主义整体性不再是一般的论及，而是成为马克思主义的本质规定和根本特点。"①

马克思恩格斯逝世后，第二国际成为诠释、发展马克思主义的主力，其在传播马克思主义思想与扩大马克思主义影响力方面功不可没。然而，第二国际内部在对马克思主义的理解和实践方面存在分歧，分成了左、中、右三派。右派代表人物伯恩施坦将唯物主义历史观曲解为"经济史观"，主张"修正"马克思主义；中派代表人物考茨基将马克思主义作实证主义、庸俗化理解，导致机械论、宿命论倾向；以卢森堡、普列汉诺夫为代表的左派理论家为捍卫马克思主义，同修正主义进行了针锋相对的斗争。最终彻底批判修正主义的是列宁。在创立布尔什维克党、领导十月革命和苏联社会主义革命与建设中，列宁将马克思主义推进到一个新阶段，形成了苏联马克思主义。但在斯大林时期，尽管苏联马克思主义传播广泛，但公式化、教条化倾向日趋严重。

除此之外，以卢卡奇、柯尔施、葛兰西为代表的早期西方马克思主义者也对第二国际的观点进行了批判，与此同时，过度地夸大了人的主观能动性。20 世纪下半叶，发端于反对马克思主义的教条化，西方马克思主义逐渐发展为科学主义马克思主义与人本主义马克思主义。阿尔都塞作为前者的代表，反对单纯从经济决定论、人道主义去理解马克思主义，对马克思主义作出结构主义解读，但由于背离了马克思主义在内容结构、发展逻辑、核心观点方面的整体性，其在结论中否定了马克思主义的现实价值。以法兰克福学派为代表的人本主义马克思主义从不同学科出发，对现代工业文明、西方文化传统进行批判，尝试将正统马克思主义的观点与其他思想家的观点相结合，事实上改造了马克思主义，背离了马克思主义。

2. 割裂马克思主义在内容与体系上的连续性和整体性

20 世纪 30 年代，西方 S. 朗兹胡特和 J. P. 迈耶尔等学者提出"两个马克思"的说法，认为《1844 年经济学哲学手稿》是真正意义上的马克思主义启示录，而《共产党宣言》以后的马克思著作是对其原本思想的否定。坚持"两个马克思"观点的还有亨·德曼、E. 蒂尔和阿尔都塞。亨·德曼

① 房广顺等：《马克思主义整体性研究》，中国社会科学出版社，2012，第 28 页。

在《新发现的马克思》一文中用人道主义的马克思主义来反对唯物主义的马克思主义；E. 蒂尔强调青年马克思与马克思主义的对立；阿尔都塞将结构主义引入马克思主义研究，认为马克思的思想存在"认识论断裂"。①

不仅如此，在马克思主义的研究中还存在将马克思与恩格斯的思想进行对立的曲解。马克思和恩格斯在创立科学社会主义的过程中亲密合作，在基本立场、基本观点等方面保持一致，只是在具体问题上存在认识差异，但许多西方马克思主义者夸大了这些差异，将之提升到系统对立的程度。19 世纪 90 年代，保尔·巴尔特最早提出这种对立，通过对马克思的《资本论》与恩格斯的《反杜林论》《家庭、私有制和国家的起源》进行比较，认为在社会学方面，马克思倾向于社会动力学，恩格斯倾向于社会静力学。第二次世界大战以后，李希特海姆论证了马克思和恩格斯在社会历史观与社会主义理论方面的对立；卢卡奇指出恩格斯的自然辩证法是机械自然论，与马克思的人道主义思想有显著不同；A. 施密特认为马克思与恩格斯存在自然观方面的根本区别。除此之外，法兰克福学派的许多代表人物也在一定程度上赞成并论证了这种对立。

这些对经典马克思主义著作进行割裂、肢解的解读方式，抛弃了马克思主义与时俱进的理论品质，割裂了马克思主义在内容和体系上的连贯性、整体性，只是将著作中的论述套用到其他问题上，没有在具体条件之变化的前提下去理解理论的发展。恩格斯曾讲过，马克思主义不是必须烂熟于胸并机械地重复的教条，而是发展着的理论。

3. 在马克思主义发展史上还存在脱离了马克思主义整体性的情况

在马克思主义发展史上，还存在把经典作家个别词句或个别论述进行断章取义的引用，进行片面解读的情况，脱离了马克思主义的整体性。19 世纪 70 年代，法国"马克思派"截取马克思主义著作中与其严重教条主义、宗派主义倾向相关的只言片语并加以传播，自称是马克思主义者，营造了与马克思主义思想内核不相符的理论样貌。此外，在 20 世纪五六十年代中苏关于意识形态的争论中，双方都曾试图引用马克思主义经典作家语言或论述为各自立场辩护。邓小平同志在总结这段历史时指出，那时"双

---

① 衣俊卿：《西方马克思主义概论》，北京大学出版社，2008，第 314 页。

方都讲了许多空话"①，仅从马克思、恩格斯、列宁的个别论述中去讨论社会主义的本质特征，是十分困难的，甚至是不可能的。

（二）马克思主义理论整体性问题的研究价值

从马克思主义发展和传播的历史可以看出，在理论层面，开展马克思主义整体性研究有助于正确认识和理解马克思主义，继而坚持并发展马克思主义，其理论价值超越了马克思恩格斯学说本身；在实践层面，在新时代背景下，深刻理解马克思主义的整体性，坚持马克思主义的世界观与方法论，用发展着的马克思主义指导社会主义建设，具有重要的实践价值与现实意义。

1. 理论层面

首先，开展马克思主义整体性研究，澄清对马克思主义认识的误区，重塑理论的整体形象，是全面、深入理解马克思主义的基础与前提。马克思主义在理论内容、结构、研究方法、发展历程等方面是一个有机整体，一旦忽略或遮蔽这种整体性，对马克思主义立场、方法、观点等关键问题的理解就会误入歧途。因此，澄清"青年马克思"与"成熟马克思"的对立、马克思与恩格斯的对立，避免产生马克思主义理论与实践的割裂，重塑马克思主义的整体形象，是深入理解马克思主义作为理论与实践、历史与现实、一般原理与具体情况之结合体的基本前提。其次，开展马克思主义整体性研究，凸显其内涵的理论逻辑，是坚持与发展马克思主义的方法论依据。马克思主义不是教条，也不是语句的堆砌，它是系统的、历史的、鲜活的。还原马克思主义的理论样貌，夯实马克思主义研究的历史基础、理论基础与实践基础，即在马克思主义发展的各个阶段具体地考察其时代背景、精神实质与实践状况，发现其逻辑脉络，探索马克思主义内在的本真精神，只有这样，才能更好地将马克思主义与当今世界和中国的实际相结合，回答时代问题，体现其时代价值。最后，开展马克思主义整体性研究，有助于建设完整的马克思主义学科体系，进一步强化马克思主义在现代化建设中和意识形态领域内的主导和指导地位，增强道路自信、理论自信和制度自信。21世纪以来，围绕马克思主义整体性的研究成果颇丰，对马克思主义三个组成部分的关系、马克思主义的内涵与本质等关键

① 《邓小平文选》第3卷，人民出版社，1993，第291页。

问题有了更深刻的认识。以此为基础，马克思主义理论学科建设取得了重要进展。同时，基于马克思主义整体性的研究回答了什么是马克思主义、怎样坚持马克思主义等重大问题，撤销了过去背离马克思主义整体性所形成的错误认识和消极影响，进一步推进了马克思主义中国化、时代化、大众化的进程，增强了我们对中国特色社会主义的道路自信、理论自信与制度自信。

2. 实践层面

开展马克思主义整体性研究，对于观照现实、应对当今时代的挑战具有重要的现实意义。立足于生产力大发展、资本主义社会矛盾激化的时代背景，带着对无产阶级与全人类命运发展的现实关怀，马克思恩格斯从纯粹的理论研究转向了对现实社会的经济、政治批判。马克思主义既是他们进行理论研究与实践探索的结果，也是对其所处时代资本主义运作方式、无产阶级处于何种地位等问题的历史解答。然而，时代的车轮滚滚向前，如何运用一百多年前的马克思主义理论来理解、应对诸如民族主义、生态主义等一系列当代问题？面对国内和国际的严峻挑战，如何在马克思主义的指导下更好地推进中国特色社会主义建设？这正是当代中国马克思主义者所肩负的时代使命。强烈的时代问题意识，既是马克思恩格斯创立马克思主义学说的重要动因，也是提出马克思主义整体性问题的主要因素。[①]

三　马克思主义整体性的内涵及其与"三个组成部分"的关系

（一）马克思主义整体性的内涵

进行马克思主义整体性研究，最先需要澄明的是"马克思主义整体性是什么"这个问题。为此，有必要对"整体性"之内涵、特征进行界定，在此基础上讨论马克思主义整体性的内涵。

从词源来看，《辞海》[②]中没有关于"整体性"这个概念的说明，综合其关于"整""体""性"的说明，可以将"整体性"看作物质存在的完整状态，也就是客观事物所具有的、由其各部分所构成的、完全无缺

---

① 赵秀娥：《马克思主义整体性研究》，内蒙古大学出版社，2015，第25页。
② 辞海编辑委员会编《辞海》（1979年版），上海辞书出版社，1980，第234页。

的、严整的性质，与"部分性"相对。《哲学大辞典》①在界定"整体"时，提到了"整体性"。"整体"作为哲学范畴，是指若干对象（或单个客体的若干成分）按照一定的结构形式构成的有机统一体，由相互联系着的部分构成。这些组成部分一旦分解，就丧失了整体的质。因此，对事物的认知不仅仅在于把握其各个组成部分，更在于把握由于结构或形式所产生的、各组成部分所不具备的整体特性。由此可见，整体性是整体相较于其组成部分所特有的一种特质，对事物的完全把握既需要将各部分作为认知对象，也需要将整体作为认知对象。《中国百科大词典》在论述系统论、系统方法等概念时也涉及了整体性。系统论的整体思维是伴随现代系统科学的发展而出现的，是基于系统论的整体论世界观。一般系统论强调整体的非加和性与组织性。非加和性是指，系统会出现其组成要素所不具有的质，即涌现属性，整体不等于部分之和，系统会出现整体性；组织性是指，系统内各部分的关联性与联系性，即有机体的内部不仅存在各组成部分之间的相互作用，还存在复杂、多重、动态的联系与作用。②

综上，可以大致得到"整体性"的内涵与特征。首先，"整体性"是对事物本身存在状态的一种抽象，是各组成部分关联在一起的、运动着的有机体存在的根本特征之一。它是一个关系范畴，是对整体之组成部分及其所衍生之组织性的揭示。其次，"整体性"意味着逻辑性、开放性与现实完整性，要求认知者秉承一种从整体上认识事物的态度、理念和方法。

由此观之，马克思主义整体性研究，是以马克思主义为研究对象、以整体性方法为主要研究方法的一种学术探究。它致力于通过认识主体的自我反思与批判、辩证思维方式，在不断生成的生活实践中对马克思主义的具体内容进行分析，以揭示"整体性"是马克思主义之本质属性，并最终将之运用到对马克思主义进一步的研究和现实生活的实践中。

从哲学的视域看，在本体论层面，整体性是马克思主义的本质属性；在认识论层面，整体性是在"对象""主题""形成""理论逻辑"等方面的完整性与连贯性，是"事实"整体与"观念"整体的辩证统一；在方法论层面，整体性是看待、掌握与应用马克思主义的重要方法。

---

① 《哲学大辞典》（分类修订本），上海辞书出版社，2007，第680页。
② 参见赵秀娥《马克思主义整体性研究》，内蒙古大学出版社，2015，第67~68页。

"对象"的整体性是理论整体性的客观前提。自然科学的进步推动唯物辩证法整体性思维出场,生产力所推动的资本主义社会生产实践与无产阶级实践的发展,则为马克思恩格斯提供了整体性的思维对象。由此"破解资本占有劳动的秘密与实现无产阶级解放和人的自由全面发展"①,就成了一个具有总体性特征的主题,也就决定了马克思主义"主题"的整体性②。马克思恩格斯在充分考察人类社会现实的基础上,批判性地继承、整合、扬弃了以德国古典哲学、英国古典政治经济学以及法国空想社会主义为代表的、人类文明中的科学知识和理论体系,显现出马克思主义"形成"的整体性。③ 作为关于人的解放的科学学说,马克思主义形成了完整的理论逻辑链条:"有生命的个人""现实的人"—需要、劳动、社会关系—生产力与生产关系的基本矛盾运动规律—共产主义必然实现。这一理论逻辑以"有生命的个人""现实的人"为逻辑起点,立足"有生命的个人""现实的人"及其物质生产活动,以揭开人类社会特别是资本主义社会发展的规律,为无产阶级解放进行经济学论证,探索实践之现实路径等方式,来通往"共产主义必然实现"这一逻辑终点。由此,达成了马克思主义立场、观点、方法的有机统一,彰显了马克思主义的精神实质。

简言之,马克思主义是一个完备、严整的体系,是由一系列的基本原理、基本观点和基本方法构成的科学体系。马克思主义整体性的内涵就在于:马克思主义立足现实,基于现实的人的感性活动,即实践对客观世界进行整体性把握,达到了理论与实践的内在统一,其核心要素之间具有内生凝聚力,是一个有机整体。整体性是马克思主义的根本性前提和固有属性,是由其自身内涵和结构所奠定的本质属性。④

(二)马克思主义整体性与"三个组成部分"的关系

马克思恩格斯从青年时期便广泛涉猎哲学、法学等人类优秀思想文化,观察、思考、分析其所处的时代背景与现实生活的社会、经济状况,

---

① 韩庆祥、邱耕田、王虎学:《论马克思主义的整体性》(上),《哲学研究》2012年第8期。
② 赵秀娥:《马克思主义整体性研究》,内蒙古大学出版社,2015,第45~52页。
③ 杜利英:《马克思主义整体性的哲学阐释》,博士学位论文,中共中央党校,2020,第Ⅰ~Ⅱ页。
④ 赵秀娥:《马克思主义整体性研究》,内蒙古大学出版社,2015,第45~52页;杜利英:《马克思主义整体性的哲学阐释》,博士学位论文,中共中央党校,2020,第Ⅰ~Ⅱ页。

观照人类的整体利益，为实现人的自由全面发展而努力。马克思恩格斯在对资本主义社会进行全面、深刻分析过程中所秉持的立场、使用的方法以及由此得出的基本观点、判断，在逻辑、结构方面彼此关联，共同构成了马克思主义的有机整体。终其一生，马克思恩格斯都致力于发展马克思主义，其内容包含马克思主义哲学、马克思主义政治经济学、马克思主义社会学、马克思主义人类学等具体内容，涉及哲学、经济学、历史学、政治学、民族学、伦理学等多个学科领域。这些理论在马克思主义的逻辑链条中各居其位，研究这些理论对于全面、深刻把握马克思主义整体性至关重要。与此同时，在马克思主义的理论体系中，这些理论的完善程度有所差别，与马克思主义核心论题和逻辑主线之相关性也有所差别。其中，马克思主义哲学、政治经济学与科学社会主义的发展贯穿于马克思恩格斯探索人类社会发展规律的始终，具有支柱性作用。

马克思恩格斯生活于资本主义制度普遍确立的欧洲社会，既目睹了其初期的繁荣，也目睹了收入与财产分配不公、周期性经济危机、经济发展的不平衡性等一系列资本主义存在的问题。"资本主义究竟是什么样的制度？"对这一问题的讨论成为当时社会科学研究的主题，实证主义的代表孔德、斯宾塞，批判性理论的代表圣西门、欧文等都提出了自己的看法。在这样的现实条件中，站在人类文明巨人的肩膀上，马克思主义着眼于"现实的人"，试图说明人类历史发展的规律，解决资本主义社会中存在的对立与冲突。正是在从哲学、经济学出发回答这些问题的过程中，马克思恩格斯创立了马克思主义的哲学、政治经济学和科学社会主义理论，形成了马克思主义的理论体系。

"三个组成部分"的内容紧密围绕"人的自由和解放"而展开，凸显了马克思主义的逻辑一致性，充分体现了马克思主义的精神实质。

马克思主义是一个有机的逻辑整体，因为"马克思的全部学说是从目的出发的，目的的同一性决定了理论体系的逻辑整体性"[①]。围绕"人的自由和解放"这一最终目标，以马克思主义哲学的唯物史观为哲学基础，马克思主义政治经济学的剩余价值学说为无产阶级革命实践提供了理论论证和支撑，科学社会主义是建立在这两大理论基石上的、关于无产阶级解放

[①] 郝敬之：《回到整体马克思——〈回到马克思〉质疑》，东方出版社，2004，第105页。

之社会条件的学说。

　　唯物史观是马克思主义论证"人的自由和解放"的哲学基础。马克思主义哲学的唯物史观是"关于现实的人及其历史发展的科学"①，它揭示了人类社会历史的发展规律和本质，即人在实践活动中形成的发展规律。在唯物史观的指导下，区别于以往用"理性"来解释资本主义，马克思恩格斯以"现实的人"为出发点，从"破解资本占有劳动的秘密"的逻辑中解答资本主义中的阶级对抗，论证共产主义的必然性。以此为理论基础，马克思恩格斯得以更深层地投入经济学的研究中。

　　马克思主义政治经济学为无产阶级的革命实践提供理论论证和支撑。从 19 世纪 40 年代初对英国古典政治经济学的批判开始，马克思和恩格斯就致力于批判资产阶级的经济学。在对"商品"由抽象到具体的逻辑分析过程中，马克思发现了剩余价值规律，创立了剩余价值学说。这一学说从经济学的角度揭示了资本主义社会中人"物化"的深层次原因，认为只有消除人的物化生存，才能最终实现无产阶级的解放与人的自由全面发展。由此，"经济学研究的不是物，而是人和人之间的关系，归根到底是阶级和阶级之间的关系"②。马克思主义政治经济学研究的目的和意义就在于，通过澄明资本占有劳动的秘密，为无产阶级解放、全人类的自由全面发展提供理论支撑。

　　马克思主义以无产阶级的解放与人的自由全面发展为逻辑终点，因此科学社会主义在马克思主义理论体系中具有核心地位，共产主义是"关于无产阶级解放的条件的学说"③。在确立唯物史观这一世界观之后，马克思恩格斯运用剩余价值学说剖析了资本主义社会的内在矛盾及其运动规律。由此，科学社会主义建立在唯物史观与剩余价值学说两大理论基石之上。

四　马克思主义理论的世界观、方法论及本质属性

（一）马克思主义的世界观、方法论

　　世界观是人们对其所生活的世界以及人与世界关系的根本看法、根本观点；以某种关于世界以及人与世界根本看法的观点为指导，去认识和改

---

①　《马克思恩格斯选集》第 4 卷，人民出版社，2012，第 247 页。
②　《马克思恩格斯文集》第 2 卷，人民出版社，2009，第 604 页。
③　《马克思恩格斯文集》第 1 卷，人民出版社，2009，第 676 页。

造世界，就产生了与之相对应的方法论。"辩证唯物主义和历史唯物主义是马克思主义的世界观和方法论。"①

辩证唯物主义是马克思恩格斯在总结自然科学、社会科学和思维科学的基础上创立的一套系统科学的逻辑理论思维形式，是把唯物主义和辩证法有机统一起来的科学世界观。辩证唯物主义的基本思想和理论，主要是在关于"自然辩证法"的研究中发展和完善的。恩格斯在《自然辩证法》中阐释了劳动在人与动物分离、社会与自然分离过程中的重要作用，论述了历史运动与自然运动、历史规律与自然规律的本质区别与联系等，更加系统地发展了马克思主义的辩证唯物主义。马克思指出，"我们最好的工具和最锐利的武器"是唯物主义辩证法。② 马克思主义正是运用唯物辩证法这个武器来认识世界和改造世界的。

历史唯物主义是在马克思主义的不断发展中生成和完善的。马克思和恩格斯在探求人类社会历史发展规律的过程中，于 1846 年在《德意志意识形态》中提出了一种与唯心主义历史观不同的历史观，创立了唯物主义历史观的基本理论。1859 年，马克思在《〈政治经济学批判〉序言》中，第一次完整地表述了唯物史观，阐明了生产方式是社会发展的决定力量、社会存在决定社会意识的根本原理以及由生产力与生产关系、经济基础与上层建筑构成的社会结构，由社会基本矛盾运动决定的社会发展和社会革命的规律。

辩证唯物主义与历史唯物主义作为马克思主义的世界观和方法论，其最重要的主旨有两个：一是唯物的原则，二是辩证的原则。首先，唯物的原则是指，在自然领域，在世界本原的问题上，坚持世界的本原是物质，社会存在决定社会意识，意识是对客观世界的反映，意识具有能动性；在社会历史领域，生产力决定生产关系，经济基础决定上层建筑，生产关系和上层建筑对生产力和经济基础具有推动或阻碍的作用。其次，辩证的原则是指，要坚持用联系的、发展的观点看问题。这其实体现了一种整体性的思维，在共时性与历时性的层面上，事物是普遍联系的，是不断变化发展的。

---

① 肖贵清：《中国化马克思主义整体性研究》，中国人民大学出版社，2017，第 311 页。
② 《马克思恩格斯全集》第 28 卷，人民出版社，2018，第 352 页。

（二）马克思主义的本质属性

"整体性"是马克思主义的基本特性和本质属性，是马克思主义区别于非马克思主义与反马克思主义的内在规定性，具体地体现在马克思主义的科学性与价值性、实践性与开放性、人民性与人类性的辩证统一中。

1. 基于科学性与价值性的整体性

基于科学性的马克思主义整体性。马克思主义的形成考察了自然界、人类社会与人类思维这些具有客观性的研究对象，秉承辩证唯物主义与历史唯物主义之科学世界观、方法论的指导，在对人类社会进行人类学、社会学考察的经验证据基础上，运用政治经济学这一逻辑严密的理论分析工具，解释了人类社会发展阶段，特别是资本主义运行的规律。马克思主义的产生过程，充分体现了科学知识所蕴含的求真性、严整性、经验通释性与可检验性。因此，马克思主义的科学性存在于其形成、逻辑、内容等的整体性中。

基于价值性的马克思主义整体性。"实现人的解放和人的自由而全面的发展，是马克思主义理论和实践的最高价值目的。"① 马克思主义的学说从一开始就面向无产阶级，为无产阶级提供理论工具与实践指导；而无产阶级的特殊属性决定了其自身解放与全人类解放之间的统一性。因此，价值性贯穿于马克思主义发展的始终。

科学性以价值性为根本目的，价值性以科学性为理论基础。② 科学性是对人类社会发展阶段，特别是资本主义运作方式的探析与说明，价值性是以全人类的解放为最高目标的理想，前者属实然范畴，后者属应然范畴。唯物史观和剩余价值学说是马克思主义的理论基石，正是在科学认识与分析现实生活的前提下，共产主义理想才能建立，因此，马克思主义的价值性以科学性为理论基础；与此同时，人的自由全面发展在马克思主义中居于核心地位，是马克思主义的逻辑终点，对资本主义异化的分析与批判为实现共产主义理想提供必要的理论支撑与指导，因此，科学性以价值性为根本目的。马克思主义的整体性体现在其科学性与价值性的辩证统一中。

---

① 赵秀娥：《马克思主义整体性研究》，内蒙古大学出版社，2015，第127页。
② 荆世群、张万山：《马克思主义：科学性与价值性的辩证统一》，《中国矿业大学学报》（社会科学版）2020年第4期。

2. 基于实践性与开放性的整体性

马克思主义的全部理论探索都在于实现"人的自由全面发展"这一实践目标，实践性是马克思主义鲜明的理论品质。马克思主义实践性在历时性和共时性方面都蕴含着整体性。在历时性方面，马克思主义追求的无产阶级与全人类的解放，是一个在科学理论指导下不断探索的实践过程；在共时性方面，毛泽东把实践的内容概括为生产斗争、阶级斗争和科学实验。

与此同时，在实践中不断丰富和完善的马克思主义，面向人类历史、现实与未来，具有开放性。马克思主义在形成之初，批判地吸收了人类文明的优秀成果。在不断实践的过程中，面向现实不断地丰富与发展。"马克思的全部理论，就是运用最彻底、最完整、最周密、内容最丰富的发展论去考察现代资本主义。"① 同时，马克思主义在无产阶级实践的过程中，也不断地具体化、本土化、民族化，中国的马克思主义者就开创了马克思主义在中国发展的新境界。因此，马克思主义兼具实践性与开放性的特征。

3. 基于人民性与人类性的整体性

马克思主义是通过探析"资本占有劳动的秘密"，来为最终实现无产阶级和全人类解放寻求现实路径的科学。在其逻辑链条中，实现人的解放是以"破解资本占有劳动的秘密"为前提的，因此马克思主义深刻地分析了资本主义社会。马克思恩格斯精准评价了资产阶级革命在人类解放史中的地位与作用，认为资产阶级革命废除了等级制与封建专制，使国家、市民社会与宗教相分离，人们获得了政治和法律意义上的平等以及宗教信仰的自由，完成了"政治解放"。然而，这种解放废除了政治等级却保留了经济等级，它仍然保留了不平等的根源——私有制，因而是不彻底的解放。马克思将剥削与统治关系作为剖析资本主义经济的主要切入点，从政治经济学的视角具体揭开这种不完全的"政治解放"的原因。

真正的人类解放应当是以"政治解放"为基础的全面解放，是超越"政治解放"的范围去解决那些在市民社会实际生活中，由于私有制、社会分工、经济剥削等造成的对立与冲突。为了实现这一目标，在对资本主

---

① 《列宁专题文集·论马克思主义》，人民出版社，2009，第255页。

义社会进行深刻的政治经济学分析后，马克思主义的主题点明了无产阶级解放与人类解放的关系，即"每个人的自由发展是一切人的自由发展的条件"①，共产党人应当寻求建立"自由联合体"。无产阶级是实现人类解放的"物质力量"，马克思主义是无产阶级实现人类解放的"精神武器"。也就是说，只有实现了无产阶级的解放，才能赢得全人类的解放，作为无产阶级的人民与人类的解放具有同向性。因而，马克思主义整体性兼具人民性与人类性。

党的十八大以来，习近平同志提出的"人类命运共同体"理念，极好地诠释了人民性与人类性的统一。"人类命运共同体"是中国马克思主义者在充分领悟马克思主义整体性的基础上，对马克思主义理论在当代的具体应用，这一理念彰显了人民性与人类性的辩证关系，是国内社会与国际社会的双重统一。"人类命运共同体"理念不仅蕴含了将人民群众放在首位的价值信念，而且为世界人民构建了一个稳定、和谐、共存、发展的共同价值体系，在经济、政治、文化等维度完成了人民性与人类性的整体统一，向世界展现出共产党人的初心与使命。②

五 马克思主义生成与发展的整体性及中国特色社会主义理论体系的整体性

（一）马克思主义生成与发展的整体性

马克思主义由马克思恩格斯共同创立，在无产阶级实践的过程中，经过了各个历史时期，在苏联、中国等不同国家、地区、民族得到丰富与发展，是一个不断发展着的有机整体。马克思主义发展史体现出连续性与阶段性的统一，在各个阶段既一脉相承又与时俱进。一方面，在各阶段的发展中表现出连续性，始终围绕"人的自由全面发展"这一根本目标；另一方面，在具体的实践过程中，在特定时代、地域、民族中表现出由于阶段性、地域性、民族性所带来的与时俱进。③

---

① 《马克思恩格斯文集》第 2 卷，人民出版社，2009，第 53 页。
② 刘春玲：《人类命运共同体的时代诠释——以新冠疫情防控为例》，《思想政治教育研究》2020 年第 6 期。
③ 此外，马克思主义在传播的过程中也存在被肢解、误解和曲解，从而背离了马克思主义整体性的情况。

在不同时期、不同地区，马克思主义理论与实践所面临的主要问题会有所不同，比如 20 世纪上半叶，在东欧和亚洲取得一系列社会主义胜利的条件下，马克思主义者首先要思考的是社会主义发展规律问题；到了 20 世纪下半叶，各国社会主义事业经历阵痛，马克思主义者面临的首要问题是如何探索适合本国国情的社会主义道路。这体现了在不同发展阶段、不同地区，马克思主义在具体语境中的展开与应用。由此，积累阶段性、历史性经验是马克思主义的重要内容，在历时性的层面上体现了马克思主义的连续性。

1. 马克思主义生成的整体性

马克思恩格斯创立马克思主义大致可以划分为思想孕育、理论创立与理论发展三个阶段。首先，从学生时代到《德法年鉴》出版（1830～1844），马克思恩格斯分别从哲学—政治批判与社会—经济批判入手，实现了世界观方面从唯心主义向唯物主义、革命立场上从革命民主主义向共产主义的转变，初步展开对资本主义的政治经济学分析，为后来创立马克思主义做好了思想和理论准备。其次，从《1844 年经济学哲学手稿》到《资本论》第 1 卷的发表（1844～1867），马克思恩格斯阐发了历史唯物主义基本原理，对历史唯物主义和共产主义进行了经济学论证，创立了马克思主义政治经济学，并创立了科学社会主义理论。最后，从《资本论》第 1 卷的发表到恩格斯逝世（1867～1895），马克思恩格斯致力于进一步开拓马克思主义的论域，系统论述马克思主义哲学、政治经济学与科学社会主义，并进一步推动其发展。在这一阶段，恩格斯提出"历史合力论"，在《反杜林论》中系统论述了马克思主义，在《自然辩证法》中阐释了马克思主义的自然观，突出了劳动在人与动物分离、社会与自然分离过程中的作用，使马克思主义的学说更加严整。

马克思主义的整体性体现在，其主题明确、逻辑清晰、内容完整，始终围绕"人的自由全面发展"这一主题，在辩证唯物主义与历史唯物主义的指导下，通过马克思主义政治经济学分析资本主义运行方式及人类社会发展规律，以此为基石，创立科学社会主义理论。

2. 马克思主义发展的整体性

马克思主义诞生 100 余年来，其发展可以大致划分为三个阶段：第一个阶段是从 19 世纪 40 年代到 19 世纪 90 年代的自由竞争资本主义时期，在该阶段，马克思恩格斯创立了马克思主义，李卜克内西等工人运动领袖进行了无产阶级运动的实践尝试；第二个阶段是从 19 世纪末期到 20 世纪中期，其主要任务在于探索社会主义的建立，并进行初步的社会主义建设，代表人物有列宁、毛泽东等；第三个阶段是从 20 世纪中期至今，是和平与发展时期的马克思主义，即中国特色社会主义理论体系建设阶段，其时代使命主要是探索发达国家与发展中国家的不同的社会主义发展道路。

马克思恩格斯逝世后，马克思主义经受了社会主义革命与建设的检验。19 世纪末 20 世纪初，列宁将马克思主义与俄国实际相结合，产生了列宁主义。第二次工业革命后，资本主义发展到帝国主义阶段，垄断组织先后在资本主义国家确立了统治地位，列宁从俄国小农占优势的现实国情出发，领导俄国无产阶级取得了社会主义革命的胜利，使科学社会主义由理论变为现实。此外，在社会主义的建设过程中，列宁尊重人民群众的首创精神，实施了战时共产主义政策、新经济政策等，成功运用了马克思主义，在理论与实践两方面维护并推动了马克思主义整体性的发展，创新了马克思主义理论，推动了马克思主义政治经济学的发展。

以毛泽东同志为主要代表的中国共产党人把马克思列宁主义基本原理同中国具体实际相结合，创立了毛泽东思想，为夺取新民主主义革命胜利指明了正确方向。

总体来说，马克思主义发展的整体性，体现为理论发展史与实践发展史的统一，"一脉相承"与"与时俱进"的统一。一脉相承是指，马克思主义的发展在基本立场、逻辑线索、研究方法方面始终与经典马克思主义保持一致；而与时俱进则是指，在具体的实践过程中，马克思主义仍然是多样化、民族化的不同国家的马克思主义之间相互联系、相互作用的统一整体。

（二）中国特色社会主义理论体系的整体性

习近平指出："我们党的历史，就是一部不断推进马克思主义中国化的历史，就是一部不断推进理论创新、进行理论创造的历史。"[1] 中国共产党成立后，坚定不移、坚持不懈地把马克思主义基本原理与中国具体实际和中华优秀传统文化相结合，创立了毛泽东思想和中国特色社会主义理论体系。

---

[1] 《习近平谈治国理政》第 4 卷，外文出版社，2022，第 510 页。

改革开放以来我们党坚持将马克思主义基本原理与中国具体实际相结合、与中华优秀传统文化相结合，创立了包括邓小平理论、"三个代表"重要思想、科学发展观和习近平新时代中国特色社会主义思想在内的中国特色社会主义理论体系。马克思主义基本原理同中国具体实际相结合的第一次飞跃发生在新民主主义革命和社会主义建设时期，以毛泽东同志为主要代表的中国共产党人找到了中国特色的革命和社会主义建设道路，创立了毛泽东思想。改革开放和社会主义现代化建设新时期，以邓小平同志为主要代表的中国共产党人，团结带领全党全国各族人民，深刻总结新中国成立以来正反两方面经验，围绕什么是社会主义、怎样建设社会主义这一根本问题，借鉴世界社会主义历史经验，创立了邓小平理论。党的十三届四中全会以后，以江泽民同志为主要代表的中国共产党人，团结带领全党全国各族人民，坚持党的基本理论、基本路线，加深了对什么是社会主义、怎样建设社会主义和建设什么样的党、怎样建设党的认识，形成了"三个代表"重要思想。党的十六大以后，以胡锦涛同志为主要代表的中国共产党人，团结带领全党全国各族人民，在全面建设小康社会进程中推进实践创新、理论创新、制度创新，深刻认识和回答了新形势下实现什么样的发展、怎样发展等重大问题，形成了科学发展观。党的十八大以来，中国特色社会主义进入新时代。以习近平同志为主要代表的中国共产党人，坚持把马克思主义基本原理同中国具体实际相结合、同中华优秀传统文化相结合，坚持毛泽东思想、邓小平理论、"三个代表"重要思想、科学发展观，深刻总结并充分运用党成立以来的历史经验，从新的实际出发，创立了习近平新时代中国特色社会主义思想。习近平新时代中国特色社会主义思想是当代中国马克思主义、21世纪马克思主义，是中华文化和中国精神的时代精华，实现了马克思主义中国化新的飞跃。

"中国特色社会主义理论体系的整体性研究是中国化马克思主义整体性研究的一部分"①，体现的是科学社会主义理论逻辑与当代中国社会发展历史逻辑的辩证统一②。中国特色社会主义理论体系的整体性体现在其横向的逻辑视域中、纵向的历史视域中，也体现在共同的基本特征中。

---

① 肖贵清：《中国化马克思主义整体性研究》，中国人民大学出版社，2017，第9页。
② 张雷声：《论马克思主义的整体性发展》，《教学与研究》2014年第1期。

在横向的逻辑视域中，中国特色社会主义理论体系具有结构的严整性与内容的完整性，其关于政治、经济、文化、军事、外交、党的建设等方面的理论观点彼此联系，构成有机整体。在纵向的历史视域中，中国特色社会主义理论体系是马克思主义同中国实际相结合的重要理论成果。一方面，中国特色社会主义理论体系继承并发展了马克思列宁主义、毛泽东思想；另一方面，中国特色社会主义理论体系内部也存在前后相继的内在一致性逻辑，其基本立场、观点和方法前后衔接、一脉相承。此外，中国特色社会主义理论体系作为中国化马克思主义的重要成果，还具有科学性、系统性、实践性、民族性、时代性、开放性等共同的理论特征。

无论从横向的理论逻辑上，还是从纵向的历史视域中，中国特色社会主义理论体系都是一个结构严整、内容完整且不断发展的理论体系，体现中国特色社会主义理论体系的整体性。其整体性还着重地体现在以下几个方面。

第一，以马克思主义为思想基础。中国特色社会主义理论体系是中国化马克思主义的重要组成部分，在发展的各个具体阶段都始终坚持马克思主义的基本立场、观点和方法，以看待、分析、解决中国在社会主义建设和改革中遇到的实际问题。

第二，围绕中华民族伟大复兴这一理论主题。中国特色社会主义理论体系，其基本概念、范畴、基本原理紧密围绕建设与发展中国特色社会主义、实现中华民族伟大复兴这一主题，这既是中国共产党在新时期理论创新的主题，也是改革开放和社会主义现代化建设的实践主题。当代中国共产党人的历史责任，就是坚持走中国特色社会主义道路，坚持和完善中国特色社会主义制度，坚持中国特色社会主义道路自信、理论自信、制度自信、文化自信，努力实现中华民族伟大复兴的中国梦。

第三，坚持为人民服务的价值理念。全心全意为人民服务，代表最广大人民的根本利益，是中国特色社会主义理论体系的核心内容，也是马克思主义与中国实际相结合能够在不同阶段不断取得胜利的关键。尽管在每个历史阶段为人民服务的内容与方式有所差别，但中国共产党的宗旨贯穿于党的理论、路线、政策和一切活动中，始终不变。

第四，实事求是的方法论特征。实事求是是中国共产党思想路线的核心，也是中国特色社会主义理论体系的精髓和逻辑起点，它始终贯穿于中国特色社会主义理论体系内容的各个方面。中国共产党在不同阶段面临不同的实践任务与实践环境，但实事求是、求真务实反映了其精神实质的一脉相承。

第五，中华优秀传统文化的底蕴。中国特色社会主义理论体系具有鲜明的中国特色，是在中国既有文化传统、思维方式、民族性格基础上，以中华民族特定的理解力与行为方式，将马克思主义与中国建设和改革实际相结合所产生的理论成果，文化的时代性与民族性使中国特色社会主义理论体系这一中国化马克思主义成果带有鲜明的民族特色与时代烙印。中国特色社会主义理论体系与实践始终植根于中华文化的土壤中。①

六　马克思主义在世界文明发展史中的地位

工业革命后，资本主义制度相继在西欧和北美确立，它带来了现代文明，也带来了尖锐的社会矛盾。自 16 世纪起的 300 余年间，莫尔、康帕内拉、圣西门、傅立叶等人孜孜不倦地批判着资本主义制度，并在此基础上提出空想社会主义的构想。但由于缺乏正确世界观、方法论的指导，缺乏对资本主义运行方式的科学分析，这些愿景始终停留在空想的阶段。

直到马克思恩格斯在辩证唯物主义与历史唯物主义的指导下，用马克思主义政治经济学的剩余价值学说科学地分析了现代资本主义生产方式和其所产生的资本主义社会的特殊运动规律，发现了人类历史的发展规律，发表了《共产党宣言》，社会主义终于从空想成了科学，具备了实现的可能性与可行性。

马克思主义的深远影响不仅体现在理论层面，它还是 19 世纪中叶以来无产阶级革命、社会主义运动浪潮的旗帜和指导思想。正是在马克思主义的召唤与指导下，1848 年世界上产生了第一个无产阶级政党——共产主义者同盟，人类历史上开始有了轰轰烈烈的无产阶级工人运动，社会主义从空想到现实，社会主义从一国走向多国。可以说，马克思主义掀起了被压迫民族进行反抗和解放运动的高潮，使一些落后的、被殖民国家加入现代文明的进程中。即使在欧美发达资本主义国家，马克思主义（特别是西方马克思主义）也以其独特的理论视角，以其对资本主义的批判，以其存在

---

① 肖贵清：《中国化马克思主义整体性研究》，中国人民大学出版社，2017，第 246~271 页。

主义马克思主义、生态学马克思主义、女性马克思主义等理论引领、影响人们的价值观念。

　　马克思恩格斯的最高目标，就是实现无产阶级和人类的解放，实现人的自由全面发展，这既是马克思主义的理论主题，也是马克思主义的历史使命。这注定了马克思主义与无产阶级和人民群众是站在一起的，注定了其拥有强大的生命力与影响力。

第二讲
马克思主义意识形态批判理论

"意识形态"一词从知识谱系上看，并不是马克思的发明，而是源自希腊词汇"理念"（edios）和"逻各斯"（logos）的合成，意为"观念学说"（doctrine of ideas）或"观念科学"（science of ideas）。该专有名词的首创者是拿破仑时代的法国思想家德斯杜特·德·特拉西（Destutt de Tracy），他于1796年①提出了这个概念，在当时作"观念学"解释。他认为，要破除和纠正宗教和形而上学的错误和偏见，就要建立这样一门新的科学，这是一种包罗对事物的观念与感知的"科学之科学"，将为一切科学知识提供坚实的基础。"意识形态的唯一任务正是这种包罗万象的还原。"② 以特拉西为首的"观念学派"就被称为"意识形态家"。但随着特拉西等人与拿破仑统治观念的背离，"意识形态"被拿破仑斥责为"空想"和"幻想"，"意识形态家"也因此被打上了错误的认识社会和政治现实的"玄学家""空谈家"的标签。"意识形态"一词开始成为一个极具政治色彩和现实指向，而又非常复杂、难以把握的概念。英国著名社会学家吉登斯就指出："在过去二百年间，哲学、政治学和社会学界一直在辩论着意

---

① 参见〔英〕约翰·B.汤普森《意识形态与现代文化》，高铦、文涓、高戈等译，译林出版社，2005，第32页。汤普森在该书中强调，特拉西是1796年在道德伦理与政治科学部发表的一系列回忆录中谈到意识形态的。据布莱恩·海德的研究，"意识形态"一词第一次出现是在英文刊物《每月评论》中，该刊物报道说："特拉西宣读了一篇关于形而上学命名术的论文，提出要创立观念哲学，即意识形态。"参见 B. W. Head, "The Origin of 'Ideologue' and 'Ideologie'," *Studies on Voltaire and the Eighteenth Century* 183, 1980, p. 264。但也有学者认为，特拉西提出意识形态概念的时间是1797年，参见〔英〕大卫·麦克里兰《意识形态》（第2版），孔兆政、蒋龙翔译，吉林人民出版社，2005，第7页。

② 转引自俞吾金《意识形态论》（修订版），人民出版社，2009，第29页。

识形态这个概念。如果说存在有争议的概念，并给最有争议的概念颁奖的话，意识形态概念会当之无愧地名列第一。"① 但在意识形态理论谱系中，起承上启下作用的是马克思主义意识形态批判理论，批判与建构是其主要内容。

一 马克思恩格斯的意识形态批判与马克思主义的创立

理论界长期以来，都将马克思主义意识形态批判理论研究的关注点放在了马克思关于意识形态的批判性论述上，仅从否定的角度诠释"意识形态"概念。然而，我们通过"回到"马克思恩格斯文本，发现在马克思思想的发展过程中，虽然大部分时间里马克思是用批判性角度来定义意识形态的，但他并没有否认意识形态的科学属性，而是一直力图还原其科学性。这就是说，马克思的意识形态批判并不是目的，其目的是在批判的基础上进行建构，建构科学的思想体系以指导无产阶级运动。"马克思的意识形态批判，其目的不仅在于批判资本主义意识形态本身，也是借此来构建自身的理论体系，在旧世界里找寻新世界，给予无产阶级以批判武器。"② 我们将立足马克思主义经典作家的文本，试图对马克思主义学说史中"意识形态"概念的形成及发展思路进行梳理，从线性发展脉络梳理马克思对"意识形态"一词的使用情况，揭示不同时期"意识形态"概念在马克思笔下的批判与建构的"互动"过程。

（一） 马克思恩格斯世界观转变过程中的意识形态批判

马克思主义的创立，是马克思恩格斯世界观转变的结果。马克思恩格斯在对黑格尔和青年黑格尔派的哲学思想进行批判、对政治国家和普鲁士政府进行批判、对国民经济学与异化劳动批判的过程中，实现了从唯心主义到唯物主义、从革命民主主义到共产主义的转变。

1. 博士论文和《莱茵报》时期

毫无疑问，马克思的意识形态批判是从批判哲学开始的。在柏林大学学习期间，马克思专门研究了德国古典哲学，特别是研究了黑格尔哲学。

① Anthony Giddens, "Four Theses on Ideology," in Arther and Marilouise Kroker (edited), *Ideology and Power in the Age of Lenin in Ruins*, St. Martin's Press, 1991, p. 21.

② 曾长秋、胡世平：《马克思主义学说史中"意识形态"概念认知的演化逻辑》，《青海社会科学》2015 年第 6 期。

马克思"从头到尾读了黑格尔的著作，也读了他大部分弟子的著作"①，并结识了青年黑格尔派的布鲁诺·鲍威尔、科本等人，参加了青年黑格尔派"博士俱乐部"活动，受到青年黑格尔派的影响。同时，马克思也阅读了大量的西方古典哲学著作。正是对哲学的深入学习和研究，马克思关注到德谟克利特的自然哲学和伊壁鸠鲁自然哲学的差别。马克思高度重视伊壁鸠鲁的原子偏离直线而自由的思想，高度评价了伊壁鸠鲁无神论的思想启蒙作用，同时，他也不赞同黑格尔追求哲学体系的完美做法，而是主张哲学的实践使世界哲学化和哲学世界化。这些就为马克思后来将哲学批判与社会实践联系起来提供了可能。这也表明，即使在马克思思想形成早期，马克思的哲学批判也没有局限于纯粹哲学领域，而是与社会生活实践紧密相连。这在接下来的《莱茵报》时期得到进一步发展。

在《关于林木盗窃法的辩论》和《摩泽尔记者的辩护》中，马克思对现实问题的研究，特别是对"物质利益"的理解，推动了他哲学思想的发展变化，表明了马克思的意识形态批判具有明显的唯物主义性质。在《莱茵报》时期，马克思还对普鲁士政府颁布新的书报检查令，以自由主义的伪装反对新闻出版自由的政治意识形态进行了批判。马克思认为，书报检查令反对新闻出版自由，也就是否认报刊有讨论公共事务的权利，堵塞了人民参与政治生活的渠道。同时，对物质利益的关注，使马克思抨击了作为理性和道德理念具体化的国家机关和议会事实上是特权阶级的工具——为统治阶级的根本利益服务。正是这一时期的社会政治活动推动马克思从唯心主义转向唯物主义，从革命民主主义转向共产主义。

2. 克罗茨纳赫时期

通过对现实问题的研究，马克思对黑格尔的唯心主义理性国家观产生了怀疑。在克罗茨纳赫，马克思对如何解决"物质利益"难题，进行了理论研究，写了摘录笔记（被称为《克罗茨纳赫笔记》），撰写了《黑格尔法哲学批判》一书。在《克罗茨纳赫笔记》中，马克思研究了公有制如何转变为私有制、封建所有制怎么转变为资本主义所有制、封建所有制对政治制度的影响、资本主义所有制对政治制度的影响等问题。马克思的政治意识形态批判正是开始于他在《克罗茨纳赫笔记》中对法国资产阶级启蒙

---

① 《马克思恩格斯全集》第47卷，人民出版社，2004，第15页。

思想的批判。马克思认识到，政治斗争、阶级斗争归根到底与经济利益有关，所有政治制度、政治制度变革都与所有制有关。因而，不是国家决定市民社会，而是市民社会决定国家，政治制度是受市民社会决定的。这个结论跟黑格尔的观念完全不一样，黑格尔认为国家是绝对精神的外化。这样，《克罗茨纳赫笔记》为马克思创立他的唯物史观打下了一个基础。后来马克思撰写《黑格尔法哲学批判》后半部分，就反映了他在《克罗茨纳赫笔记》当中的成果。①

在《黑格尔法哲学批判》中，马克思认为，以黑格尔为代表的德国哲学的关键性错误在于，"作为出发点的事实没有被理解为事实本身，而是被理解为神秘的结果"②，其主客体关系在事实上发生了"颠倒"。"这就是神秘的主体—客体，或笼罩在客体上的主体性，作为过程的绝对主体，作为使自身外化并且从这种外化返回到自身的、但同时又把外化收回到自身的主体，以及作为这一过程的主体；这就是在自身内部的纯粹的、不停息的旋转。"③ 马克思批判道："不是国家制度创造人民，而是人民创造国家制度。"④ 马克思提出了市民社会是政治国家基础的唯物主义观点。市民社会是私人活动的领域，它由追求私人利益的个人及其社会组织构成。国家实质上是维护私人利益的，并不代表普遍利益。黑格尔也没有认识到，把自己的理性上升为普遍化的永恒理性本身就是荒谬的。同时，马克思对于黑格尔的君主是人格化的主权，是理念的定在；论证君主世袭的合理性等观点，都给予了尖锐批判。通过以上批判，马克思认识到，黑格尔哲学尤其是政治哲学，是德国现存社会的维护意识，它是为普鲁士政府辩护的思想体系。

3. "巴黎手稿"时期

从对黑格尔的唯心主义理性国家观产生怀疑，到对黑格尔唯心主义的法和国家学说进行系统的批判，马克思在批判中得出结论：社会变革的原因要到市民社会中去寻找，到政治经济学中去寻找。从此，马克思开始了

---

① 参见张钟朴《〈资本论〉创作史系列讲座之一——从〈克罗茨纳赫笔记〉到〈伦敦笔记〉》，《马克思主义与现实》2012 年第 5 期。

② 《马克思恩格斯全集》第 3 卷，人民出版社，2002，第 12 页。

③ 《马克思恩格斯文集》第 1 卷，人民出版社，2009，第 218 页。

④ 《马克思恩格斯全集》第 3 卷，人民出版社，2002，第 40 页。

其新的意识形态批判——政治经济学批判，这是对哲学批判和政治批判的深入和发展。马克思也正是在政治经济学批判中创立了历史唯物主义，同时，他将这一崭新的理论武器作为其进行意识形态批判的主要工具。马克思于1843年底，着手分析资本主义的经济关系，研究政治经济学。1844年4月至8月，他撰写了《1844年经济学哲学手稿》。马克思在这部手稿中系统地分析了工人的异化劳动，提出了消除异化劳动、实现共产主义的理论，并对黑格尔的辩证法和整个哲学进行了批判。所以，马克思的《1844年经济学哲学手稿》全面深刻地展现了马克思的政治经济学批判、哲学批判、政治批判，也蕴含了对共产主义的建构。

马克思对资产阶级经济学进行了深刻的批判。他指出，国民经济学从私有财产的事实出发，把私有财产在现实中所经历的物质过程放进一般的、抽象的公式，然后把这些公式当作规律。国民经济学不理解这些规律，也就是说，它没有指明这些规律是怎样从私有财产的本质中产生出来的，因而，"国民经济学没有向我们说明劳动和资本分离以及资本和土地分离的原因"[1]。马克思还批判地改造了德国古典哲学的异化概念。但马克思并没有停留在抽象思维上，而是从现实经济关系，特别是从资本主义私有制出发，形成了异化劳动思想。马克思指出，"劳动所生产的对象，即劳动的产品，作为一种异己的存在物，作为不依赖于生产者的力量，同劳动相对立"[2]。通过对异化劳动的剖析，马克思揭露了资本主义社会中资本与劳动之间不可调和的矛盾。对此，马克思强调指出，"要扬弃现实的私有财产，则必须有现实的共产主义行动。历史将会带来这种共产主义行动，而我们在思想中已经认识到的那正在进行自我扬弃的运动，在现实中将经历一个极其艰难而漫长的过程"[3]。从而马克思对共产主义进行了初次阐发，初步论证了共产主义的必然性。

（二）马克思主义形成和问世过程中的意识形态批判

马克思恩格斯在对费尔巴哈、鲍威尔和施蒂纳所代表的现代德国哲学进行批判，对各式各样先知所代表的德国社会主义进行批判，对资本主义政治经济学进行批判的过程中强调，无产阶级要战胜资产阶级成为新的统

---

① 《马克思恩格斯文集》第1卷，人民出版社，2009，第155页。
② 《马克思恩格斯文集》第1卷，人民出版社，2009，第156页。
③ 《马克思恩格斯文集》第1卷，人民出版社，2009，第232页。

治阶级，就必然需要无产阶级建设自己的意识形态，使其成为占统治地位的精神力量。马克思主义集中表现了彻底的批判精神和鲜明的无产阶级立场。

1. 马克思主义基本形成时期

1845年春，马克思的思想发生了由赞扬费尔巴哈到批判费尔巴哈的转变，写下了《关于费尔巴哈的提纲》；随后他与恩格斯合写了《德意志意识形态》。这两部著作标志着马克思主义的基本形成。在《德意志意识形态》中，马克思恩格斯专门系统地阐述了关于意识形态批判的内容，彻底论述了德意志意识形态本质上的虚幻性和颠倒性。

第一，对费尔巴哈、鲍威尔和施蒂纳所代表的现代德国哲学进行批判。在《关于费尔巴哈的提纲》中，马克思批判了费尔巴哈旧唯物主义的直观性和唯心主义夸大精神能动性的缺陷，揭露了宗教的世俗基础。反对宗教归根到底应该反对宗教赖以存在的世俗社会基础。只有通过实践克服社会矛盾，使现存世界革命化，宗教才能消失。马克思对自己的批判工作总结道：批判理论只有与革命实践结合起来，才能促使有效的社会变革发生，"哲学家们只是用不同的方式解释世界，问题在于改变世界"①。《德意志意识形态》由两卷构成，第一卷对当时德国各种批判黑格尔哲学的运动进行了分析批判，特别是批判了青年黑格尔派和费尔巴哈，系统地阐述了历史唯物主义的基本理论。鲍威尔等人用理性精神、自我意识说明历史；费尔巴哈用人的类本质的异化批判宗教对历史的虚构；施蒂纳不满意用抽象的"类"说明人、说明历史，他把有感性形体的个人作为自己哲学的"出发点和返回点"，认为这种个人是离群索居的"唯一者"，是不受任何现实条件制约的"自我一致的利己主义者"。黑格尔之后的德国哲学家对历史的理解虽然各不相同，但却有共同的缺陷，即"这些哲学家没有一个想到要提出关于德国哲学和德国现实之间的联系问题，关于他们所作的批判和他们自身的物质环境之间的联系问题"②。费尔巴哈虽然比别人多走了一步，认为宗教是人的自我异化，但他没有进一步追问宗教幻想是如何塞入人脑的，这些幻想赖以产生的现实社会基础是什么。"这个问题甚至为

---

① 《马克思恩格斯文集》第1卷，人民出版社，2009，第502页。
② 《马克思恩格斯文集》第1卷，人民出版社，2009，第516页。

德国理论家开辟了通向唯物主义世界观的道路。"① 马克思恩格斯正是通过追问和探讨这个问题，走向了历史唯物主义。

第二，对各式各样先知所代表的德国社会主义进行批判。这也是政治意识形态批判。《德意志意识形态》第二卷是用历史唯物主义的基本观点和方法批判德国"真正的社会主义"。"真正的社会主义"是一种德国小资产阶级思潮，它的主要代表人物是赫斯、格律恩等。他们把德国哲学特别是黑格尔和费尔巴哈的哲学同法国、英国的空想社会主义理论混合起来，使社会主义理论带有了抽象思辨的性质。他们以"博爱"来反对当时的革命斗争，造成了很坏的社会影响，因而受到马克思恩格斯的深刻批判。他们认为，"'真正的社会主义'显然给一批青年德意志的美文学家、江湖医生和其他著作家打开了利用社会运动的大门。由于德国没有现实的、激烈的、实际的党派斗争，社会运动在开始时也就变成了纯粹文学的运动"②。"真正的社会主义"就是这种纯粹文学运动最完全的表现。

第三，对资本主义政治经济学进行批判。在《德意志意识形态》中，马克思恩格斯思考的中心问题是如何运用新的理论展开对资本主义社会更加有力的批判。通过从经济学研究中借用来的斯密的一般社会分工概念，马克思恩格斯建立起一套全新的政治经济学批判话语。针对由一般社会分工导致的对人的异化所采用的方法是"消灭分工"，马克思恩格斯指出，"生产力、社会状况和意识，彼此之间可能而且一定会发生矛盾，因为分工使精神活动和物质活动、享受和劳动、生产和消费由不同的个人来分担这种情况不仅成为可能，而且成为现实，而要使这三个因素彼此不发生矛盾，则只有再消灭分工"③。分工导致私有制，分工造成劳动条件的不合理分配，分工造成特殊利益和普遍利益的矛盾，分工把人束缚在特定的活动领域和范围，分工具有强制性、异己性。马克思恩格斯因此得出了在生产力高度发展的条件下消灭自发的社会分工和私有制的结论。可以说，这些内容是马克思意识形态批判的一次富有成果的总结，它包含了马克思意识形态批判的两大方面：哲学批判和政治经济学批判。这是两大批判方面的

① 《马克思恩格斯全集》第 3 卷，人民出版社，1960，第 261 页。
② 《马克思恩格斯文集》第 1 卷，人民出版社，2009，第 590 页。
③ 《马克思恩格斯文集》第 1 卷，人民出版社，2009，第 535 页。

一次完美结合，并绽放出重要的理论之花——历史唯物主义。①

2. 马克思主义公开问世时期

《德意志意识形态》直至 1932 年才全文出版，因此，马克思的《哲学的贫困》是马克思主义哲学公开问世的第一部著作。马克思针对蒲鲁东等人对其历史唯物主义方法的错误认识，撰写了《哲学的贫困》，以批判蒲鲁东的《贫困的哲学》中的错误认识。蒲鲁东用黑格尔的唯心主义思辨方法安排经济范畴的顺序，并把永恒平等的观念强加给这些范畴，赋予它们以实现平等和消除不平等的特性。马克思指出："经济范畴只不过是生产的社会关系的理论表现，即其抽象。真正的哲学家蒲鲁东先生把事物颠倒了，他认为现实关系只是一些原理和范畴的化身。"② 蒲鲁东不明白，一定的社会关系是人们生产出来的。"随着新生产力的获得，人们改变自己的生产方式，随着生产方式即谋生的方式的改变，人们也就会改变自己的一切社会关系。手推磨产生的是封建主的社会，蒸汽磨产生的是工业资本家的社会。"③

1847 年底至 1848 年初，马克思恩格斯为共产主义者同盟起草了纲领——《共产党宣言》，并于 1848 年 2 月公开发表。恩格斯在《共产党宣言》1883 年德文版序言中对贯穿这部著作的基本思想作了科学概括："每一历史时代的经济生产以及必然由此产生的社会结构，是该时代政治的和精神的历史的基础；因此（从原始土地公有制解体以来）全部历史都是阶级斗争的历史，即社会发展各个阶段上被剥削阶级和剥削阶级之间、被统治阶级和统治阶级之间斗争的历史；而这个斗争现在已经达到这样一个阶段，即被剥削被压迫的阶级（无产阶级），如果不同时使整个社会永远摆脱剥削、压迫和阶级斗争，就不再能使自己从剥削它压迫它的那个阶级（资产阶级）下解放出来。"④ 而这一思想的建构正是基于马克思恩格斯的意识形态批判。批判特别是对资本主义的批判，成为《共产党宣言》的核心主题，主要包括以下三个方面。

第一，资本主义政治经济学批判。在《共产党宣言》中，马克思恩格

---

① 参见张秀琴《马克思的意识形态批判理论》，《现代哲学》2002 年第 2 期。

② 《马克思恩格斯文集》第 1 卷，人民出版社，2009，第 602 页。

③ 《马克思恩格斯文集》第 1 卷，人民出版社，2009，第 602 页。

④ 《马克思恩格斯文集》第 2 卷，人民出版社，2009，第 9 页。

斯的意识形态批判是以政治经济学批判为起点的。在经济上占统治地位的
阶级，必然会占据政治上的统治地位，以此来维护本阶级的利益，管理社
会的共同事务。在以私有制为基础的社会中，人们的生产关系表现为阶级
关系。因此，"至今一切社会的历史都是阶级斗争的历史"①。"资产阶级在
它已经取得了统治的地方把一切封建的、宗法的和田园诗般的关系都破坏
了。它无情地斩断了把人们束缚于天然尊长的形形色色的封建羁绊，它使
人和人之间除了赤裸裸的利害关系，除了冷酷无情的'现金交易'，就再
也没有任何别的联系了。它把宗教虔诚、骑士热忱、小市民伤感这些情感
的神圣发作，淹没在利己主义打算的冰水之中。它把人的尊严变成了交换
价值，用一种没有良心的贸易自由代替了无数特许的和自力挣得的自由。
总而言之，它用公开的、无耻的、直接的、露骨的剥削代替了由宗教幻想
和政治幻想掩盖着的剥削。"② 这种剥削导致经济危机的频繁爆发，并最终
使整个社会陷入异化之中。资产阶级贪婪的本性，使得它无法统治下去
了，"因为它甚至不能保证自己的奴隶维持奴隶的生活，因为它不得不让
自己的奴隶落到不能养活它反而要它来养活的地步。社会再不能在它统治
下生存下去了，就是说，它的生存不再同社会相容了"③，最终只能被代表
先进生产关系的无产阶级发起的革命所淘汰，"无产阶级将利用自己的政
治统治，一步一步地夺取资产阶级的全部资本，把一切生产工具集中在国
家即组织成为统治阶级的无产阶级手里，并且尽可能快地增加生产力的总
量"④。从中也不难看出，《共产党宣言》中的政治经济学批判已经被赋予
了更多的政治因素。

第二，资产阶级统治政治批判。马克思恩格斯肯定了历史上资产阶级
曾扮演过革命者的角色并发挥过的革命作用。"例如，法国革命废除了封
建的所有制，代之以资产阶级的所有制。"⑤ 但当资产阶级推翻了封建主义
的大厦，夺得政权并上升为统治阶级后，便撕去了温情的面纱变得反动。
此外，"封建的社会主义""小资产阶级的社会主义""德国的或'真正

---

① 《马克思恩格斯文集》第2卷，人民出版社，2009，第31页。
② 《马克思恩格斯文集》第2卷，人民出版社，2009，第33~34页。
③ 《马克思恩格斯文集》第2卷，人民出版社，2009，第43页。
④ 《马克思恩格斯文集》第2卷，人民出版社，2009，第52页。
⑤ 《马克思恩格斯文集》第2卷，人民出版社，2009，第45页。

的'社会主义""保守的或资产阶级的社会主义"等形形色色的"社会主义"和"共产主义",也沦为资产阶级统治的帮凶。在马克思恩格斯看来,这些都是典型的"伪革命",因为其在实质上还算不上真正的社会主义或共产主义,也根本不可能推动无产阶级革命的健康发展。真正的革命应该是无产阶级联合起来,率先上升为统治阶级,争得民主,并最终以真正的共产主义社会为理想目标的革命。而共产党人最近的目的是,"使无产阶级形成为阶级,推翻资产阶级的统治,由无产阶级夺取政权"[①]。

第三,资产阶级思想观念批判。马克思恩格斯在批判资本主义所有制的同时,对其意识形态也进行了批判。一定的思想观念是对一定的经济关系的反映,私有观念就是以私有制为基础的生产关系的观念表现,"任何一个时代的统治思想始终都不过是统治阶级的思想。……在旧社会内部已经形成了新社会的因素,旧思想的瓦解是同旧生活条件的瓦解步调一致的"[②]。马克思恩格斯讽刺说,"从宗教的、哲学的和一切意识形态的观点对共产主义提出的种种责难,都不值得详细讨论了"[③]。在资本主义社会中,宗教的、道德的、哲学的、政治的、法的观念等都带有资产阶级的偏见,而隐藏在它们背后的都是资产阶级的利益。马克思恩格斯说道:"你们既然用你们资产阶级关于自由、教育、法等等的观念来衡量废除资产阶级所有制的主张,那就请你们不要同我们争论了。你们的观念本身是资产阶级的生产关系和所有制关系的产物,正像你们的法不过是被奉为法律的你们这个阶级的意志一样,而这种意志的内容是由你们这个阶级的物质生活条件来决定的。"[④]为此,马克思恩格斯主张,共产主义革命在自己的发展进程中要同一切传统的观念实行最彻底的决裂。

《共产党宣言》中对于资本主义系统性的科学批判只是"开启",而非完成。在此后的伟大斗争实践中,马克思通过资本拜物教批判,深刻地揭露了资本主义剥削制度下物化现象之下人与人之间被遮蔽的真实关系。在《〈政治经济学批判〉序言》中,马克思系统地阐述了历史唯物主义基本原理,用"社会意识形式"的表达,确立了意识形态在整个社会有机体中的地位。

---

① 《马克思恩格斯文集》第2卷,人民出版社,2009,第44页。
② 《马克思恩格斯文集》第2卷,人民出版社,2009,第51页。
③ 《马克思恩格斯文集》第2卷,人民出版社,2009,第50页。
④ 《马克思恩格斯文集》第2卷,人民出版社,2009,第48页。

二　意识形态的主要内涵、本质特征和根本功能

尽管马克思恩格斯主要是从否定的意义上直接使用了"意识形态"一词，但并不意味着他们对该概念的使用仅停留在社会批判领域。"意识形态"概念的意涵在他们那里并不是凝固不变的，"总的来说，'意识形态'概念在马克思主义学说中始终是一个开放的体系，而事实上马克思主义本身亦作为一种'意识形态'而存在于社会实践之中"①。这就意味着，马克思恩格斯那里的意识形态，集批判性与建构性、虚假性与真实性、意识形态性与科学性于一体。它在人类社会实践中具有特殊重要的功能。

（一）意识形态的主要内涵

意识形态概念的"言人言殊"性，导致了意识形态内涵的"飘忽不定"。用大卫·麦克里兰的话来说就是，"意识形态在整个社会科学中是最难以把握的概念"②。特里·伊格尔顿也指出："没有一种意识形态概念获得该领域理论家的普遍认同……可以毫不夸张地说，有多少意识形态理论家就有多少意识形态理论。"③但在整个意识形态概念发展史中，"马克思的著作""占有中心地位"④。

1. 马克思恩格斯对意识形态概念的理解

随着马克思恩格斯新世界观的创立与运用，他们对意识形态的理解也在不断深化。从《德意志意识形态》到《〈政治经济学批判〉序言》再到《资本论》，马克思恩格斯对意识形态的认识愈加清晰。尽管在这一过程中，他们从来没有对意识形态这一概念作过明确的界定，但马克思恩格斯实际上科学地阐述了意识形态的内涵。可以将其概括为以下三点。

第一，意识形态是人们制造出来且又受其支配的"虚幻"的意识。在《德意志意识形态》中，马克思恩格斯展开了对费尔巴哈、鲍威尔和施蒂

---

① 曾长秋、胡世平：《马克思主义学说史中"意识形态"概念认知的演化逻辑》，《青海社会科学》2015 年第 6 期。

② 〔英〕大卫·麦克里兰：《意识形态》（第 2 版），孔兆政、蒋龙翔译，吉林人民出版社，2005，第 1 页。

③ 〔英〕特里·伊格尔顿：《历史中的政治、哲学、爱欲》，马海良译，中国社会科学出版社，1999，第 94 页。

④ 〔英〕约翰·B.汤普森：《意识形态与现代文化》，高铦、文涓、高戈等译，译林出版社，2005，第 36 页。

纳所代表的现代德国哲学的批判，特别是对青年黑格尔派的唯心史观进行了批判，批判他们不是从实践出发，而是从幻想的观念出发；批判他们总是认为"宗教、概念、普遍的东西统治着现存世界"①，并"把所有这些个别的思想和概念说成是历史上发展着的概念的'自我规定'"②。从而马克思恩格斯揭示了他们颠倒存在与认识、生活与观念关系的错误的意识。他们是自己的观念、思想等的生产者，而又屈从于自己创造的这些"虚幻"的意识。殊不知，"意识［das Bewußtsein］在任何时候都只能是被意识到了的存在［das bewußteSein］，而人们的存在就是他们的现实生活过程"③。

第二，意识形态表达的是统治阶级的思想，并以幻想的形式遮蔽或扭曲现实关系。马克思恩格斯在《德意志意识形态》中指出，"统治阶级的思想在每一时代都是占统治地位的思想。这就是说，一个阶级是社会上占统治地位的物质力量，同时也是社会上占统治地位的精神力量。支配着物质生产资料的阶级，同时也支配着精神生产资料，因此，那些没有精神生产资料的人的思想，一般地是隶属于这个阶级的"④。作为"精神生产资料"的意识形态，只不过是统治阶级在思想上的表现。阶级社会的历史发展一再证明，任何阶级的政治统治，都离不开意识形态的统治。意识形态的统治也即统治阶级用表达自己利益与意志的思想对全社会的统治。

第三，意识形态产生于人们的物质生产实践，是一定阶级社会结构中与经济基础相适应并耸立其上的观念的上层建筑。在《〈政治经济学批判〉序言》中，马克思完成了意识形态产生基础的理论定位工作。他说："这些生产关系的总和构成社会的经济结构，即有法律的和政治的上层建筑竖立其上并有一定的社会意识形式与之相适应的现实基础。物质生活的生产方式制约着整个社会生活、政治生活和精神生活的过程。"⑤ 这就是说，意识形态是与人类社会的物质生活、政治生活相联系又相互区别的精神生活体系，是耸立在经济基础之上，与政治的上层建筑相对应的观念的上层建筑。马克思还从内容上指出了意识形态形式的丰富多样性。他认为，意识

①　《马克思恩格斯文集》第 1 卷，人民出版社，2009，第 515 页。
②　《马克思恩格斯文集》第 1 卷，人民出版社，2009，第 553 页。
③　《马克思恩格斯文集》第 1 卷，人民出版社，2009，第 525 页。
④　《马克思恩格斯文集》第 1 卷，人民出版社，2009，第 550 页。
⑤　《马克思恩格斯文集》第 2 卷，人民出版社，2009，第 591 页。

形态包括丰富多样的内容形式，如"那些法律的、政治的、宗教的、艺术的或哲学的，简言之，意识形态的形式"①。

2. 列宁对意识形态概念的理解

马克思恩格斯逝世后，列宁立足俄国革命和建设的具体实践，创造性地发展了马克思主义意识形态批判理论。在列宁看来，资产阶级意识形态的欺骗性并不能否定无产阶级意识形态的真实性和科学性。无产阶级意识形态是"科学的意识形态"，具有先导性、继承性。

第一，马克思主义是与资产阶级意识形态相对立的"科学的意识形态"。列宁认为，剥削阶级意识形态特别是资产阶级意识形态，是从自身狭隘阶级利益出发对现实社会关系的歪曲和虚假的反映，是"谎言"和"欺骗"，就连帝国主义之间的侵略战争，都曾被资产阶级赋予了爱国主义的"伟大"意义。"它们愚弄工人阶级和劳动群众，硬说它们进行战争是为了保卫祖国、自由和文化"②，对此，列宁号召社会民主党在意识形态领域，揭穿它们这种"为了替战争辩护而散布的谎言、诡辩和'爱国主义的'花言巧语"③。社会主义的思想体系是科学的意识形态，这是列宁对马克思恩格斯意识形态概念的重要发展。他强调，科学的思想体系是客观真理，它只能是社会主义的思想体系或马克思主义，"这是无条件的"④。无产阶级的革命斗争需要以马克思主义为指导，这是历史发展的必然要求，也是客观现实发展的需要。

第二，科学的意识形态要通过"灌输"的方式让工人阶级掌握。列宁指出，"以先进理论为指南的党，才能实现先进战士的作用"⑤。无产阶级要想战胜资产阶级，就必须在思想上树立和坚持科学的思想体系。但这种科学的思想体系能否在工人阶级内部自发地产生呢？如果不能，又如何让工人阶级树立和坚持科学的思想体系呢？列宁对此进行了深入的思考，他认识到，在俄国的具体情况下，"工人本来也不可能有社会民主主义的意识。这种意识只能从外面灌输进去"⑥。无产阶级政党的任务就是要"积极

---

① 《马克思恩格斯文集》第 2 卷，人民出版社，2009，第 592 页。
② 《列宁选集》第 2 卷，人民出版社，2012，第 404 页。
③ 《列宁选集》第 2 卷，人民出版社，2012，第 403 页。
④ 《列宁选集》第 2 卷，人民出版社，2012，第 96 页。
⑤ 《列宁选集》第 1 卷，人民出版社，2012，第 312 页。
⑥ 《列宁选集》第 1 卷，人民出版社，2012，第 317 页。

地对工人阶级进行政治教育，发展工人阶级的政治意识"①。只有通过革命的知识分子和无产阶级政党的灌输，社会主义意识形态才能战胜和取代占统治地位的资产阶级意识形态，无产阶级政党才能领导工人阶级取得社会主义革命的最后胜利。

列宁在坚持马克思主义的同时，还发展了马克思主义，并提出了坚持马克思主义这一科学的意识形态应有的态度：一是要旗帜鲜明地和各种反马克思主义思潮作斗争，捍卫马克思主义意识形态的科学性和革命性；二是要坚持马克思主义基本原理，把马克思主义基本原理和资本主义时代特征及俄国革命建设的具体实际结合起来，使马克思主义时代化、具体化。正是由于坚持了对待马克思主义的科学态度，列宁才发展了马克思主义。

3. 20世纪以来西方学者关于意识形态概念的论争

20世纪以来，西方学者一直十分关注意识形态问题，对意识形态的概念、性质、功能、作用等问题进行了比较系统的阐述。由于马克思的"著作在意识形态概念史中占有中心地位"②，在关于意识形态概念的论争中，马克思对意识形态的理解成为20世纪以来西方学者研究的焦点。

第一，西方马克思主义视域中的意识形态内涵。一是以卢卡奇、柯尔施、葛兰西为代表的"西方马克思主义"创始人对马克思的意识形态及马克思主义意识形态的内容和价值持肯定态度，认为它们能够正确反映社会存在的本质。"西方马克思主义"创始人较为一致的看法是，资本主义之所以几经危机波折却"大难不死""腐而不朽"，原因很简单：无产阶级的阶级意识还没有觉醒，因而他们担负不了推翻资本主义的历史使命。只有重视意识形态问题，夺取意识形态的领导权，才能在革命斗争中获得胜利。卢卡奇在其著名的《历史与阶级意识——关于马克思主义辩证法的研究》中指出："革命的命运（以及与此相关联的是人类的命运）要取决于无产阶级在意识形态上的成熟程度，即取决于它的阶级意识。"③ 葛兰西则提出了"文化领导权"概念。他认为，无产阶级要在西方资本主义国家中

---

① 《列宁选集》第1卷，人民出版社，2012，第342页。
② 〔英〕约翰·B. 汤普森：《意识形态与现代文化》，高铦、文湧、高戈等译，译林出版社，2005，第36页。
③ 〔匈〕卢卡奇：《历史与阶级意识——关于马克思主义辩证法的研究》，杜章智、任立、燕宏远译，商务印书馆，1992，第129页。

夺取政治领导权，就必须夺取文化领导权。戴维·麦克莱伦指出，在葛兰西那里，"党除了夺取政权外，还肩负起意识形态和文化方面的斗争责任"①。其后，拉克劳、墨菲进一步创新了领导权概念，将其发展为话语领导权。艾伦·伍德在《新社会主义》中评论，拉克劳、墨菲已经迈出了最后的一步，不再仅仅是把意识形态从社会决定性因素中分离出来，把社会也一起分解为意识形态或者"霸权"，而且"现在，社会本身是由意识形态或'话语'构成的"②。二是以霍克海默、马尔库塞、哈贝马斯为代表的法兰克福学派把科学和技术当作意识形态进行了批判，形成了独具特色的"意识形态批判"理论。霍克海默最先将科学技术作为意识形态批判的理论旨趣。他在《科学及其危机札记》中指出："不仅形而上学，而且还有它所批判的科学，皆为意识形态的东西；后者之所以也复如是，是因为它保留着一种阻碍它发现社会危机真正原因的形式。"③ 此后，马尔库塞在《单向度的人——发达工业社会意识形态研究》中，对科学技术异化为意识形态的问题，作了深入的批判。马尔库塞认为，在今天这样一个意识形态包含在生产过程本身之中的发达工业社会，产品起着思想灌输和操纵的作用。由于更多的社会阶级中的更多的个人能够得到这些产品，这种思想灌输便不再是宣传了，而变成了一种生活方式。由此，"便出现了一种单向度的思想和行为模式，在这一模式中，凡是其内容超越了已确立的话语和行为领域的观念、愿望和目标，不是受到排斥就是沦入已确立的话语和行为领域"④。因而，当代工业社会是一个极权主义社会，科学和技术越强、越全面，人受其奴役和统治的程度也就越深重。哈贝马斯明确说明了技术和科学是一种意识形态。他指出，随着资本主义"技术的科学化趋势日益明显"，"科学和技术便成了第一位的生产力"⑤，发挥着使统治合法化的功能。

---

① 〔英〕戴维·麦克莱伦：《马克思以后的马克思主义》（第3版），李智译，中国人民大学出版社，2008，第197页。

② 〔加〕艾伦·伍德：《新社会主义》，尚庆飞译，江苏人民出版社，2005，第63页。

③ 〔德〕马克斯·霍克海默：《批判理论》，李小兵等译，重庆出版社，1989，第5页。

④ 〔美〕赫伯特·马尔库塞：《单向度的人——发达工业社会意识形态研究》，刘继译，上海译文出版社，2008，第11页。

⑤ 〔德〕尤尔根·哈贝马斯：《作为"意识形态"的技术与科学》，李黎、郭官义译，学林出版社，1999，第62页。

　　第二，西方资产阶级学者和政客视域中的意识形态内涵。马克思主义从理论发展为实践，这使得意识形态领域成为西方敌对势力对社会主义国家西化、分化的前沿。在一些西方资产阶级学者、政客的眼中，意识形态成为马克思主义、社会主义的代名词。安德鲁·文森特指出，在一些西方资产阶级学者眼中，"意识形态表征的是一种极权主义思想，它禁止与自身观点不同的一切政治讨论。意识形态迥异于多元主义、自由、宽容和理性的社会，在这样的社会里产生的是'政治'。不同的学者如达伦多夫、塔尔蒙、克里克、汉娜·阿伦特、卡尔·波普尔和雷蒙·阿隆等人都用各自不同的方法论述了'极权化的意识形态'和封闭的社会（法西斯主义）"[①]。与上述论断的内容相呼应的是一股在美国兴起的"意识形态终结"思潮。这股思潮的代表人物是丹尼尔·贝尔、西摩·马丁·李普塞特、爱德华·希尔斯等人。他们分别在其著作《意识形态的终结——五十年代政治观念衰微之考察》《政治人——政治的社会基础》《意识形态的终结》中提出了同一个主题，即"意识形态现在已经逐渐走到了死亡的终点"[②]。如李普塞特所评论的那样，"民主式的阶级斗争将继续下去，但这只是一种没有意识形态色彩、没有红旗、没有五一国际劳动节游行的斗争"[③]。20世纪末，这股思潮随着以"西方中心主义"为特征的全球化的强势推进，又以"新"的面目粉墨登场。如美国前总统尼克松发表了《1999：不战而胜》、美国前总统国家安全事务助理布热津斯基发表了《大失败——二十世纪共产主义的灭亡》、弗朗西斯·福山发表了论文《历史的终结？》并在不久后出版《历史的终结及最后之人》、塞缪尔·亨廷顿发表了《文明的冲突与世界秩序的重建》。这些著作以冷战思维把矛头对准社会主义意识形态，宣称近代的共产主义已被战胜（或已灭亡），资本主义的自由民主制度是"人类意识形态发展的终点""人类最后一种统治形

① 〔澳〕安德鲁·文森特：《现代政治意识形态》，袁久红等译，江苏人民出版社，2005，第15页。

② 〔美〕丹尼尔·贝尔：《意识形态的终结——五十年代政治观念衰微之考察》，张国清译，江苏人民出版社，2001，第451页。

③ 〔美〕西摩·马丁·李普塞特：《政治人——政治的社会基础》（最新增订版），张绍宗译，上海人民出版社，1997，第394页。

式"，并因此构成"历史的终结"。①

（二）意识形态的本质特征和根本功能

马克思恩格斯在《德意志意识形态》中指出，"每一个力图取得统治的阶级，即使它的统治要求消灭整个旧的社会形式和一切统治，就像无产阶级那样，都必须首先夺取政权，以便把自己的利益又说成是普遍的利益，而这是它在初期不得不如此做的"②。"所有的历史编纂学家，主要是18 世纪以来的历史编纂学家所共有的这种历史观，必然会碰到这样一种现象：占统治地位的将是越来越抽象的思想，即越来越具有普遍性形式的思想。因为每一个企图取代旧统治阶级的新阶级，为了达到自己的目的不得不把自己的利益说成是社会全体成员的共同利益，就是说，这在观念上的表达就是：赋予自己的思想以普遍性的形式，把它们描绘成唯一合乎理性的、有普遍意义的思想。"③ 马克思恩格斯的上述论述，就包含了关于意识形态问题的重要信息：无论是夺取政权还是掌握政权，都需要在观念上把自己的"特殊利益"说成是"普遍利益"或"共同利益"，从特殊利益的合理性证明推导出阶级统治的合法性（或相反，以敌对阶级利益的不合理性来证明其统治的不合法性）。这一合理性证明的理论表达则是：赋予自己的思想以普遍性的形式。这些思想，深刻地揭示了意识形态的本质特征和根本功能。④

1. 意识形态的本质特征

从历史唯物主义看，作为观念的上层建筑，意识形态在本质上反映了一定阶级、阶层或社会集团的利益诉求，因而意识形态并不是纯客观的或"价值中立"的科学理论。

第一，意识形态是反映不同利益关系的价值判断。在马克思看来，整个社会在结构上被剖析为生产力、生产关系、政治上层建筑、意识形态四个相互联系的层次。社会前进的实质就是代表新生产关系的利益集团取代

---

① 〔美〕弗朗西斯·福山：《历史的终结及最后之人》，黄胜强、许铭原译，中国社会科学出版社，2003，代序第 1 页。

② 《马克思恩格斯文集》第 1 卷，人民出版社，2009，第 536~537 页。

③ 《马克思恩格斯文集》第 1 卷，人民出版社，2009，第 552 页。

④ 参见陈锡喜《论意识形态的本质、功能、总体性及领域》，《上海交通大学学报》（哲学社会科学版）2014 年第 1 期。

过时的利益集团。在阶级社会中，当这种行为与社会进步的方向和人民利益相悖时，意识形态就具有虚假性、欺骗性，成为维护阶级统治的帮凶和历史进步的障碍。但当这种行为与社会进步的方向和人民的利益相一致时，这个意识形态就表现出科学性和历史进步性。当时的德国的利益集团就是过时的利益集团，因而德意志意识形态的虚假性主要表现为：现实社会中"个人利益"、"阶级利益"和"普遍利益"之间的分裂甚至是对立，被统治阶级的官方意识形态混为一谈。因此，阶级社会中真正的共同体逐渐为"虚幻的共同体"所取代，共同体中的单个利益和共同利益产生分裂，共同体中的共同利益也逐渐脱离实际的单个利益和全体利益而变成"虚幻的共同利益"，即所谓的"普遍利益"。由此造成了个人利益、阶级利益和普遍利益的分裂和对立。为了对抗利益的分裂和对立，统治阶级不得不建立国家以实现其"虚幻的共同利益"对个人或特殊利益的行为干涉及约束。[①] 这时的意识形态就成为以全社会面貌出现的被统治阶级占据和左右的思想，即被物质利益扭曲的思想体系。阶级社会中统治阶级用形式上"虚幻"的利益普遍性，来掩盖其实质内容上的利益特殊性。马克思主义作为科学意识形态则通过对资本主义内在矛盾以及与社会化大生产相联系的无产阶级历史地位的科学揭示，不仅旗帜鲜明地表达了无产阶级的阶级利益同资产阶级利益的冲突性，而且指出自己所代表利益在本质上和人类普遍利益的一致性。正如马克思恩格斯在《共产党宣言》中表明的那样："无产阶级的运动是绝大多数人的，为绝大多数人谋利益的独立的运动"[②]，"共产党人为工人阶级的最近的目的和利益而斗争，但是他们在当前的运动中同时代表运动的未来"[③]，这一未来就是"这样一个联合体，在那里，每个人的自由发展是一切人的自由发展的条件"[④]。当马克思恩格斯把自己的新的世界观称为"科学社会主义"时，当列宁称马克思主义为"科学的意识形态"时，都在表明，这一理论是无产阶级解放的理论，代表的是无产阶级的阶级利益。因而，这一利益的实现，是同人类解放的客观进程联系在一起的，它反映的是人类的共同利益，正如马克思一直强调

---

① 参见李森《马克思意识形态批判及构建理论内涵探讨》，《社会主义研究》2012 年第 2 期。
② 《马克思恩格斯文集》第 2 卷，人民出版社，2009，第 42 页。
③ 《马克思恩格斯文集》第 2 卷，人民出版社，2009，第 65 页。
④ 《马克思恩格斯文集》第 2 卷，人民出版社，2009，第 53 页。

的，无产阶级的解放是资本主义社会化大生产发展的客观要求，而无产阶级如果不能解放全人类，则不能最后解放无产阶级自己。① 于是，作为代表无产阶级和广大人民利益的马克思主义，便具有无可置疑的科学性和历史进步性。

第二，意识形态需要建构式灌输、教化与渗透。意识形态不是一般的思想感受和追求，它既需要理论建构来论证其所代表利益的合理性，也需要向整个社会灌输、教化与渗透。通过官方意识形态（主要形式为政治法律思想、宗教、道德、哲学和艺术等上层建筑）宣传为社会全体成员的共同利益，甚至把这种思想实体化为物质世界的本质（如黑格尔的法哲学）。其作为"软国家机器"在阶级统治的过程中发挥着国家实体性存在难以起到的作用，即论证统治阶级统治的合理性、自然性和公正性，从精神的方面把统治阶级利益合理化，把与统治阶级利益内在统一的生产关系合理化，并以知识、观念和信念等形式保证这种利益的实现。② 与此同时，运用"意识形态国家机器"加以灌输、教化与渗透，推动人们的接受和认同。阿尔都塞较早地在西方马克思主义内部明确使用了意识形态范畴，并充分肯定了意识形态在理论上的权威地位，他断言，一部近代西方哲学史就是一部意识形态的哲学史。在阿尔都塞那里，意识形态不仅成为马克思思想存在的"认识论断裂"的第一个阶段，而且意识形态绝不单单是一种观念体系，同时是特殊的非强制的国家机器。与同作为上层建筑的另一层上层建筑——政治法律及其附属物（政府、行政部门、军队、警察、法庭和监狱等）相似的是，"意识形态国家机器"的本质也是统治阶级的工具，只不过前者通过暴力起作用，而"意识形态国家机器"通过意识形态起作用。"意识形态国家机器"在于成功地掩盖自己的统治意图，让被统治者真的相信统治不是压迫和奴役而是合法的民主和自由，从而自觉地服从。它们"以独特的、专门化机构的形式呈现给其直接的观察者"，包括：宗教的意识形态的国家机器（不同教会的系统）、教育的意识形态的国家机器（不同的公立、私立学校的系统）、家庭的意识形态的国家机器、法律的意识形态的国家机器、政治的意识形态的国家机器、工会的意识形态的

---

① 参见陈锡喜《论意识形态的本质、功能、总体性及领域》，《上海交通大学学报》（哲学社会科学版）2014 年第 1 期。
② 参见李森《马克思意识形态批判及构建理论内涵探讨》，《社会主义研究》2012 年第 2 期。

国家机器、通信的意识形态的国家机器（报纸、无线电和电视等）、文化的意识形态的国家机器（文学、艺术、体育运动等）。① 统治阶级就是利用这些"意识形态国家机器"向整个社会灌输、教化与渗透本阶级的意识形态的。这其中，在形形色色的意识形态国家机器中，"教育的机器是资本主义社会形态中的主导意识形态国家机器"②。

2. 意识形态的根本功能

理论界关于意识形态功能的研究成果较为丰富。有学者指出，秉承经典作家关于意识形态的基本精神，应在当今全球化背景下认识和把握意识形态的功能。意识形态具有政治导向、经济规制、社会文化整合以及服务于对外战略等功能。③ 也有学者认为，意识形态是具有严密内在结构的价值观念系统，其巨大的社会功能主要体现在：引领功能、凝聚功能、稳定功能、维护功能、动力功能和自建构功能。意识形态功能实现的基本方式是"公民认同"。④ 还有学者指出，意识形态作为社会意识的一种特殊表现形式，其基本功能就是直接参与社会生活，以巩固或改变一定的社会关系。我们可以将马克思对意识形态功能的理解概括为：作为"观念的上层建筑"的意识形态、作为"阶级社会维护意识"的意识形态以及作为人类文化发展载体的意识形态。⑤ 这表明，意识形态具有多种功能，但其中"为维护或颠覆现存利益格局的行为合法性提供合理性辩护"是最核心的功能。这是因为意识形态的上述本质特征决定了意识形态的根本功能，即是要把特殊利益说成是普遍利益。

在一个社会中，只要存在不同阶级、阶层、利益群体的利益矛盾或冲突，从而存在特殊利益和普遍利益的矛盾，就需要有一定的意识形态来对之批判或为之辩护。通过"言说"的理论要素，以便把"自己的利益"说成是"普遍的利益"或"共同利益"。而特殊利益和普遍利益一旦存在冲

---

① 〔斯〕斯拉沃热·齐泽克、〔德〕泰奥德·阿多尔诺等：《图绘意识形态》，方杰译，南京大学出版社，2006，第 106 页。
② 〔斯〕斯拉沃热·齐泽克、〔德〕泰奥德·阿多尔诺等：《图绘意识形态》，方杰译，南京大学出版社，2006，第 112 页。
③ 参见王永贵《马克思主义视阈中意识形态的内涵和功能阐释》，《河海大学学报》（哲学社会科学版）2012 年第 2 期。
④ 参见陈秉公《论意识形态的结构、功能及功能实现方式》，《思想理论教育》2008 年第 9 期。
⑤ 参见张秀琴《论意识形态的功能》，《教学与研究》2004 年第 5 期。

突，那么，意识形态就具有"虚假性"。正因如此，拿破仑会称特拉西等人为脱离实际、虚构观念的"意识形态家"。马克思恩格斯对传统的意识形态包括德意志意识形态持强烈的批判态度，认为它们是对现实的"虚幻的反映"。许多现代西方学者包括西方马克思主义者会坚持"意识形态与科学是对立的"观念。① 作为阿尔都塞学生的波朗查斯（又译普兰查斯）对意识形态的这一根本功能有过精彩的论述。在他看来，意识形态在社会生活中表现出聚合和掩盖双重功能。"通过它，阶级统治才能长治久安：换言之，这种社会形态是受到可以称之为统治阶级的意识形态支配的。"②对此，波朗查斯以资本主义为例，进一步考察了占统治地位的意识形态的功能。他认为，资本主义意识形态的作用"并不是简单地掩盖了总是起决定作用的经济方面，而是掩盖了统治作用的方面，并掩盖了其统治作用的事实本身"③。其中，"占统治地位的资产阶级意识形态的特征之一，实际上就是它以一种特殊方式隐瞒阶级剥削，以致任何阶级统治的痕迹都系统地从它的语言中消失了。事实是，它本身的状况不允许任何意识形态以阶级统治的意识形态出现"④。不仅如此，为了寻求被统治阶级的"自觉"认同和服从，统治阶级的意识形态还渗透到他们的生活方式中，在这方面，工人阶级意识形态最有可能被玷污。这就撕去了资产阶级"合理"统治的合法性面具。

现代社会，任何一个阶级或政治集团，都需要有一定的意识形态为之辩护，以意识形态论证它的经济和政治形态的合法性，并以意识形态批判其他经济和政治形态的非法性。正如道格拉斯·C.诺思所说："成功的政治—经济单位总是与意识形态的发展相联系的，这些意识形态会令人信服地使现有的产权结构和相应的收入分配合法化。"⑤ 任何社会的经济形态、

① 参见陈锡喜《论意识形态的本质、功能、总体性及领域》，《上海交通大学学报》（哲学社会科学版）2014年第1期。

② 〔希腊〕尼科斯·波朗查斯：《政治权力与社会阶级》，叶林、王宏周、马清文译，中国社会科学出版社，1982，第229页。

③ 〔希腊〕尼科斯·波朗查斯：《政治权力与社会阶级》，叶林、王宏周、马清文译，中国社会科学出版社，1982，第230页。

④ 〔希腊〕尼科斯·波朗查斯：《政治权力与社会阶级》，叶林、王宏周、马清文译，中国社会科学出版社，1982，第235页。

⑤ 〔美〕道格拉斯·C.诺思：《经济史中的结构与变迁》，陈郁、罗华平等译，上海三联书店、上海人民出版社，1994，第71~72页。

政治形态及其施政行为的合法性，都只有通过意识形态系统化的理论论证，才能为民众理解和认同，达到两者间的"契合"，从而维护社会现实。"占支配地位的意识形态旨在使人们相信现存的规则与正义是永存的"，"使人们出于一种道德感来遵守这些规则"。① 从现实来看，现代社会，随着人民主权思想的兴起，一个靠纯粹的暴力来维护的社会经济形态、政治形态，是不可能长久存在下去的，必须在意识形态领域论证它们的合法性，取得该社会大多数人的认同。比如，在资本主义社会，资产阶级思想家、政治家，他们总是竭力用人权理论、人道主义、自由主义等意识形态理论，论证资本主义制度的"合法性"，把资本主义的社会经济形态、政治形态说成是最好的、历史上最后的一个社会形态。应当承认这种论证在维护资本主义的稳定发展中的确起着重要作用。反之，一定的意识形态对于同自己性质相对立的社会经济形态、政治形态则采取批判态度。在社会生活中，占主导地位的社会经济形态、政治形态及其造成的社会现实，总会遭到各种各样的批判，既可能遭到反映已经衰亡的旧的社会经济形态、政治形态的旧意识形态的批判，也可能遭到反映正在成长的新的社会经济形态、政治形态的新意识形态的批判，还可能遭到反映其他社会经济形态、政治形态的敌对意识形态的批判。也就是说，同样是对社会现实的批判，既有纵向的，也有横向的。但这都还只是外部的批判，还有来自内部的挑战，即同一社会形态下的社会经济形态、政治形态和意识形态内部的自我批判，这是推动社会形态自我内部矛盾解决、自我更新的精神的、思想的力量。

三　建设具有强大凝聚力和引领力的社会主义意识形态

习近平总书记在庆祝中国共产党成立 100 周年大会上的讲话中指出："中国共产党为什么能，中国特色社会主义为什么好，归根到底是因为马克思主义行！"② 这一重要论断，深刻揭示了社会主义意识形态的强大精神

①　〔美〕道格拉斯·C. 诺思：《经济史中的结构与变迁》，陈郁、罗华平等译，上海三联书店、上海人民出版社，1994，第 60 页。

②　习近平：《在庆祝中国共产党成立 100 周年大会上的讲话》，人民出版社，2021，第 13 页。

力量。党的十八大以来，"马克思主义在意识形态领域的指导地位更加鲜明"①，但同时，还必须清醒地看到，"意识形态领域斗争依然复杂，国家安全面临新情况"②，要从新时代新使命的政治高度认识，并牢牢掌握意识形态工作领导权，"建设具有强大凝聚力和引领力的社会主义意识形态"③。

意识形态领域是没有硝烟的战场，其斗争具有长期性、复杂性，要从新时代新使命的政治高度认识。要实现中华民族伟大复兴，必须牢牢掌握意识形态工作领导权，"巩固马克思主义在意识形态领域的指导地位，巩固全党全国人民团结奋斗的共同思想基础"④。

（一）党的十八大以来意识形态工作取得的全方位成就

党的十八大以来，随着国际形势的风云变幻，国内经济社会的转型，中国共产党不断深化对意识形态工作的规律性认识。习近平总书记出席全国宣传思想工作会议、全国网络安全和信息化工作会议、全国高校思想政治工作会议，亲自主持召开文艺工作座谈会、党的新闻舆论工作座谈会、网络安全和信息化工作座谈会、哲学社会科学工作座谈会、学校思想政治理论课教师座谈会并发表重要讲话，对党的意识形态工作作出重要部署和安排，取得了全方位成就。

第一，对意识形态工作进行了新定位。习近平总书记提出"意识形态工作是党的一项极端重要的工作"⑤，"要把网上舆论工作作为宣传思想工作的重中之重来抓"⑥，"党的新闻舆论工作是党的一项重要工作，是治国理政、定国安邦的大事"⑦ 等重要论断。他还强调指出："历史和现实反复证明，能否做好意识形态工作，事关党的前途命运，事关国家长治久安，

---

① 习近平：《决胜全面建成小康社会 夺取新时代中国特色社会主义伟大胜利——在中国共产党第十九次全国代表大会上的报告》，人民出版社，2017，第 4 页。
② 习近平：《决胜全面建成小康社会 夺取新时代中国特色社会主义伟大胜利——在中国共产党第十九次全国代表大会上的报告》，人民出版社，2017，第 9 页。
③ 习近平：《决胜全面建成小康社会 夺取新时代中国特色社会主义伟大胜利——在中国共产党第十九次全国代表大会上的报告》，人民出版社，2017，第 41 页。
④ 《习近平谈治国理政》，外文出版社，2014，第 153 页。
⑤ 中共中央文献研究室编《习近平关于社会主义文化建设论述摘编》，中央文献出版社，2017，第 33 页。
⑥ 中共中央文献研究室编《习近平关于社会主义文化建设论述摘编》，中央文献出版社，2017，第 29 页。
⑦ 《习近平谈治国理政》第 2 卷，外文出版社，2017，第 331 页。

事关民族凝聚力和向心力"①，"意识形态关乎旗帜、关乎道路、关乎国家政治安全"②。这"三个事关""三个关乎"充分凸显了意识形态工作具有的根本性、全局性、战略性意义。习近平在意识形态工作的根本原则方面，提出把坚持党性原则贯穿于意识形态工作的全领域。当前，坚持意识形态工作的党性原则，核心就是要深刻领悟"两个确立"的决定性意义，增强"四个意识"，坚定"四个自信"，做到"两个维护"。

第二，以制度建设强化党对意识形态工作的领导。主要是对意识形态工作责任制作出制度规定。2015 年 10 月，中共中央办公厅印发了《党委（党组）意识形态工作责任制实施办法》，第一次以党内法规形式，对意识形态工作责任制作出制度规定。2017 年 1 月 30 日，中共中央办公厅印发《中国共产党党委（党组）理论学习中心组学习规则》，明确要求各级党委（党组）把理论学习中心组学习列入重要议事日程，纳入党建工作责任制，纳入意识形态工作责任制。2017 年 7 月 1 日，中共中央修订的《中国共产党巡视工作条例》，明确将落实意识形态工作责任制不到位问题列为巡视工作的重要内容。2019 年 9 月 1 日，中共中央印发了修订后的《中国共产党问责条例》，再次明确指出意识形态工作责任制落实不到位的，应当予以问责。这些重要的党内法规的制定，健全并完善了党委统一领导、党政齐抓共管、宣传部门组织协调、各相关部门积极配合的意识形态工作格局，在党的意识形态工作发展史上具有重大意义。把坚持马克思主义在意识形态领域的指导地位确立为一项根本制度，在我们党的历史上还是第一次，充分体现了作为党的指导思想的马克思主义的极端重要性，是社会主义意识形态建设史上的一次重大理论创新和实践创新。

第三，加强了主流意识形态的宣传和教育。理想信念是共产党人精神上的"钙"，没有理想信念或者理想信念不坚定，精神上就会"缺钙"，就会得"软骨病"。要坚持不懈地用理论武装党员干部、教育人民群众。党的十八大以来，我们党强化了对习近平总书记重要讲话精神的学习、对中华民族伟大复兴中国梦的宣传、对社会主义核心价值观的宣传、对党的路

① 中共中央文献研究室编《习近平关于全面建成小康社会论述摘编》，中央文献出版社，2016，第 103 页。

② 中共中央文献研究室编《习近平关于社会主义文化建设论述摘编》，中央文献出版社，2017，第 35~36 页。

线方针政策的宣传学习，宣传党史、国史、革命史，宣传革命文化和社会主义先进文化，大力弘扬中华优秀传统文化。人民有信仰，民族有希望，国家有力量。党的十八大以来，党中央先后组织开展六次集中性学习教育：党的群众路线教育实践活动、"三严三实"专题教育、"两学一做"学习教育、"不忘初心、牢记使命"主题教育、党史学习教育、学习贯彻习近平新时代中国特色社会主义思想主题教育。通过集中学习，全党全社会的理想信念和理论信仰得到了极大增强。

第四，加强了对错误思潮的舆论斗争。党的十八大以来，习近平总书记深刻认识到错误社会思潮的危害，特别是对主流意识形态的挑战，强调要展开必要的舆论斗争，要有"亮剑"精神，主动有效地对错误社会思潮进行批判，在批判中增强马克思主义在意识形态领域的指导地位和话语权。党的十八届六中全会通过的《关于新形势下党内政治生活的若干准则》规定："全党必须坚决捍卫党的基本路线，对否定党的领导、否定我国社会主义制度、否定改革开放的言行，对歪曲、丑化、否定中国特色社会主义的言行，对歪曲、丑化、否定党的历史、中华人民共和国历史、人民军队历史的言行，对歪曲、丑化、否定党的领袖和英雄模范的言行，对一切违背、歪曲、否定党的基本路线的言行，必须旗帜鲜明反对和抵制。"① 这些规定明确了党内政治生活的意识形态"高压线"。做到以正确舆论引导人，做好正面宣传，引导人们分清对错、好坏、善恶、美丑，激发人们向上向善的精神力量。

此外，加强了对互联网的治理，加强和改善了文艺工作、哲学社会科学工作、新闻舆论工作、学校思想政治工作等。总之，"加强党对意识形态工作的领导，党的理论创新全面推进，马克思主义在意识形态领域的指导地位更加鲜明，中国特色社会主义和中国梦深入人心，社会主义核心价值观和中华优秀传统文化广泛弘扬，群众性精神文明创建活动扎实开展。公共文化服务水平不断提高，文艺创作持续繁荣，文化事业和文化产业蓬勃发展，互联网建设管理运用不断完善，全民健身和竞技体育全面发展。主旋律更加响亮，正能量更加强劲，文化自信得到彰显，国家文化软实力

---

① 中共中央党史和文献研究院编《十八大以来重要文献选编》（下），中央文献出版社，2018，第423页。

和中华文化影响力大幅提升，全党全社会思想上的团结统一更加巩固"①。

（二）掌握意识形态工作领导权

习近平总书记强调："面对改革发展稳定复杂局面和社会思想意识多元多样、媒体格局深刻变化，在集中精力进行经济建设的同时，一刻也不能放松和削弱意识形态工作，必须把意识形态工作的领导权、管理权、话语权牢牢掌握在手中，任何时候都不能旁落，否则就要犯无可挽回的历史性错误。"② 这一关于意识形态工作领导权、管理权、话语权的重要论述，把我们党对意识形态工作的规律性认识提升到一个新的高度，为做好新时代意识形态工作提供了根本遵循。具体而言，要做到以下三点。

第一，掌握理论建构权。意识形态工作的源头在理论建构。这就要建设具有强大凝聚力和引领力的社会主义意识形态，进一步做好意识形态"内功"，这在根本上就是要聚焦中国奇迹、中国道路、中国理论、中国话语，用中国道路解释中国奇迹，用中国理论阐释中国道路，用中国话语表达中国理论，牢牢掌握解释中国奇迹、中国道路、中国理论、中国话语的话语权。做好意识形态"内功"的基本途径就是要：聚焦到中国奇迹、中国道路、中国理论、中国话语上来，这是意识形态工作在内容上的核心；马克思主义理论工作者要在构建中国理论上具有高度自觉；真正培养一批政治坚定、知识渊博、颇有建树的马克思主义理论家和理论家队伍；坚持内容为主、形式为辅，不能形式为主、内容为辅，搞"轰轰烈烈"的形式主义；意识形态工作一定要建立在科学精神的基础上。③ 意识形态自身的生产与不断完善是一个连续的过程。坚持马克思主义，还必须努力实现其中国化、时代化、大众化，不断推进实践基础上的理论创新。习近平总书记强调："我们党的历史，就是一部不断推进马克思主义中国化的历史，就是一部不断推进理论创新、进行理论创造的历史。"④ 建党百余年来，我们党的意识形态理论和实践创新，既彰显中国特色，又满足大众需求；既

①　习近平：《决胜全面建成小康社会 夺取新时代中国特色社会主义伟大胜利——在中国共产党第十九次全国代表大会上的报告》，人民出版社，2017，第4~5页。

②　中共中央文献研究室编《习近平关于社会主义文化建设论述摘编》，中央文献出版社，2017，第34页。

③　参见韩庆祥《新时代牢牢掌握意识形态工作领导权——做好意识形态"内功"》，《中国特色社会主义研究》2019年第1期。

④　习近平：《在党史学习教育动员大会上的讲话》，人民出版社，2021，第12页。

顺应时代潮流，又应对时代之变；既传承中华优秀传统文化，又遵循人类制度文明的共同价值理念，焕发出中国化马克思主义意识形态强大的生命力、创造力和号召力。这告诉我们，要推进理论创新、进行理论创造，就必须把科学意识形态同具体实际和时代特征结合起来，解放思想，实事求是，与时俱进，求真务实，既要让意识形态说"民族话""时代话""大众话"，形成社会主义意识形态的"中国论述"，也要让意识形态为实践服务，发挥意识形态对实践的巨大指导作用。

第二，掌握话语主导权。话语权掌握在谁手里，决定了社会舆论的基本走向。这就要加强理论武装，要按照学习型政党建设的要求，深入学习和掌握马克思列宁主义、毛泽东思想，深入学习和掌握中国特色社会主义理论体系。牢固树立辩证唯物主义和历史唯物主义世界观和方法论。"坚持用马克思主义观察时代、解读时代、引领时代，用鲜活丰富的当代中国实践来推动马克思主义发展，用宽广视野吸收人类创造的一切优秀文明成果，坚持在改革中守正出新、不断超越自己，在开放中博采众长、不断完善自己，不断深化对共产党执政规律、社会主义建设规律、人类社会发展规律的认识，不断开辟当代中国马克思主义、21世纪马克思主义新境界！""我们要强化问题意识、时代意识、战略意识，用深邃的眼光、宽广的国际视野把握事物发展的本质和内在联系，紧密跟踪亿万人民的创造性实践，借鉴吸收人类一切优秀文明成果，不断回答时代和实践给我们提出的新的重大课题，让当代中国马克思主义放射出更加灿烂的真理光芒。"[1] 要高度重视传播手段建设和创新，提高新闻舆论传播力、引导力、影响力、公信力。"创新理念、内容、体裁、形式、方法、手段、业态、体制、机制，增强针对性和实效性。要适应分众化、差异化传播趋势，加快构建舆论引导新格局。要推动融合发展，主动借助新媒体传播优势。要抓住时机、把握节奏、讲究策略，从时度效着力，体现时度效要求。"[2] 要对外讲好中国故事、中国共产党的故事，加强国际传播能力建设，打造具有强大引领力、传播力、影响力的国际一流新型主流媒体，努力塑造可信、可爱、可敬的中国形象。要加强互联网内容建设，解决好网络时代的本领恐

---

① 习近平：《坚持用马克思主义及其中国化创新理论武装全党》，《求是》2021年第22期。
② 《习近平谈治国理政》第2卷，外文出版社，2017，第333页。

慌问题，营造清朗的网络空间，让这个"最大变量"变成"最大正能量"。

第三，掌握意识形态工作管理权。意识形态领域离不开管理。与领导权紧密关联的是管理权。马克思恩格斯指出："作为思想的生产者进行统治，他们调节着自己时代的思想的生产和分配。"① 这里所说的对思想的生产和分配进行"调节"，就是管理。做好意识形态工作，就是要加强阵地建设和管理，就是要加强党的领导、加强制度建设、加强阵地建设、加强党管意识形态的制度建设、加强各种党管意识形态的制度建设，就是要完善意识形态责任制、完善意识形态巡视和问责制度体系、完善中心组政治学习制度、完善党内政治生活准则、守好意识形态阵地、守好思想宣传阵地、守好新闻舆论阵地、守好网络阵地、守好哲学社会科学阵地、守好文艺阵地、守好高校阵地、守好民族宗教阵地。各级党委主要负责同志和分管意识形态工作的领导同志要带头抓意识形态工作，加强对意识形态领域重大问题的分析研判和重大战略性任务的统筹指导。对意识形态工作领导不力、造成严重后果的，应当严肃问责。② 对于具体的新闻出版、广播电视、文化艺术、社会科学等宣传文化部门、机构和媒体的工作者来说，首要的就是要讲党性原则，这是意识形态领域管理问题的核心。在意识形态领域，我们不搞无谓争论，但牵涉大是大非问题，牵涉制度模式选择、价值观弘扬和践行等重大问题时，支持什么、反对什么，必须旗帜鲜明、态度坚定，决不能左顾右盼，要做党和人民的忠诚卫士。对于群众正常、合理、善意的批评和监督，不管多么尖锐，我们都要欢迎，不能压制；不仅要欢迎，而且要认真听取、切实改正，走好网络群众路线。对于学术问题，应该发扬民主，平等讨论，以理服人。对于思想认识问题，应该摆事实、讲道理，加强正面宣传，有针对性地加以引导。

实现建成富强民主文明和谐美丽的社会主义现代化强国的第二个百年奋斗目标，"需要全社会方方面面同心干，需要全国各族人民心往一处想、劲往一处使。如果一个社会没有共同理想，没有共同目标，没有共同价值观，整天乱哄哄的，那就什么事也办不成"③。要牢牢掌握意识形态工作领导权，建设具有强大凝聚力和引领力的社会主义意识形态。

---

① 《马克思恩格斯文集》第1卷，人民出版社，2009，第551页。
② 参见秋石《要把意识形态工作的领导权、管理权、话语权紧紧抓在手上》，《求是》2014年第7期。
③ 习近平：《在网络安全和信息化工作座谈会上的讲话》，人民出版社，2016，第7页。

第三讲
马克思主义人类社会发展规律思想

马克思主义是揭示人类社会发展规律的科学理论。习近平指出，"学习马克思，就要学习和实践马克思主义关于人类社会发展规律的思想"①。马克思和恩格斯坚持辩证唯物主义和历史唯物主义的世界观和方法论，研究并分析了资本主义社会，得出资本主义必然灭亡、社会主义必然胜利的科学结论，科学揭示了人类社会发展的一般规律。马克思主义人类社会发展规律思想是中国共产党人坚持共产主义远大理想和中国特色社会主义共同理想的理论依据，对新时代坚持和发展中国特色社会主义、实现全面建成社会主义现代化强国的第二个百年奋斗目标和实现中华民族伟大复兴的中国梦具有十分重大的意义。

一 现实的人：马克思研究人类历史的出发点

马克思指出，人类社会历史的"前提是人，但不是处在某种虚幻的离群索居和固定不变状态中的人，而是处在现实的、可以通过经验观察到的、在一定条件下进行的发展过程中的人"②。"现实的人"构成唯物史观的逻辑起点、中心线索和价值指向。唯物史观就是"现实的人及其历史发展的科学"③。

（一）超越旧哲学的"抽象的人"

"现实的人"是唯物史观同旧哲学的理论分野。康德把人看作理性的

---

① 习近平：《在纪念马克思诞辰 200 周年大会上的讲话》，人民出版社，2018，第 16 页。
② 《马克思恩格斯选集》第 1 卷，人民出版社，2012，第 153 页。
③ 《马克思恩格斯选集》第 4 卷，人民出版社，2012，第 247 页。

存在者，认为人的意志不受任何外部必然性的制约，是绝对自由的。自由是人与生俱来的天赋权利，不屈从他人的强制意志。所有人的自由都是并存的。"黑格尔把人的自我产生看作一个过程，把对象化看作失去对象，看作外化和这种外化的扬弃"，因而"他抓住了劳动的本质，把对象性的人、现实的因而是真正的人理解为人自己的劳动的结果"。① 但这里的"劳动"并不是现实的、人的感性活动，而是超历史的、无主体的精神活动。真正的生产活动则受制于必需的、外在目的的规定。

　　费尔巴哈将自己的哲学建立在人及其赖以生活的自然界的基础上，形成人本学的思想体系。他认为，"一个完善的人，必定具备思维力、意志力和心力"，"理性、爱、意志力，这就是完善性"，"这就是作为人的绝对本质，就是人生存的目的"。② 然而，从感性的人出发，脱离现实社会和人的实践活动理解人，只能"是在宗教哲学中出现的那种抽象的人"③ 和贫乏的人。马克思批评费尔巴哈"把人只看做是'感性对象'，而不是'感性活动'"，"没有从人们现有的社会联系，从那些使人们成为现在这种样子的周围生活条件来观察人们……从来没有看到现实存在着的、活动的人，而是停留于抽象的'人'，并且仅仅限于在感情范围内承认'现实的、单个的、肉体的人'，也就是说，除了爱与友情，而且是理想化了的爱与友情以外，他不知道'人与人之间'还有什么其他的'人的关系'"。④

　　唯物史观第一次将历史置于人生存的现实境遇并且从中考察人及其活动。旧唯物主义认为，在"历史领域中起作用的精神的动力是最终原因，而不去研究隐藏在这些动力后面的是什么，这些动力的动力是什么"⑤，不去进一步追溯这些动力的原因。在具体的社会实践中，马克思和恩格斯发现了"动力的动力"，超越了旧哲学。他们把社会现实的不公、罪恶归结为资本主义生产方式，把政治解放归结为社会解放、人的解放。他们批判"抽象人"的旧哲学观念，把"现实的人"当作新哲学体系的逻辑起点。他们从现实的社会存在，尤其是从经济现实出发，理解具体的人，揭示

---

① 《马克思恩格斯文集》第 1 卷，人民出版社，2009，第 205 页。
② 〔德〕路德维希·费尔巴哈：《费尔巴哈哲学著作选集》下卷，荣震华、王太庆、刘磊译，商务印书馆，1984，第 28 页。
③ 《马克思恩格斯选集》第 4 卷，人民出版社，2012，第 243 页。
④ 《马克思恩格斯选集》第 1 卷，人民出版社，2012，第 157 页。
⑤ 《马克思恩格斯选集》第 4 卷，人民出版社，2012，第 255 页。

"现实的历史"。马克思指出，"从实在和具体开始，从现实的前提开始"①，"从作为全部社会生产行为的基础和主体的人口开始，似乎是正确的。但是……抛开构成人口的阶级，人口就是一个抽象。如果我不知道这些阶级所依据的因素，如雇佣劳动、资本等等，阶级又是一句空话。而这些因素是以交换、分工、价格等等为前提的。比如资本，如果没有雇佣劳动、价值、货币、价格等等，它就什么也不是"②。

（二）"现实的人"的规定性

马克思批判旧唯物主义，特别是费尔巴哈的"抽象的人"，确立了"现实的人"的思想，并且以此为出发点建立自己的历史观，展开其全部理论。让-保罗·萨特说过，马克思"研究的中心是具体的人。这种人同时由他的需要、他生存的条件和他劳动的性质，即他反对的事物和人的斗争性质来确定"③。

1. 实践性："现实的人"是从事一定实践活动的人

恩格斯指出："要从费尔巴哈的抽象的人转到现实的、活生生的人，就必须把这些人作为在历史中行动的人去考察。"④ 社会实践是人的生存基础、存在方式和发展方式，是人的本质规定。人是通过自我创造而不断生成的存在。整个人类的历史就是人类通过自己的实践而诞生的过程。唯物史观所揭示的社会历史规律，不是独立于人的活动之外并强加于人的外在规律，而是在人的实践活动中形成的人的活动规律、发展规律。

社会实践是人区别于动物的根本标志。在马克思恩格斯看来："一当人开始生产自己的生活资料，即迈出由他们的肉体组织所决定的这一步的时候，人本身就开始把自己和动物区别开来。"⑤ 动物只是按照它所属的那个种的尺度和需要来构造，人却是按照任何物种的尺度来建造。恩斯特·卡西尔说，人的突出特征"既不是他的形而上学本性，也不是他的物理本性，而是人的劳作（work）"。正是这种劳作、这种人类活动的体系，"规

---

① 《马克思恩格斯选集》第 2 卷，人民出版社，2012，第 700 页。
② 《马克思恩格斯选集》第 2 卷，人民出版社，2012，第 700 页。
③ 〔法〕让-保罗·萨特：《辩证理性批判》，林骧华、徐和瑾、陈伟丰译，安徽文艺出版社，1998，第 15~16 页。
④ 《马克思恩格斯选集》第 4 卷，人民出版社，2012，第 247 页。
⑤ 《马克思恩格斯文集》第 1 卷，人民出版社，2009，第 519 页。

定和划定了'人性'的圆圈。语言、神话、宗教、艺术、科学、历史，都是这个圆的组成部分和各个扇面"。① 人的类特性是自由的、有意识的活动。"制造工具就是人的本质力量的对象化，使用工具就是对象化的、物质力量的人化。这两种能力的统一就是人的实践活动的内在机制。"②

实践是人的感性对象性的生命活动。物质生活资料的生产就是人们的第一个实践活动。在生产实践中，人们把自然界作为直接的生活资料来源，并把它变为人的无机的身体。在物质生产的同时，人也从事政治、科学、艺术、宗教等精神活动和交往活动。这些活动塑造人的精神世界和道德品格，是不受肉体需要支配的真正的人的生产。在生产实践中，人把自己的本质外化于对象之中，对象的本质或自然的本质也被内化或扬弃于人之中。由此，人获得某种规定性，人本身得到发展。马克思说："工业的历史和工业的已经生成的对象性的存在，是一本打开了的关于人的本质力量的书，是感性地摆在我们面前的人的心理学。"③

不同的社会实践决定现实的人具有不同的存在方式。现实的人的异质性、历史的多样性是人们从事不同的社会实践的结果。马克思肯定亚当·斯密的观点："个人天赋才能的差别与其说是分工的原因，不如说是分工的结果……如果人没有交易和交换的倾向，那么每个人就得亲自生产一切生活上必需的和提供方便的东西。""唯一能够造成才能上巨大差别的职业上的巨大差别就不会存在。"④ 在现实社会中，分工决定了人们从事不同的实践活动，选择不同的生存方式和发展方式，处于不同的生活过程。

2. 社会性：现实的人是在一定社会关系中从事具体交往活动的人

马克思认为，生产特别是物质资料的生产，本身包含着双重关系，"一方面是自然关系，另一方面是社会关系"⑤。在这里，社会关系的含义是指许多个人的共同活动。只有在一定的社会关系中，人们才会同自然界建立关系，才会有生产，并且形成其生活方式和发展方式的时代境遇。

马克思指出，"人的本质不是单个人所固有的抽象物，在其现实性上，

① 〔德〕恩斯特·卡西尔：《人论》，甘阳译，西苑出版社，2003，第119~120页。
② 徐斌：《制度建设与人的自由全面发展》，人民出版社，2012，第154页。
③ 《马克思恩格斯文集》第1卷，人民出版社，2009，第192页。
④ 《马克思恩格斯文集》第1卷，人民出版社，2009，第237页。
⑤ 《马克思恩格斯文集》第1卷，人民出版社，2009，第532页。

它是一切社会关系的总和"①。从不同的社会关系考察人、把握人，就要明确人是一定社会关系中的人。在一定的生产关系基础上，人们形成一定的政治关系、伦理思想关系等各种社会关系。这些社会关系制约人的需要，决定人的本质。针对人类社会发展的三大形态，马克思描述了人的发展的不同状况——"人的依赖关系（起初完全是自然发生的），是最初的社会形式，在这种形式下，人的生产能力只是在狭小的范围内和孤立的地点上发展着。以物的依赖性为基础的人的独立性，是第二大形式，在这种形式下，才形成普遍的社会物质变换、全面的关系、多方面的需要以及全面的能力的体系。建立在个人全面发展和他们共同的、社会的生产能力成为从属于他们的社会财富这一基础上的自由个性，是第三个阶段。"② 可见，人的发展状况取决于人生活其中的社会关系状况。

在前资本主义社会，由于强大的自然界和原始共同体的控制，人的活动处于低水平的、简单的、受动的、范围狭小的、不自由的、不充分的状态。

在资本主义社会，由于商品经济的发展和市场交往的扩大，社会关系变成实质上的金钱关系。在普遍的交换中，人们之间的关系被异化为物与物的关系。"人和人之间除了赤裸裸的利害关系，除了冷酷无情的'现金交易'，就再也没有任何别的联系了。"③ 在虚假共同体中，自由只属于统治者，工人的实践活动是"强制劳动"，而不是自主活动。"工人之所以还保留着人的种种特性，只是因为这些特性是为异己的资本而存在的"④。资本运动的逻辑，构成资本主义存在的"现实的历史"，又构成资本主义的否定性。

共产主义扬弃资本主义的异化，将丰富的物质条件、全面的关系和需要从资本主义生产关系的束缚中解放出来，变成人们共同控制的社会关系和人的全面发展的现实条件。这种真实的共同体形成了历史的丰富性和人们交往活动的真实性。个体在自己的联合中并通过这种联合获得自己的自由。人的本质力量获得新的证明和得到新的充实。

---

① 《马克思恩格斯文集》第 1 卷，人民出版社，2009，第 505 页。
② 《马克思恩格斯文集》第 8 卷，人民出版社，2009，第 52 页。
③ 《马克思恩格斯选集》第 1 卷，人民出版社，2012，第 403 页。
④ 《马克思恩格斯文集》第 1 卷，人民出版社，2009，第 170 页。

3. 利益性：现实的人是有不同需要和不同利益追求的人

马克思强调，需要是人生存、发展的条件和动因。"任何人如果不同时为了自己的某种需要和为了这种需要的器官而做事，他就什么也不能做。"① "在任何情况下，个人总是'从自己出发的'……他们的需要即他们的本性。"②

人们需要的对象构成了他们追求的利益。现实的人追求利益，就是人的生存手段和生活过程。黑格尔认为，个人兴趣和满足自私欲望的目的，是一切行动的源泉。热情是指从私人的利益、特殊的目的……利己的企图而产生的人类活动——是人类全神贯注，以求这类目的的。③ 不同阶级、不同社会阶层的人具有不同的利益追求，由此产生不同个人之间的利益矛盾和私人利益与公共利益的矛盾。不同的利益主体相互作用，形成现实社会的利益关系和利益结构。利益追求基本一致的人们，组成同一的阶层、阶级等社会利益集团，结成一定的利益共同体。为了获得自己的权益，无产阶级进行革命。他们不做道德说教，不向人们提出道德要求而是"揭示这个对立的物质根源"，即物质利益。马克思认为，"'思想'一旦离开'利益'，就一定会使自己出丑"④。

4. 特殊性："现实的人"是有个性的人

每个人都体现为共性与个性的统一，共性要通过具体的个性表现出来。现实的人在实践活动中表现为一个个独立的个体，每个个体都有独特的个性。马克思对"个性"作出如下的规定：一是展示个人自身的潜力，人通过劳动改变身外的自然，同时也改变自身的自然；二是完善个人的肉体和心理，使身体器官的各种功能健全均衡地发展；三是锤炼思维观念、精神道德和自我意识；四是自由发挥个性，有独立的思想和判断，自己承担行为责任。

实现人的自由，要经过一定的历史过程。马克思恩格斯批判资本主义社会，指出资本具有独立性和个性，而活动着的个人却没有独立性和个性。无产者自身的生活条件、劳动，以及当代社会的全部生存条件都变成

① 《马克思恩格斯全集》第 3 卷，人民出版社，1960，第 286 页。
② 《马克思恩格斯全集》第 3 卷，人民出版社，1960，第 514 页。
③ 〔德〕黑格尔：《精神现象学》下卷，贺麟、王玖兴译，商务印书馆，1979，第 256 页。
④ 《马克思恩格斯文集》第 1 卷，人民出版社，2009，第 286 页。

偶然的东西，其个性和强加于他的生活条件，即劳动之间的矛盾是显而易见的。为了实现自己的个性，无产者应当消灭他们面临的生存条件，推翻国家，使自己的个性得以实现。① 只有在真实的共同体中，才能促进现实的人的发展，人们才能获得全面发展和个人自由。"每个人的自由发展是一切人的自由发展的条件"②，每个人都具有不同的性格特征、思维方式、能力表现、利益需要和价值追求，每个人的发展都应该突出其个性的发展。

5. 历史性："现实的人"是在一定历史条件下发展着的人

任何"现实的、有生命的个人"都是处于一定历史条件下的社会发展的人。这个历史条件是"现成的东西：生产力、资金和社会交往形式的总和"③。这些前提制约每个人和每代人的生存，"预先规定新的一代本身的生活条件，使它得到一定的发展和具有特殊的性质"④。现实的、有生命的个人是"历史存在物"。

现实既是现存又超越现存，更指向未来和理想。人不断突破自然界和社会关系的束缚而获得解放和发展。马克思说："人不是在某一种规定性上再生产自己，而是生产出他的全面性；不是力求停留在某种已经变成的东西上，而是处在变易的绝对运动之中。"⑤ 整个历史无非是人类本性的不断改变。现实的人在不同的历史阶段具有不同的特征。

人们的存在就是他们现实的、历史的生活过程。在人的发展过程中，不断地产生又不断地解决自在自然与人化自然、个体与社会、存在与本质、对象化与自我确证、自由与必然等矛盾，演绎并确证着人类历史的丰富内容。

二 唯物史观的创立与基本内容

历史观是人们对于社会历史的根本见解。在历史唯物主义诞生以前，人们总是从神的意志、卓越人物的思想或某种隐秘的理性，即从某种精神因素出发去解释历史事件，说明历史的发展。其结果不是曲解人类史，就是完全撇开人类史。资产阶级历史观用"人"的观点解释历史，相较于中

① 参见《马克思恩格斯选集》第1卷，人民出版社，2012，第201页。
② 《马克思恩格斯选集》第1卷，人民出版社，2012，第422页。
③ 《马克思恩格斯选集》第1卷，人民出版社，2012，第173页。
④ 《马克思恩格斯选集》第1卷，人民出版社，2012，第172页。
⑤ 《马克思恩格斯文集》第8卷，人民出版社，2009，第137页。

世纪用神的意志说明历史的神学观点，这是一个重大进步。但它所理解的"人"是一种抽象的人，即脱离历史发展条件和具体社会关系、孤立地站在自然面前的生物学上的人，或言失去感性存在的玄虚的"自我意识"。从这种抽象的人出发，必然会把历史发展和社会进步的动力归结为人类的善良天性或者神秘的理性。这仍然是用非历史因素、人们想象和思考出来的东西去解释历史，因而不可能正确地认识历史以及历史研究的对象。唯物史观用以观察社会历史的方法与以前一切历史理论不同。它承认历史的主体是人，历史不过是追求着自己目的的人的活动而已。但唯物史观所说的人不是处在某种幻想的与世隔绝和离群索居状态的抽象的人，而是处于可以通过经验观察到的发展过程中的现实的活生生的人。唯物史观认为，现实的人无非是一定社会关系的人格化，他们所有的性质和活动始终取决于自己所处的物质生活条件。从那些使人们成为现在这种样子的周围物质生活条件去观察人及其活动，能准确地站在现实历史的基础上描绘出人类发展的真实过程。

（一）唯物史观的创立

在马克思主义产生之前，唯心史观一直占据统治地位。它的主要缺陷是：至多考察了人的活动的思想动机，而没有进一步考究思想动机背后的物质动因和经济根源，因而从社会意识决定社会存在的前提出发，把社会历史看成精神发展史，根本不懂得社会历史的客观规律，也不懂得人民群众在社会历史发展中的决定作用。

1. 唯物史观创立的历史背景

历史唯物主义的产生有其自身的物质根源和阶级基础。蒸汽机的发明和应用，实现了人类历史上的第一次工业革命。随着英、法、德等资本主义国家工业革命的基本完成，生产力进入高度发展的阶段，资产阶级积累了更多的财富。

生产力的巨大变化带来的是生产方式和人们交往方式的变化，"不断扩大产品销路的需要，驱使资产阶级奔走于全球各地。它必须到处落户，到处开发，到处建立联系。资产阶级，由于开拓了世界市场，使一切国家的生产和消费都成为世界性的了"①。"资产阶级日甚一日地消灭生产资料、

---

① 《马克思恩格斯选集》第 1 卷，人民出版社，2012，第 404 页。

财产和人口的分散状态。它使人口密集起来，使生产资料集中起来，使财产聚集在少数人的手里。由此必然产生的结果就是政治的集中。"① 资本主义在发展过程中，一方面，推动生产力的巨大发展创造了前所未有的社会财富；另一方面，生产力的发展反而造成生产关系矛盾的空前激化，其直接标志是资本主义周期性爆发的经济危机。资本主义经济危机，具有极强的周期性和规律性，在暴露资本主义经济制度内部矛盾的同时，人们不得不考虑资本主义的本质。这是历史唯物主义创立的物质根源。

资本主义制度确立后，生产的社会化和生产资料私人占有之间的矛盾成为社会的基本矛盾，社会的两极分化严重，无产阶级队伍越来越壮大。由于经济利益的对立和贫富差距的扩大，无产阶级和资产阶级的矛盾越来越激化，主要表现为 19 世纪上半叶发生在欧洲的三大工人运动。无产阶级登上了历史舞台，工人运动更需要以科学的理论为指导，历史唯物主义应运而生。

2. 唯物史观的思想来源

马克思的历史唯物主义并不是无源之水，它汲取了人类有益的思想成果，对过去人类思想宝库中的思想精华进行了批判和继承。

首先，西方古典哲学中的机械唯物主义和黑格尔哲学方法论是马克思唯物史观的思想来源。18 世纪法国的机械唯物主义，自然观上坚持了唯物主义，历史观上却陷入唯心主义。青年马克思批判地继承机械唯物主义，由表层走向深层。黑格尔提出了历史分析的哲学方法，他在思辨的形式中探讨了现实的经济关系，也探讨了"异化"和"劳动"的关系问题，并提出了"劳动创造人"的思想。黑格尔哲学是新唯物史观的直接理论前提。其次，英国古典政治经济学家亚当·斯密、大卫·李嘉图关于劳动价值论的观点给予马克思以深刻的启发。最后，空想社会主义的代表圣西门，看到了产业的发展阶级之间的斗争在历史的发展中具有极为重要的作用，他的思想启示人们沿着产业发展和阶级斗争的思路思考，思考是促使人的理性发展的根本原因，为马克思创立历史唯物主义提供了理论路径。此外，费尔巴哈关于宗教是人的本质异化的思想沉重地打击了宗教神学，马克思批判地继承了费尔巴哈的异化观，提出了劳动异化的思想，开始了历史唯

---

① 《马克思恩格斯选集》第 1 卷，人民出版社，2012，第 405 页。

物主义的探索历程。

3. 唯物史观创立的过程

1842 年马克思出任《莱茵报》主编，在实践活动中，马克思从单纯的理论研究转入对现实社会中具体的国家问题和物质利益问题的研究。《莱茵报》被查封后，马克思开始了对历史唯物主义的研究。历史唯物主义理论初创于 1844 年，确立于 1845 年，完成于 1848 年。

（1）萌芽阶段：批判吸收中的有益探索

1844 年马克思对政治经济学进行初步的研究，他研究了亚当·斯密、大卫·李嘉图等人的著作。他受费尔巴哈的影响，提出了劳动异化的思想。《1844 年经济学哲学手稿》一书，使马克思朝着在劳动发展史中寻找理解全部社会发展方向迈出了重要的一步。这是历史唯物主义创立过程中迈开的第一步，是一次富有成效的探索。

（2）确立阶段：从宏观阐释到具体凝练

1845 年春天，马克思写了《关于费尔巴哈的提纲》，《关于费尔巴哈的提纲》最终促成了历史唯物主义的诞生，从而实现了马克思在哲学领域的根本变革。《关于费尔巴哈的提纲》从根本上揭示了唯心主义、旧唯物主义的主要缺点，彻底揭示了旧唯物主义的历史局限性，说明了理论、人、社会、历史的本质，表明了唯物主义在人的问题、社会问题、历史问题上的基本观点，使哲学无论是在社会领域还是在自然领域，都站在唯物主义的立场上了。但是《关于费尔巴哈的提纲》只是一个纲领性的文件而没有对基本理论的阐述，因此它在马克思思想发展的历程中只是一个宏观的阐述，历史唯物主义真正的诞生则是在一年多以后撰写的《德意志意识形态》中。

《德意志意识形态》是 1846 年夏由马克思恩格斯合著的。《德意志意识形态》概括了历史唯物主义的最为基本的理论，主要有生产力与生产关系、经济基础与上层建筑、社会存在与社会意识、历史主体与历史规律的辩证关系及社会形态与社会结构的辩证统一。《德意志意识形态》使马克思的思想从不成熟走向成熟，也标志着历史唯物主义的正式诞生。

（3）公开阐述阶段：全方位、立体性、准确的阐述

虽然《关于费尔巴哈的提纲》和《德意志意识形态》是历史唯物主义形成的标志，但这两部著作当时都没有公开发表。《哲学的贫困》是公开

阐述马克思新世界观的第一部著作。而且，相较于之前两部著作，《哲学的贫困》在对历史唯物主义的阐述上，可谓更为准确、全面。因此，《哲学的贫困》在马克思哲学的发展历程中，具有极其独特的历史地位。在这本著作中，马克思准确阐述了历史唯物主义的基本观点。

其一，现实关系决定思想观念。在《哲学的贫困》中，马克思进而将社会存在具体化为现实关系，将社会意识具体化为思想观念，通过现实关系决定思想观念的论证，阐述了社会存在决定社会意识的理论。

其二，矛盾的辩证运动是对立面的共存与斗争。蒲鲁东认为，任何矛盾运动都有好与坏两个方面。例如，资本主义的经济矛盾，就有富足与贫困这"好的"与"坏的"两个方面。解决资本主义的矛盾，就是消灭贫困，保留富足。马克思指出，蒲鲁东将范畴片面化，孤立地将其分为绝对的两个方面，没有认识到矛盾是对立统一的两个方面。

其三，生产力与生产关系的科学界定。马克思把生产力完全变成了历史唯物主义的术语。"生产力"专指人类改变自然的能力。关于生产关系，马克思首次在规范化的层面加以使用并将它确定为历史唯物主义的中心范畴。

其四，历史主客体关系的深入探讨。在《哲学的贫困》中，马克思阐述了历史主体与客体的辩证关系，深化了历史唯物主义的理论。历史主体是指从事现实活动的人；历史客体是指人的活动的产物和结果，包括生产力、一定的社会关系和一定的观念。历史主体与历史客体之间是辩证的关系。《哲学的贫困》用历史唯物主义说明经济范畴，分析经济现象，研究资本主义社会，以及对生产力、生产关系进行界定，用"生产关系"概念代替交往形式、交往关系概念，对历史的主客体进行论述等。这表明，历史唯物主义的内容与先前相比更为丰富和全面。

（4）问世：思想在实践中的升华

当马克思主义哲学作为崭新的理论形态表述后，马克思恩格斯随即致力于将新世界观传播到工人运动中，于1848年起草了《共产党宣言》。

《共产党宣言》的理论核心是历史唯物主义。它紧扣"每一历史时代主要的经济生产方式和交换方式以及必然由此产生的社会结构，是该时代政治的和精神的历史所赖以确立的基础"①。利用这一历史唯物主义的核

① 《马克思恩格斯选集》第1卷，人民出版社，2012，第385页。

心，展开对资本主义和资产阶级的分析。这种分析体现在：其一，分析了资产阶级和资本主义产生的历史必然性，这种必然性，首先在于经济因素在资本主义和资产阶级产生的过程中发挥了决定性作用，是社会基本矛盾运动的结果；其二，揭示资本主义社会的历史客体与历史主体的相互作用关系；其三，揭示资本主义社会结构的实质是生产资料的资本主义私人占有，资本主义的国家、法律及其意识形态既是这种经济基础的产物，又是巩固和维护这种经济结构的工具。《共产党宣言》的发表标志着历史唯物主义的创立。

4. 唯物史观的意义

历史唯物主义是社会历史观的一场深刻的革命，它从根本上改变了社会历史观的面貌，它的创立有着重大的意义。

第一，唯物史观的创立是辩证唯物主义产生的标志。如果唯物主义没有进入社会历史领域，那么它就不是彻底的完整的辩证唯物主义。当唯物主义被贯彻到社会历史领域，第一次使人类历史得到了科学的说明，历史唯心主义破产，唯物主义获得了最完备的形式。

第二，唯物史观的创立使社会主义由空想变成了科学。在马克思主义产生以前，一批空想社会主义者看到了资本主义制度是罪恶的根源、工人的贫困，企图通过组织合作社的办法或劝说资本家放弃剥削的办法来实现社会主义。由于他们不懂得资本主义的发展规律，没有意识到无产阶级是一支不可战胜的力量，没有理论支撑和阶级基础，最后走向空想。马克思的历史唯物主义阐释了生产关系要适应生产力的发展，当生产力发展到一定阶段，资本主义将失去其存在的根据，生产资料的公有制将代替生产资料私有制，共产主义将在全人类实现。

第三，唯物史观的创立，为我们提供了观察和研究社会历史问题的一般方法，为各门社会科学的研究提供了指南。将其运用到社会生活的各个领域，能够做到具体问题具体分析。

第四，唯物史观的创立，为无产阶级提供了行动的指南。历史唯物主义对人类进行了透彻的分析，既看到了它的过去，又预见了它的未来。《共产党宣言》的发表使无产阶级明确了自己的前途，增强了斗争的信心和决心，成为无产阶级改造世界的思想武器。巴黎革命、十月革命的胜利和中国特色社会主义的发展，就是在历史唯物主义的指导下进行的。

（二）唯物史观的基本内容

社会存在与社会意识的关系问题是社会历史观的基本问题。正确认识社会存在与社会意识的关系，是科学把握人类社会发展规律的基础和前提。马克思科学地解决了社会存在与社会意识的关系问题，创立了唯物史观。马克思指出："物质生活的生产方式制约着整个社会生活、政治生活和精神生活的过程。不是人们的意识决定人们的存在，相反，是人们的社会存在决定人们的意识。社会的物质生产力发展到一定阶段，便同它们一直在其中运动的现存生产关系或财产关系（这只是生产关系的法律用语）发生矛盾。于是这些关系便由生产力的发展形式变成生产力的桎梏。那时社会革命的时代就到来了。随着经济基础的变更，全部庞大的上层建筑也或慢或快地发生变革。"① 这一段话深刻地概述了唯物史观的基本思想，是我们考察人类社会历史及其发展规律的重要理论依据。唯物史观的主要内容包括以下五个方面。

一是社会存在与社会意识的辩证关系原理。第一，社会存在决定社会意识。社会意识是对社会存在的反映，社会存在的变化发展决定社会意识的变化发展。第二，社会意识具有相对独立性。社会意识对社会存在具有能动的反作用：落后的社会意识对社会的发展起阻碍作用，先进的社会意识可以预见社会发展的方向和趋势，对社会的发展起到积极的推动作用。

二是生产力与生产关系的相互作用及其矛盾运动。在生产方式中，生产力是最革命、最活跃的因素。生产力的状况决定生产关系的性质，生产力的变化发展，迟早会引起生产关系的变革。生产关系对生产力具有反作用：当生产关系适合生产力发展状况时，它对生产力的发展起推动作用；当生产关系不适合生产力发展状况时，它对生产力的发展起阻碍作用。

三是经济基础与上层建筑的相互作用及其矛盾运动。经济基础决定上层建筑，上层建筑对经济基础具有反作用。当上层建筑适合经济基础的状况时，它促进经济基础的巩固和完善；当它不适合经济基础状况时，会阻碍经济基础的发展和变革。当上层建筑为先进的经济基础服务时，它就促进生产力的发展，推动社会进步；当它为落后的经济基础服务时，则束缚生产力的发展，阻碍社会前进。

---

① 《马克思恩格斯文集》第 2 卷，人民出版社，2009，第 591~592 页。

四是社会主义社会的基本矛盾仍然是生产力与生产关系、经济基础与上层建筑之间的矛盾。但这一矛盾是非对抗性的矛盾，它只能通过社会主义的自我发展、自我完善加以解决。改革是社会主义的自我完善和发展。改革的根本目的，就是使生产关系适应生产力的发展，使上层建筑适应经济基础的发展。改革是发展中国特色社会主义的强大动力。

五是人民群众是历史的创造者。人民群众是社会物质财富和精神财富的创造者，人民群众是社会变革的决定力量。这就要求我们坚持群众观点和群众路线，实现好、维护好、发展好最广大人民群众的根本利益，是我们一切工作的出发点。

三　社会基本矛盾运动的历史过程与人类社会发展的一般规律

社会基本矛盾是指在社会这个有机体的无数矛盾中，起着本源的总制动作用的那个矛盾，也就是生产力与生产关系的矛盾、经济基础与上层建筑的矛盾。在一切社会中都存在的制约社会其他矛盾及其运动的矛盾，即生产力与生产关系、经济基础与上层建筑之间的矛盾。生产力与生产关系是社会生产方式的两个方面。它们之间的矛盾运动，是按照生产关系一定要适合生产力发展的规律进行的，即改变不适应甚至阻碍生产力发展的生产关系，稳定基本适应生产力发展的生产关系，并改革其具体形式。

马克思在1859年写的《〈政治经济学批判〉序言》中，对生产力与生产关系、经济基础与上层建筑矛盾运动的一般过程作过经典表述。列宁继承并发展了马克思的思想，指出只有把社会关系归结于生产关系，把生产关系归结于生产力的高度，才有可靠的根据把社会形态的发展看作自然历史过程。毛泽东在《矛盾论》《中国革命和中国共产党》《新民主主义论》《在中国共产党第七届中央委员会第二次全体会议上的报告》等著作中，结合中国社会和中国革命的历史特点，对马克思列宁主义关于生产力与生产关系、经济基础与上层建筑相互关系的原理作过精辟的论述。1957年，毛泽东在《关于正确处理人民内部矛盾的问题》一文中，第一次明确地提出了"社会基本矛盾"这一科学概念，提出在社会主义社会中，基本的矛盾仍然是生产力与生产关系之间的矛盾、经济基础与上层建筑之间的矛盾。

（一）生产力与生产关系的矛盾运动及其规律

人类要生存繁衍、追求美好生活、获得自身的解放和发展，首先要解决衣食住行等物质生活资料问题。马克思认为，人类第一个历史活动就是生产满足这些需要的物质资料，生产力是人类社会生活和全部历史的物质基础。

生产力是人类在生产实践中形成的改造和影响自然以使其适合社会需要的物质力量。生产力具有客观现实性和社会历史性。深入理解生产力范畴，需要把握生产力的水平、性质、状况和发展要求等方面。生产力的水平表现为生产发展的现实程度；生产力的性质取决于生产的物质技术性质，主要是劳动资料的性质；生产力的状况是生产力的水平和性质的统一，表现为生产力的运行状态或发展态势；生产力的发展要求与生产力上述三方面的规定性紧密联系在一起，是指现实的生产力不断获得解放和发展的基本要求。

生产力是结构复杂的系统，其基本要素有三个。一是劳动资料，也称劳动手段。它是人们在劳动过程中所运用的物质资料或物质条件，其中最重要的是生产工具。人们解决社会同自然矛盾的实际能力如何，主要取决于生产工具的质量高低和数量多少。生产工具是区分社会经济时代的客观依据。"各种经济时代的区别，不在于生产什么，而在于怎样生产，用什么劳动资料生产。"① 二是劳动对象。一切自然物质都是可能的劳动对象，其中引入生产过程的部分则是现实的劳动对象。现实的劳动对象还包括生产深度加工的对象。劳动对象是现实生产的必要前提。劳动对象不同，往往会影响劳动产品的质量和数量。随着生产和科学技术的进步，劳动对象范围日益扩大并越来越显示出它的重要作用。三是劳动者。劳动者是具有一定生产经验、劳动技能和知识，能够运用一定劳动资料作用于劳动对象，从事生产实践活动的人。劳动者是生产力中最活跃的因素，人类智慧和能力的发展程度决定着对物质资源开发的深度和广度。劳动者一般包括体力劳动者和脑力劳动者。在现代生产中，脑力劳动者的质量和数量日益具有决定性意义；在高新技术领域，脑力劳动和体力劳动具有直接同一的趋势。

---

① 《马克思恩格斯文集》第 5 卷，人民出版社，2009，第 210 页。

科学技术是生产力中的重要因素。科学技术能够应用于生产过程，与生产力中的劳动资料、劳动对象和劳动者等因素相结合而转化为实际生产能力。科学技术上的发明创造，会引起劳动资料、劳动对象和劳动者素质的深刻变革和巨大进步；科学技术应用于生产的组织管理，能够大幅度提高管理效率；科学技术为劳动者所掌握，可以极大地提高劳动生产率。在现代，科学技术发展日新月异，应用于生产过程的周期日趋缩短，对于促进生产发展的作用越来越大，日益成为生产发展的决定性因素。从这个意义上说，科学技术是先进生产力的集中体现和主要标志，是第一生产力。

生产力与生产关系是不可分割的相互联系着的。生产关系是人们在物质生产过程中形成的不以人的意志为转移的经济关系。马克思指出："为了进行生产，人们相互之间便发生一定的联系和关系；只有在这些社会联系和社会关系的范围内，才会有他们对自然界的影响，才会有生产。"[①] 生产关系是社会关系中最基本的关系，政治关系、家庭关系、宗教关系等其他社会关系，都受生产关系的支配和制约。生产关系包括生产资料所有制关系、生产中人与人的关系和产品分配关系。在生产关系中，生产资料所有制关系是最基本的，它是人们进行物质资料生产的前提，生产、分配、交换和消费关系在很大程度上是由这一前提决定的，所以其是最基本的、具有决定意义的方面。它是区分不同生产方式、判定社会经济结构性质的客观依据。当然，生产关系的其他方面对生产资料所有制关系也具有重要的影响和制约作用，当它们适应所有制性质的要求时，会对生产资料所有制起巩固、发展的作用，反之，就会对生产资料所有制起削弱、瓦解的作用。生产关系作为生产中人与人之间的关系，不是物，"可是这些关系总是同物结合着，并且作为物出现"[②]。例如，资本的直接表现形态是商品生产中物的要素，但其实质是一种生产关系。分析生产关系必须透过"物"看到"物"后面的人与人的关系。

依据生产资料所有制的性质，可以将生产关系区分为两种基本类型。一种是以生产资料公有制为基础的生产关系，其根本特征是：生产资料为劳动者共同占有，人们在生产过程中处于平等地位，在产品分配上不存在

---

① 《马克思恩格斯文集》第 1 卷，人民出版社，2009，第 724 页。
② 《马克思恩格斯文集》第 2 卷，人民出版社，2009，第 604 页。

剥削。另一种是以生产资料私有制为基础的生产关系，其根本特征是：生产资料归少数剥削者占有，劳动者占有很少或根本不占有生产资料，并在生产中处于被剥削地位。在人类历史发展的现阶段，这两种基本类型的生产关系是并存的，随着生产力的进一步发展，以生产资料公有制为基础的生产关系必将取代以生产资料私有制为基础的生产关系。

生产力与生产关系是社会生产不可分割的两个方面。在社会生产中，生产力是生产的物质内容，生产关系是生产的社会形式，二者的有机统一构成社会的生产方式。生产力与生产关系的相互关系是：生产力决定生产关系，生产关系又反作用于生产力。

第一，生产力决定生产关系。在二者的关系中，生产力是居支配地位、起决定作用的方面。其一，生产力状况决定生产关系的性质。历史上的各种生产关系都是适应一定的生产力发展需要而产生的，有什么样的生产力，就会产生什么样的生产关系。正如马克思所说："手推磨产生的是封建主的社会，蒸汽磨产生的是工业资本家的社会。"① 可见，生产力状况是生产关系形成的客观前提和物质基础。其二，生产力的发展决定生产关系的变化。生产关系是生产力发展需要的产物，只有当它为生产力提供足够的发展空间时才能够存在。随着生产力的发展，原本适合生产力状况的生产关系便由新变旧，走向自己的反面。"为了不致失掉文明的果实，人们在他们的交往［commerce］方式不再适合于既得的生产力时，就不得不改变他们继承下来的一切社会形式。"② 当生产关系不能适应生产力发展的要求时，人们就要变革旧的生产关系，建立新的生产关系，以适应生产力的发展。

第二，生产关系对生产力具有能动的反作用。主要表现为两种情形：生产关系适合生产力发展的客观要求时，对生产力的发展起推动作用；生产关系不适合生产力发展的客观要求时，就会阻碍生产力的发展。生产关系对生产力反作用的实际过程和情形是十分复杂的。新的生产关系总体上基本适合生产力的发展，但并不排除它的某些环节或某些方面不适合生产力状况而阻碍其发展；旧的生产关系总体上基本不适合生产力的发展，但

① 《马克思恩格斯文集》第 1 卷，人民出版社，2009，第 602 页。
② 《马克思恩格斯文集》第 10 卷，人民出版社，2009，第 43~44 页。

也不排除它的某些环节或某些方面的调整和改变，能够暂时地、局部地对生产力发展产生一定的促进作用。生产关系落后于生产力固然会阻碍其发展，但由于人为的原因使某种生产关系"超越"生产力发展水平，这种"拔高"了的生产关系也会阻碍生产力的发展。

生产力与生产关系的相互作用是一个过程，表现为二者的矛盾运动。这种矛盾运动中内在的、本质的、必然的联系，就是生产关系一定要适合生产力状况的规律。就内容看，这一规律概括了生产力与生产关系相互作用的两个方面。从过程看，这一规律表现为生产关系对于生产力总是从基本相适合到基本不相适合，再到新的基础上的基本相适合；相应地，生产关系也总是从相对稳定到新旧更替，再到相对稳定。生产力与生产关系的这种矛盾运动循环往复，不断推动社会生产发展，进而推动整个社会逐步走向高级阶段。生产关系一定要适合生产力状况的规律是社会形态发展的普遍规律。

生产力与生产关系矛盾运动规律的原理具有极为重要的理论意义和现实意义。第一，这一原理在人类思想史上彻底否定了单纯将道德作为评判历史功过、是非标准的思想体系，第一次科学地确立了生产力发展是"社会进步的最高标准"①，并且把生产力与生产关系矛盾运动的规律作为判断时代变革的客观依据。马克思明确指出，判断时代变革不能以该时代的意识为依据，相反，这个意识必须"从社会生产力和生产关系之间的现存冲突中去解释"②。正是根据上述根本观点，马克思主义正确阐释了社会形态的演进过程及其历史必然性问题，正确评价了历史和现实中的事件、人物以及各种社会集团的理论、主张等，为正确认识社会和历史提供了基本观点和方法。第二，生产力与生产关系矛盾运动规律是马克思主义政党制定路线、方针和政策的重要依据。马克思主义政党必须自觉地认识和把握这一规律，自觉认识到物质生产是社会生活的基础，生产力是推动社会进步的最活跃、最革命的要素，社会主义的根本任务是解放和发展社会生产力。在全面深化改革中，要把坚持发展作为解决我国所有问题的关键，推动我国社会生产力不断向前发展，进而推动社会的全面进步和人的自由全面发展。

（二）经济基础与上层建筑的矛盾运动及其规律

马克思把社会比喻为一座大厦，并把社会关系区分为经济基础和上层

---

① 《列宁全集》第16卷，人民出版社，2017，第209页。
② 《马克思恩格斯文集》第2卷，人民出版社，2009，第592页。

建筑两个部分。经济基础与上层建筑矛盾运动的规律是人类社会发展的另一个基本规律。深刻地理解和掌握这一规律同样具有重要的意义。

经济基础是指由社会一定发展阶段的生产力所决定的生产关系的总和。理解经济基础的内涵要把握两点。其一，社会的一定发展阶段上往往存在多种生产关系，但决定社会性质的是其中占支配地位的生产关系。其二，经济基础与经济体制具有内在联系。经济体制是社会基本经济制度所采取的组织形式和管理形式，是生产关系的具体实现形式。经济体制与生产力发展的关系更为直接、更为具体，在实践中生产力总是与社会的基本经济制度结合在一起。因此，经济体制对基本经济制度及生产关系的自我完善和生产力的发展具有极为重要的作用。

上层建筑是建立在一定经济基础之上的意识形态以及与之相适应的制度、组织和设施。自原始社会解体以来，上层建筑由意识形态以及政治法律制度、设施和政治组织两部分构成。意识形态又称为观念上层建筑，主要包括政治法律思想、道德、艺术、宗教、哲学等；政治法律制度、设施和政治组织又称为政治上层建筑，包括国家政治制度、立法司法制度和行政制度，以及国家政权机构、政党、军队、警察、法庭、监狱等政治组织形态和设施。观念上层建筑和政治上层建筑的关系是：政治上层建筑是在一定意识形态指导下建立起来的，是统治阶级意志的体现；政治上层建筑一旦形成，就成为一种现实的力量，影响并制约人们的思想理论观点。在整个上层建筑中，政治上层建筑居于主导地位，国家政权是政治上层建筑的核心。国家不是一直存在的，而是社会发展到一定历史阶段的产物。在原始社会，人们生产和生活的主要组织形式是氏族、胞族和部落，社会秩序依靠传统习惯和氏族首领的威信来维系。国家的产生，主要是由于"这个社会陷入了不可解决的自我矛盾，分裂为不可调和的对立面而又无力摆脱这些对立面。而为了使这些对立面，这些经济利益互相冲突的阶级，不致在无谓的斗争中把自己和社会消灭，就需要有一种表面上凌驾于社会之上的力量，这种力量应当缓和冲突，把冲突保持在'秩序'的范围以内；这种从社会中产生但又自居于社会之上并且日益同社会相异化的力量，就是国家"①。

---

① 《马克思恩格斯选集》第 4 卷，人民出版社，2012，第 187 页。

　　国家同原始氏族组织不同，它是按照地域来划分国民的，而不再以血缘关系来划分，并依靠强制性或暴力手段以及征收赋税来维系。国家是阶级矛盾不可调和的产物。在阶级已经产生且矛盾冲突愈演愈烈的情势下，为了把阶级斗争限制在一定"秩序"之内，国家作为强制性的力量应运而生。国家实质上是一个阶级统治另一个阶级的工具，是经济上占支配地位的阶级为维护其根本利益而建立起来的强制性的暴力机关，以保障其在政治上也成为统治阶级。国家是一种具有政治统治职能和社会管理职能的有组织的力量。作为政治统治亦即阶级统治，国家是为自己的经济基础服务的，但"政治统治到处都是以执行某种社会职能为基础，而且政治统治只有在它执行了它的这种社会职能时才能持续下去"①。国家产生和存在的过程，是与社会管理职能的独立化过程并行不悖的。当国家成为政治统治的工具时，实际上起着管理社会生活的作用；当国家在管理社会生活时，并没有失去其阶级统治的性质。国家的对内、对外职能都是如此。只是经过无产阶级专政这种过渡形态，随着阶级消亡，国家才将"迄今所夺去的一切力量，归还给社会机体"②。国家和社会完全统一之日，就是国家消亡之时。国家的消亡是一个长期的历史过程。

　　马克思主义依据国家的性质和政权的组织形式，相应地将国家分为国体和政体两个方面。国体是指社会各阶级在国家中的地位，表征国家政权掌握在哪个阶级手里、哪个阶级是统治阶级、哪个阶级是被统治阶级。政体是指统治阶级实现其阶级统治的具体组织形式，也就是政权构成形式，表征统治阶级采取什么样的形式去组织自己的政权，实现自己的统治。一般来说，国体决定政体，政体服从于国体；政体为国体服务，并对保证国家的性质起重要作用。但是，国体和政体的关系也有复杂的情形，同一国体的国家可能采取不同的政体，而不同国体的国家又可能采取相同的政体。列宁说："民主是国家形式，是国家形态的一种。"③ 社会主义民主是其他任何国家形态的民主都不能比拟的最广泛的民主。这是因为，社会主义民主的本质和核心是人民当家作主，人民民主是社会主义的生命，是对资产阶级民主的辩证否定，是民主发展的历史性飞跃。从民主的具体形式

---

① 《马克思恩格斯选集》第 3 卷，人民出版社，2012，第 560 页。
② 《马克思恩格斯选集》第 3 卷，人民出版社，2012，第 101 页。
③ 《列宁选集》第 3 卷，人民出版社，2012，第 201 页。

来看，资产阶级民主已有几百年的发展经验，有许多弊端，也有可资借鉴的因素；社会主义民主建设的历史虽然不长，但已显示出巨大的优越性，当然也面临长期发展的任务。

经济基础与上层建筑是辩证统一的。经济基础决定上层建筑，上层建筑反作用于经济基础，二者相互影响、相互作用。

首先，经济基础决定上层建筑。经济基础是上层建筑赖以产生、存在和发展的物质基础，上层建筑是经济基础得以确立其统治地位并获得巩固和发展不可缺少的政治、思想条件。任何上层建筑的产生、存在和发展，都能直接或间接地从社会的经济结构中得到说明。经济基础的性质决定上层建筑的性质，有什么样的经济基础就有什么样的上层建筑。经济基础的变更必然引起上层建筑的变革，并决定其变革的方向。

其次，上层建筑对经济基础具有反作用。集中表现在：上层建筑为自己的经济基础的形成和巩固服务，确立或维护其在社会中的统治地位。统治阶级总是利用和依靠自己在政治上、思想上的统治地位，通过国家政权和意识形态的力量，排除异己势力及其思想，力图将社会特别是经济关系控制在"秩序"的范围之内，维护自己在经济基础上的统治地位和根本利益。上层建筑这种反作用的结果可能有两种：当它为适合生产力发展要求的经济基础服务时，就成为推动社会发展的进步力量；反之，当它为落后的经济基础服务时，就成为阻碍社会发展的消极力量。

再次，经济基础与上层建筑的相互作用构成二者的矛盾运动。这种矛盾运动在实际运行中是极为复杂的。其一，在同一性质的经济基础与上层建筑的关系中，上层建筑的不完善部分、没有反映经济基础要求的部分都会同经济基础发生矛盾。其二，在不同性质的经济基础与上层建筑的关系中，矛盾更为复杂，主要表现在：占统治地位的经济基础同旧上层建筑的残余、未来上层建筑的萌芽之间的矛盾，新旧上层建筑之间、新旧经济基础之间的矛盾等。其三，当一种社会形态处于上升发展阶段时，上层建筑对于经济基础一般是适应的；当一种社会形态处于没落时期时，上层建筑同经济基础变革的客观要求是不相适应的，二者之间则变为对抗性的、全局性的矛盾。

最后，经济基础与上层建筑之间的内在联系构成了上层建筑一定要适合经济基础状况的规律。这里的"一定要适合"是指：经济基础状况决定上层建筑的发展方向，决定上层建筑相应的调整或变革；上层建筑的反作用也必须取决于和服从于经济基础的性质和客观要求。

在当代中国，深入理解上层建筑一定要适合经济基础状况的规律，必须正确把握经济基础与上层建筑矛盾运动过程中存在的各种利益关系，并在深化经济体制改革、完善社会主义经济基础以促进生产力发展的同时，加快上层建筑领域的改革，以适应生产力发展和巩固经济基础的要求。生产关系的实质是人们的物质利益关系。在社会主义条件下，上层建筑对经济基础的保护从根本上说就是为了保障最广大人民群众的物质利益。所以，要坚持中国特色社会主义政治发展道路，积极稳妥地推进上层建筑领域的改革和发展，加快建设社会主义法治国家，推进社会主义民主政治制度化、规范化、程序化，推进社会主义政治制度的自我完善和发展，实现好、维护好、发展好人民群众的根本利益。

四　历史发展规律的客观性与人的主体选择性的辩证统一

辩证唯物主义认为宇宙间的任何事物都处于不断的变化与发展之中，并且遵循着自身固有的规律，人类社会的发展也不例外。马克思主义历史决定论在肯定社会历史客观规律性的同时，承认主体的选择性。选择是人类的实践活动的本质与机制所在。正是在选择的过程中，主体才表现并实现着其自身的主体性。

（一）历史发展规律的客观性

历史发展规律的客观必然性主要是指社会形态依次更替的过程和规律是客观的，其发展的基本趋势是确定不移的。社会形态更替归根结底是社会基本矛盾运动的结果，其中，生产力的发展具有最终的决定意义。所以，只要把全部社会关系归结于生产关系，把生产关系归结于生产力的高度，就有可靠的根据把社会形态的发展看作自然历史过程，就可能发现"各国社会现象中的重复性和常规性"①，即规律性。也就是说，生产力与生产关系矛盾运动的规律性，从根本上规定了社会形态更替的客观必然性。

（二）主体选择性的内涵

主体选择指作为主体的人，从自身的需要和知识结构、经验、技能等

---

① 《列宁选集》第 1 卷，人民出版社，2012，第 8 页。

出发，根据历史的客观条件和发展的趋势，确定自己行为的方式和方向的活动。在多种多样的历史现象背后，存在只要具备一定条件就可以重复起作用的社会历史发展规律。社会历史发展的规律性就是在一个个不可重复的历史事件中体现出来的。

但是，如同其他社会规律一样，社会形态更替的规律也是人们自己的社会行动的规律。规律的客观性并不否定人们历史活动的能动性，并不排斥人们在遵循社会发展规律的基础上，对于某种社会形态的历史选择性。人们的历史选择性包含以下三层意思。

第一，社会发展的客观必然性造成了一定历史阶段社会发展的基本趋势，为人们的历史选择提供了基础、范围和可能性空间。例如，新民主主义革命胜利后，中国人民选择了社会主义道路，就是由具有建立公有制为主体的生产关系的基本生产力条件、当时苏联社会主义的存在和影响以及资本主义道路走不通等原因决定的。

第二，社会形态更替的过程也是一个主观能动性与客观规律性相统一的过程。人是社会实践的主体。在社会发展过程中，一方面，人们的历史选择活动总要受到自己目的的驱使和制约，因为在社会历史领域活动的是具有意识的、经过思虑或凭激情行动的、追求目的的人；另一方面，人们的历史选择活动又必须遵循社会发展的客观规律，因为历史过程是受内在的一般规律支配的，人们的历史选择只有符合社会发展规律才能实现。

第三，人们的历史选择性归根结底是人民群众的选择性。人们对于社会形态的历史选择最终取决于人民群众的根本利益、根本意愿以及对社会发展规律的把握和顺应程度。历史是人民群众创造的，人民群众是社会形态变革的决定力量。人民群众对社会形态的历史选择，正是在遵循社会发展客观规律的基础上，通过参与社会变革实现的。因此，历史的发展、社会形态更替的规律，归根结底会通过人民的意志和人民的选择表现出来。

（三）主体选择性发挥的条件

1. 社会规律所提供的可能性空间是主体选择的前提

选择的对象只能存在于可能性空间之中，而这个可能性空间却是由人们不能自由选择的生产力所决定的。主体的历史选择有既定前提并受社会规律制约，它不能改变人类历史的总体进程。因此，社会历史发展的决定性是主体选择的前提。在马克思主义唯物史观看来，社会规律并不是以

"纯粹"的形式直接表现出来的。

2. 主体选择能动作用的发挥是社会规律得以实现的契机和不可缺少的环节

社会规律存在和作用于人的活动之中。没有人的活动就没有社会规律。而人的活动又是有意识、有目的的活动，是实现主体自身目的和价值目标的活动。而主体活动的目的、目标都是主体选择的结果。因此，社会规律的存在和作用是离不开主体的选择的。

3. 主体选择与社会规律统一的中介是历史主体对社会规律的正确认识

马克思恩格斯在《神圣家族》中指出："并不是'历史'把人当做手段来达到自己——仿佛历史是一个独具魅力的人——的目的。历史不过是追求着自己目的的人的活动而已。"① 在现实中，有些人的选择符合社会规律，而另一些人的选择同社会规律相背离。决定主体选择与社会规律能否统一的中介是历史主体对社会规律的认识程度如何。

（四）制约主体选择的因素

1. 社会生活未来发展有多种可能性存在

主体的历史选择有既定前提并受社会规律制约，它可以加速或延缓社会发展，但不能改变人类历史的总体进程。人类社会的发展是合目的性与合规律性的统一。可能性空间的形成具有客观必然性，特定历史条件为历史发展的道路给定了发展空间。

2. 主体自身的因素

首先，人类实践活动中的利益、价值趋向等因素在主体选择中起到了决定性的作用；其次，主体的选择性受其知识和能力的制约，这些精神要素是主体选择的必要条件，同样也制约着主体选择性的发挥；最后，主体的自觉能动性是主体选择的直接基础，人的生理因素、文化传统都会制约主体的选择性的发挥，主体的性别、性格、健康状况以及基因的差异也会对主体选择形成制约。

3. 受其他从事活动的主体的制约

与主体处于同时代的政党、组织、个人在对待同一事件时表现出的不同的趋向也会对主体选择产生制约。

---

① 《马克思恩格斯文集》第 1 卷，人民出版社，2019，第 295 页。

（五）社会发展过程中的规律性与主体选择性的关系

社会发展过程中的规律性是指社会运动具有必然性，也就是说，社会发展是一种自然历史过程；社会发展过程中的主体选择性是指社会主体以一定的方式在可能性空间中有意识、有目的地指向确定对象的创造性活动。主体的选择性与社会发展过程中的规律性是内在统一的。

1. 社会规律制约和指导着人的选择

第一，社会规律制约着人的选择。首先，选择的客体有自己的运动规律，这些规律是不以选择者的意志为转移的，人必须遵循这些规律。其次，选择的主体是受一定客观规律制约的，不可能任意地进行选择。最后，从主客体的统一也就是人们的活动过程看，也是有规律的，主体意图并不是都能如愿以偿的，说明其中存在不以人的意志为转移的客观联系，即规律性，人的意识只有符合它时，才能达到目的。

第二，社会规律指导着人的选择。社会规律是从历史发展的实践活动中抽象出来的带有普遍性的、本质性的东西，对人们的选择具有极强的指导性，为人们进行科学的、合理的选择提供了可能性。

2. 人的选择是社会规律起作用的一个基本条件

只有历史发展过程中主客观完全一致，社会规律才可以释放出全部的能量。历史发展中的客体是客观存在的，可是在现实中，社会规律却往往没有发挥出应有的效应，原因就在于人的主观能动性发挥得不够。也就是说，人的选择还可能使某些社会条件发生变化，从而使得依存于那些条件的历史规律失去效力，并且使新的历史性规律开始起作用。

3. 两者在社会实践的基础上趋于一致

社会历史是一个开放的系统，它在发展的过程中总是会在一定的历史限度内为人们敞开一个多维的空间，使历史发展的具体线路呈现出多样性。这也就为人们在一定的区间范围内进行历史的选择提供了多种可能性，可是，究竟哪一种可能性会最终转化为历史的现实，这就取决于在历史实践基础上，历史主体的主观能动性和创造性的发挥及其主体和客体之间的交互作用。这就是历史发展是一个以偶然性显现出来的合理的必然的过程的深层原因。

五　"两个必然"和"两个决不会"的辩证统一

"两个必然"是指资本主义必然灭亡，社会主义必然胜利。"两个决不会"是指马克思在《〈政治经济学批判〉序言》中所讲的下面一段话："无论哪一个社会形态，在它所能容纳的全部生产力发挥出来以前，是决不会灭亡的；而新的更高的生产关系，在它的物质存在条件在旧社会的胎胞里成熟以前，是决不会出现的。"①

（一）"两个必然"和"两个决不会"的提出及内涵

马克思关于社会形态的一系列论述，都是在特定的时代环境下提出的。因此，只有明确"两个必然"和"两个决不会"提出的背景，才能进一步了解其内涵外延及其辩证关系。从"两个必然"到"两个决不会"的认识，反映了马克思在不同历史阶段和社会条件下对于社会形态更替演进思想认识的深化和具体。站在历史的新起点上结合世界发展的实际，重温马克思主义经典著作中社会历史发展趋势的相关论述，对于赋予"两个必然"和"两个决不会"新的时代意义以及探索其理论蕴含的当代价值具有重要意义。

1. "两个必然"和"两个决不会"的提出

"两个必然"是马克思和恩格斯在《共产党宣言》中，对资本主义的历史作用、资本主义固有的矛盾以及资产阶级和无产阶级斗争的产生、发展分析之后得出的结论，是无产阶级的历史使命。唯物史观认为，生产关系必须与生产力相适应，生产力不断发展，当原有的生产关系不能容纳生产力发展时，必定要发展出新的社会生产关系，人类社会注定要走向更高级的社会形态。资本主义使"整个社会日益分裂为两大敌对的阵营，分裂为两大相互直接对立的阶级：资产阶级和无产阶级"②。也就是说，在资本主义的生产关系中，还产生了与资产阶级对立的阶级——无产阶级，其作为资本主义的掘墓人登上了历史舞台。"至今一切社会的历史都是阶级斗争的历史"③，两大阶级之间的斗争不可避免的结果是资产阶级的灭亡和无产阶级的胜利，人类社会走向新的历史发展阶段。

---

① 《马克思恩格斯文集》第 2 卷，人民出版社，2009，第 592 页。
② 《马克思恩格斯文集》第 2 卷，人民出版社，2009，第 32 页。
③ 《马克思恩格斯文集》第 2 卷，人民出版社，2009，第 31 页。

1848 年欧洲革命失败后，资本主义依旧呈迅猛之势发展，这种社会状况让马克思和恩格斯不得不重新思考"两个必然"结论的现实性。马克思在《〈政治经济学批判〉序言》中首次提出"两个决不会"的科学论断，这是马克思社会历史发展理论的完善与发展过程中的重要理论成果。"两个决不会"思想，不是对先前"两个必然"的否定，而是进一步的深化和补充。"两个决不会"意在强调，社会主义代替资本主义只有在资本主义生产关系无法容纳极高的社会生产力时，才可以实现。

2. "两个必然"的内涵

在《共产党宣言》中，马克思恩格斯首次阐明了"两个必然"思想："随着大工业的发展，资产阶级赖以生产和占有产品的基础本身也就从它的脚下被挖掉了。它首先生产的是它自身的掘墓人。资产阶级的灭亡和无产阶级的胜利是同样不可避免的。"① 这就是"两个不可避免"，也就是我们平时所说的"两个必然"，即资本主义的必然灭亡和社会主义的必然胜利。

资本主义基本矛盾是产生"两个必然"的根源。随着社会生产力的不断提升，生产中的社会分工也更加具体，社会化大生产不断扩大，但生产资料仍然掌握在少部分人手中，造成了资产阶级与无产阶级的对立，资本的逐利性也造成了社会市场的无序竞争以及整个社会生产的无组织无计划。随着科学技术的不断发展，生产中的机器设备等固定资本占比提升，流动资本减少，越来越多的工人面临失业，因此社会购买力降低，出现生产过剩的危机。同时资本越来越集中到少数人手中，越来越多的工人失业，社会的贫富两极分化、社会矛盾加剧。资本主义生产越发展，资本主义基本矛盾就越突出，以至于频繁发生周期性经济危机。然而即便一些资本主义国家在政策方面作了部分调整以缓解危机，但资产阶级不可能放弃对生产资料的占有，因此资本主义基本矛盾根源仍未解决。资本主义制度只是人类历史中的一个阶段，随着生产力的发展，它一定不会永恒存在，时间是最好的试金石，社会发展的趋势是从高级到低级的，资本主义制度必然会被比它更先进的社会主义制度所代替。这种趋势是不可改变的，也是不能否认的。社会主义作为一种没有剥削、没有压迫，人人共享发展成

---

① 《马克思恩格斯文集》第 2 卷，人民出版社，2009，第 43 页。

果的社会制度，它必然会在未来完全取代资本主义。

3. "两个决不会"的内涵

马克思在《〈政治经济学批判〉序言》中对社会形态更替提出了必要的历史因素和前提条件——"两个决不会"："无论哪一个社会形态，在它所能容纳的全部生产力发挥出来以前，是决不会灭亡的；而新的更高的生产关系，在它的物质存在条件在旧社会的胎胞里成熟以前，是决不会出现的。"①

资本主义被社会主义所取代的过程具有长期性和艰巨性，这是因为资本主义社会内部在不断对社会制度进行变革和调整，生产力与生产关系的矛盾得到缓解，资本主义可以继续发展其生产力，从而达到另一个繁荣阶段。这种暂时的稳定和发展说明了资本主义制度赖以存在的经济基础依然十分牢固，无产阶级进行革命所需要的物质准备还没有完全充分。在没有坚实的物质基础时，无产阶级取代资产阶级的革命运动是没有实现条件的。我们要认识到资本主义在它所能容纳的全部生产力发挥出来之前决不会灭亡；社会主义在它存在所需的条件在资本主义社会中完全形成，进而使资本主义生产关系分崩离析以前，是决不会实现的。资本主义为缓解矛盾，在自身内部实施着具有社会主义特征的制度变革，可见，实现社会主义所需的条件在资本主义的发展中逐渐成熟，社会主义的实现来日可期。

（二）"两个必然"和"两个决不会"的辩证关系

"两个必然"和"两个决不会"是马克思恩格斯关于资本主义发展趋势的重要研究结论，两者不是孤立存在的，而是辩证统一的，是一个严密的逻辑体系。"两个必然"解释了人类社会历史形态更替的必然规律，指明了人类从剥削与被剥削走向全人类解放的实现路径，描述了从资本主义走向社会主义的社会发展趋势。"两个决不会"是马克思恩格斯在观察和总结工人运动经验和社会发展规律的基础上形成的对于"两个必然"实现条件的阐明论述。

1. "两个必然"是必然结果，"两个决不会"是内在条件，两者是质量互变关系

"两个必然"是马克思对人类社会发展规律和总体趋势作出的科学论

---

① 《马克思恩格斯文集》第 2 卷，人民出版社，2009，第 592 页。

断，主要阐述发展趋势和最终结果。"两个决不会"是对内在要求和前提条件的详细展开。两者是质变与量变的关系，"两个必然"是"两个决不会"中生产力极度发展的必然结果，"两个决不会"意在阐释为"两个必然"发生提供的物质准备。"两个必然"和"两个决不会"之间也存在相互渗透的关系。例如，社会主义中国，从政治制度上直接进入社会主义，但仍然需要追赶发达资本主义国家的先进生产力，为走向共产主义做物质准备。马克思晚年曾设想俄国能以公社为起点跨越"卡夫丁峡谷"，资本主义对于扩张生产力已经达到一定限度，而社会主义能够以此为基础更大程度地促进生产力的发展。社会历史发展是特殊性和规律性的统一，俄国和中国正是抓住特殊的历史机遇，结合本国的国情，使国家迈进了社会主义社会。马克思恩格斯观察总结和归纳研究工人阶级革命发生的条件，发现了生产方式对政治社会和精神生活的决定性影响。"两个必然"与"两个决不会"辩证统一于人类社会发展中，遵循质量互变规律。

2. "两个必然""两个决不会"指出人类社会发展是前进性与曲折性的统一

"两个必然"指出，社会主义作为新的社会形态，相较于资本主义来说具有显著的优越性，是人类历史的前进方向，是必将取代资本主义社会形态的更高级的社会形态；"两个决不会"阐明了新的社会形态想要代替旧的社会形态需要做充分的准备，这一过程具有复杂性和长期性的特点，需要面对种种困难和挑战。我们不能把社会主义简单地理解为一蹴而就的社会形态，而是要把它理解为交织着高潮与低潮、顺利与挫折的革命运动。"两个必然"的实现过程，并非简单的新旧社会形态间的取代关系，而是表现为社会主义与资本主义长期互相较量、彼此吸收优秀成果、不断改革自身弊端的过程。如今世界上资本主义制度与社会主义制度并存，历史上也曾有过两种意识形态相对立的状态。社会主义自出现以来，就表现出集中力量办大事的特点，就代表了先进生产力的发展方向。中国开辟了一条社会主义的新路，优越性日益显现，世界上越来越多的国家和人民追求和向往社会主义。社会主义发展难免遇到挫折，社会历史发展过程中的规律性和特殊性都是客观存在的，这种特殊性与"两个必然"的结论并不矛盾，恰恰证明了社会主义运动的过程是前进性与曲折性的统一。

3. "两个决不会"是"两个必然"的深化补充，是"两个必然"的题中应有之义

"两个决不会"意在说明旧的社会形态尚且存在是因为，它可以容纳的生产力还没有完全发挥出来，更高级的生产关系还没有在现有的物质条件内成熟起来；历史进入新的社会形态需要的条件是，旧的社会形态可以容纳的生产力完全发挥出来，更高级的生产关系已经孕育成熟。欧洲工人运动的热潮和社会主义运动的失败都验证了"两个决不会"思想的正确性，革命运动想要取得胜利，不能仅凭主观因素即工人的革命意识，还需要有充足的客观条件，生产力的高度发展就是革命成功的必要客观物质条件。具备了物质和精神条件，这才称为时机成熟。也就是说，工人阶级要取得革命的胜利，就要等生产力的发展程度超过资本主义的容纳范围，社会主义的生产关系发展成熟。"两个决不会"让人们认识到"两个必然"实现的必要历史条件，这也是我们认识如今资本主义依然呈现蓬勃发展之势的理论依据。我们既要坚信"两个必然"的现实性，又要把握"两个决不会"，脚踏实地致力于解放和发展生产力，按照客观规律办事。

（三）"两个必然"和"两个决不会"的当代价值

马克思主义创立 170 多年来，社会主义经历了从理论到实践，从一国到多国的伟大胜利，也经历了东欧剧变、苏联解体的低潮；资本主义出现了多次经济危机，但也伴随着不断完善自身的资本主义新变化。这些波折不能否认"两个必然"的正确性，而恰恰证明了历史的车轮在向前驶进，是"两个决不会"的充分体现和对"两个必然"的无限接近。"两个必然"仍然是世界发展大势。正确理解"两个必然"和"两个决不会"思想，对于尝试新时代中国特色社会主义这一世界社会主义的重要实践具有重大意义。

1. 为我们正确看待社会主义代替资本主义的长期性和必然性提供理论依据

社会形态的演变必将是一个长期的过程，资本主义消亡和社会主义生产关系的孕育过程都是漫长曲折的。首先，当前资本主义国家虽然出现了种种社会矛盾的萌芽，但依旧可以通过调整社会制度的方式使矛盾得以缓解，资本主义制度仍旧能够容纳生产力的发展。其次，社会主义是迄今为止人类社会最高级的社会形态，需要生产力的高度发展、人类思想水平的

极大提高，当这一切的一切都准备充分之时，社会主义的生产关系在旧社会的胎胞里才孕育成熟。社会主义就是解放发展生产力到比资本主义生产力更高级的程度，创造出极大的物质财富，从根本上消灭剥削、消除阶级分化和对立，人人共享物质财富，实现真正的公平公正、民主富强。要实现如此深刻彻底的变革，我们除了要坚定信念之外，还要做好经历长期、艰苦、复杂的历史过程的思想准备。"两个必然"彰显了马克思和恩格斯对于实现共产主义的信心，今天的中国更需要坚定共产主义理想信念；"两个决不会"是实现共产主义的曲折性和长期性的概括，处在社会主义初级阶段的中国要坚定道路自信，完善并发展中国特色社会主义制度，为政治经济文化繁荣发展、民族社会团结和谐、人民安居乐业提供有力的制度保障。

2. 为我们正确看待当代资本主义新变化提供理论依据

从历史发展来看，资本主义在科技革命之后出现了繁荣昌盛之势，相较于二战之前的资本主义，当代资本主义不间断地调整着自身的内在矛盾，在生产资料所有制方面、劳资关系和分配关系方面、社会阶层和阶级结构方面、经济调节机制和经济危机形态方面、政治制度方面，都已经且仍在发生深刻的变革。这种变革可以说是人类社会历史发展的一般规律和资本主义经济规律共同作用下的结果。资本主义在经历多次经济危机后还能继续发展，这就意味着资本主义本身有着自我调节能力，为跟上科技的进步和生产的社会化发展不断调节自身旧有的生产关系，以维持社会的稳定和繁荣，这种不断改进的资本主义制度必定还能容纳生产力的发展。对此，我们应实事求是地给予肯定。但我们还应该看到，资本主义的这些新变化是资本主义内部的自我扬弃，并没有改变资本主义制度的本质，并没有克服资本主义基本矛盾，经济和金融危机不可避免的周期性爆发依旧是埋在资本主义土壤中的定时炸弹。以上列举的资本主义新变化也可以看作社会主义因素在资本主义国家中的出现和成长，当这些因素增长到一定程度，必然会引发社会形态的更替。资本主义的新发展为社会主义取代资本主义创造条件，新科技革命极大地提高了社会生产力，为走向社会主义提供了充足的物质积累；国家垄断资本主义是国家规范市场竞争和规划生产的有力手段，资本日益走向社会化和国际化，缓和了国家内部资产阶级和无产阶级的矛盾，资本主义离社会主义更近了。

3. 为我们正确看待社会主义发展进程中的困难和挫折提供理论依据

　　社会主义本就有初级阶段和高级阶段之分，更不用说在这个过程中偶尔会出现困难曲折甚至发展倒退了。20 世纪 60 年代后世界社会主义运动呈逐渐冷却的态势，尤其 80 年代末 90 年代初的东欧剧变和苏联解体是世界社会主义运动的巨大挫折，社会主义跌入了谷底。不能因为世界社会主义运动进入低潮或跌入谷底，或者目前社会主义国家生产力水平较低于资本主义国家，就否定社会主义，不能把挫折看作结局，应该用发展的眼光看待这个全新的社会形态，正确认识社会发展的总趋势。社会历史发展具有不以人的意志为转移的客观规律可循，然而在这个过程中，人民群众也有自我选择的余地，不同国家都会按照自身实际走不一样的道路，社会前进的每一步都有可能伴随着艰难曲折。在经历了社会主义的空前挫折之后，各国共产党都从失败中汲取经验教训，结合本国实际情况，从时代需求出发，探索适合本国国情的具体道路，尽管这条路曲折漫长，我们也必须相信它的前途是光明的，坚持共产主义远大理想就是朝着正确的方向前进。

第四讲
马克思主义劳动价值论和剩余价值论

马克思主义理论包括哲学、政治经济学和科学社会主义三个基本组成部分，是一个有机联系的整体。在这一有机整体中，马克思主义政治经济学处于最核心的地位，是马克思主义的主要内容，"使马克思的理论得到最深刻、最全面、最详尽的证明和运用"①。马克思从 1843 年开始政治经济学的研究，由于 1848 年欧洲革命的爆发，一度中断了这一研究。1849年 8 月，马克思移居伦敦后，一方面总结欧洲革命的深刻经验和教训，另一方面重新展开政治经济学的研究。自此之后，一直到 1867 年《资本论》第 1 卷出版，马克思把一生中黄金时代的绝大部分精力用于研究资本主义经济关系，揭示资本主义经济运动规律，完成了他的第二个伟大发现。

马克思主义劳动价值论的核心要义是：价值是一种凝结在商品中的无差别的人类劳动，即抽象劳动所创造的。这是马克思主义政治经济学的基础，特别是其中的劳动二重性学说，是理解整个马克思主义政治经济学的枢纽。剩余价值论是马克思一生两个伟大发现之一，科学的剩余价值论的创立是马克思政治经济学研究中的划时代的功绩之一。这一理论的创立使社会主义学者像早先的资产阶级学者一样，在黑暗的摸索中找到了明亮的阳光，科学社会主义也以此为中心发展起来了。

一 马克思主义劳动价值论对资产阶级政治经济学的超越

科学的劳动价值论是马克思在批判地继承英国古典政治经济学相关理论的基础上建立起来的。从 17 世纪中叶到 19 世纪初，劳动价值论已经成

---

① 《列宁专题文集·论马克思主义》，人民出版社，2009，第 17 页。

为资产阶级，特别是产业资本家阶级发展社会生产力、反对封建贵族阶级的理论武器。"劳动决定商品价值，劳动产品按照这个价值尺度在权利平等的商品占有者之间自由交换，这些——正如马克思已经证明的——就是现代资产阶级全部政治的、法律的和哲学的意识形态建立于其上的现实基础。"① 劳动决定价值这一思想最初由英国古典政治经济学家威廉·配第提出，亚当·斯密和大卫·李嘉图也对劳动价值论的提出作出了巨大贡献。

威廉·配第（1623～1687），是英国古典政治经济学的创始人之一，他的价值论主要体现在《赋税论》中，这部著作在分析英国当时财政税制问题时提出了劳动决定价值的观点。首先，配第在研究价值问题时认识到劳动是商品价值的源泉。其次，他还认识到商品的价值量同生产该商品的劳动生产率呈反比例关系。再次，他也不自觉地谈到了创造价值的劳动和创造使用价值的劳动的不一致，但是他并不理解创造商品劳动的二重性，即创造价值的抽象劳动和创造使用价值的具体劳动，而是把生产金银的劳动当作创造价值的劳动，认为生产其他商品的劳动似乎只是创造使用价值的劳动。同时，在谈到生产金银的劳动创造价值时，配第所谈的又是指生产金银的具体劳动。这样，他就把创造价值的劳动和创造使用价值的劳动完全混淆了。最后，由于配第不理解创造价值的劳动性质，他又把价值和使用价值混为一谈。他说劳动是财富之父，土地是财富之母。这句话就使用价值即物质财富的生产而言，无疑是正确的。但配第所指的不是使用价值的生产，而是指价值的生产，这就混同了价值和使用价值。总体而言，配第对价值的理解还是相当混乱的，在他那里的是没有经过详细论证的首尾一贯的劳动价值理论。尽管如此，配第在资产阶级政治经济学中第一次提出了劳动价值的原理，并以此为基础，比较正确地猜想出剩余价值的实质。但是，配第还不能认识剩余价值是一个总的经济范畴，他只研究了剩余价值的两种形式，即地租和利息。

亚当·斯密（1723～1790），是英国古典政治经济学理论体系的建立者。斯密在《国富论》中考察了分工、交换和货币以后，由货币和商品的交换比例问题考察交换价值问题，提出要寻找决定所谓商品相对价值或交换价值的规律。首先，他在探讨商品的交换价值时，区分了使用价值和交

---

① 《马克思恩格斯文集》第 4 卷，人民出版社，2009，第 205 页。

换价值。他说："价值一词有两个不同的意义。它有时表示特定物品的效用，有时又表示由于占有某物而取得的对他种货物的购买力。前者可叫做使用价值，后者可叫做交换价值。"① 虽然古希腊的色诺芬和亚里士多德已经知道商品有使用和交换这两种用途，可是明确地区分使用价值和交换价值这两个概念，却是斯密的功绩。其次，斯密从劳动分工出发，提出了"交换价值的真实尺度是劳动"的观点。在他看来，人们之间既然有劳动分工，那么每个人所需要的必需品，绝大部分要依赖于别人的劳动，同时每个人也都为别人工作。因此，人们彼此之间要交换商品，而商品交换不过是这些商品的劳动量的交换，所以商品的价值就十分自然地取决于劳动。最后，斯密又认为决定商品价值的劳动，是这个商品在交换中购买到的或能支配的劳动。他曾说："一个人占有某货物，但不愿自己消费，而愿用以交换他物，对他说来，这货物的价值，等于使他能购买或能支配的劳动量。"② 这个见解是错误的、庸俗的。斯密把商品的价值看成由生产中耗费的劳动决定，这是正确的；而把商品的价值看成由交换中购买到的劳动决定，则是错误的。斯密站在资产阶级立场上研究价值，重视的是价值量，是价值增殖，因此，他在分析价值形成问题时，没有把价值增殖问题抽象掉，反而造成混乱。斯密认为资本在交换中购买到的是别人的劳动，这就混同了劳动和劳动力。事实上，资本家向工人购买的是劳动力而不是劳动，工资是劳动力价值的转化形态。但是，资本家购买到劳动力以后，工人在生产过程中要付出活劳动，因此在资本主义社会里产生了一种假象，好像资本家购买的就是劳动，工资就是"劳动的价值"。这种假象掩盖了资本对工人的剥削。斯密站在资产阶级立场上也认为资本家购买的是活劳动，这当然是错误的。

大卫·李嘉图（1772~1823），是英国古典政治经济学的完成者。李嘉图在研究与探讨斯密价值学说的基础上，进一步发展了斯密关于劳动价值论的学说。李嘉图在劳动价值论上的主要观点是：首先，在斯密关于使用价值和交换价值区分的基础上，认为"一种商品如果全然没有用处，或者说，如果无论从哪一方面来说都无益于我们欲望的满足，那就无论怎样稀少，也无论

---

① 〔英〕亚当·斯密：《国富论》，唐日松、赵康英、冯力等译，华夏出版社，2005，第23页。
② 〔英〕亚当·斯密：《国富论》，唐日松、赵康英、冯力等译，华夏出版社，2005，第23页。

获得时需要费多少劳动，总不会具有交换价值"①。李嘉图事实上坚持了使用价值是交换价值的物质承担者的论断。其次，李嘉图在指出商品具有使用价值和交换价值两个因素后，就交换价值如何决定从两个方面进行了分析，一是正确地指出了决定稀有物品价格水平的两个因素是买者的购买力和爱好程度；二是认为经济学要探讨的主要是能由人类的劳动来无限制地增加它们的数量的商品，而且价值量决定劳动时间这一规定，也只适用于这一类商品。而且他还指出了价值规律的充分发展要以大工业生产和自由竞争的社会，即现代资本主义社会为前提。尽管李嘉图坚持了劳动时间决定商品价值的原理，批评了斯密把耗费掉的劳动与购买到的劳动混为一谈的观点，但是在他的研究中，没有把价值从交换价值里抽象出来，仍然在交换价值形式上探讨价值。他并不了解斯密的错误所在，并且错误地认为劳动也有价值，且这个价值是由工人的工资（生活必需品的价值）决定的，把资本家与工人的交换用供求关系来解释，把剥削者和被剥削者的关系只看成商品的买者和卖者的关系，为后来资产阶级庸俗政治经济学大开方便之门。

　　19世纪40年代前半期，马克思在开始研究政治经济学时，就涉及劳动价值论这一当时经济学理论的"热点"问题。马克思最初对劳动价值论是持否定态度的，后来随着唯物史观的创立，基于对社会物质资料生产是社会存在和发展的基础原理的深刻理解，马克思接受并承认了劳动价值论。19世纪50年代后半期以后，马克思从写作《1857—1858年经济学手稿》、《政治经济学批判》第1分册和《1861—1863年经济学手稿》，一直到出版《资本论》第1卷德文第1版，在长达10年的科学研究中，对劳动价值论研究实现了新的理论突破，建立了科学的劳动价值论体系。马克思对资产阶级劳动价值论的超越主要体现在以下几个方面。第一，马克思在价值理论研究中，运用唯物辩证法，剔除了价值理论研究中的唯心主义、形而上学的倾向。第二，马克思从价格的现象形态中揭示出价值的本质，从交换价值的外在形态中揭示出价值的内容，并在阐明使用价值是交换价值的物质承担者的基础上，明确了使用价值和价值是商品这一物质存在和社会产物的两个因素。第三，研究了生产商品的劳动的性质，创立了劳动二重性学说，即"生产交换价值的劳动是抽象一般的和相同的劳动，而生产使用价值的劳动是具体的和

① 〔英〕大卫·李嘉图：《政治经济学及赋税原理》，周洁译，华夏出版社，2005，第1页。

特殊的劳动"①。劳动二重性学说的创立，使得长期以来困扰劳动价值论发展的理论障碍被排除，劳动二重性学说成了理解政治经济学的枢纽，成了马克思剖析资本主义经济关系的最重要的理论武器之一。第四，提出了"商品拜物教理论"。马克思在劳动价值论的基础上，对商品拜物教的性质和实质作了深入的阐释，批判了英国古典政治经济学家把资本的价值增殖看作资本本身即物本身具有的魔力的观念。他认为，在资本主义经济中，"社会劳动的生产力和社会劳动的特殊形式，表现为资本的生产力和形式，即对象化劳动的，物的劳动条件（它们作为这种独立的要素，人格化为资本家，同活劳动相对立）的生产力和形式。这里，我们又遇到关系的颠倒，我们在考察货币时，已经把这种关系颠倒的表现称为拜物教"②。第五，从理论上演绎了价值形式的发展历程和货币的本质，揭示了货币的本质只不过是充当一般等价物的特殊商品。

二 马克思主义剩余价值论对资本主义发展规律的揭示

科学的剩余价值论的创立是马克思政治经济学研究中的划时代的功绩之一，是马克思主义政治经济学的基石。这一理论第一次使维系资本主义生产关系运转的资本和劳动的关系得到了科学的说明。

马克思和恩格斯对剩余价值问题的研究，是从考察雇佣劳动与资本的对立关系开始的。在他们的最早的经济学著作里，在揭露私有制条件下劳动和资本的对立关系时，就开始考察有关资本和剩余价值的许多重要问题。恩格斯在《政治经济学批判大纲》里已经指出，私有制使劳动分裂为活劳动和积累劳动，并使积累劳动转化为资本而与劳动相对立。在资本和劳动分裂之后，"资本又分为原有资本和利润，即资本在生产过程中所获得的增长额，虽然实践本身立刻又将这种利润加到资本上，并把它和资本投入周转中"③，利润也分裂为利息和利润本身。恩格斯指出，无论是资本还是利息，都是由私有制条件下的劳动派生出来的，从而揭示了资本和利润的剥削实质。

在《1844 年经济学哲学手稿》《神圣家族》《德意志意识形态》，特别是《雇佣劳动与资本》等马克思和恩格斯的著作里，马克思和恩格斯就已经初

---

① 《马克思恩格斯全集》第 31 卷，人民出版社，1998，第 428 页。
② 《马克思恩格斯文集》第 8 卷，人民出版社，2009，第 392 页。
③ 《马克思恩格斯文集》第 1 卷，人民出版社，2009，第 70~71 页。

步论述了剩余价值的来源和本质等问题。例如，在 19 世纪 40 年代末，马克思不仅已经知道剩余价值是从哪里产生的，而且已经知道它是怎样产生的。建立科学的剩余价值论，必须解决两个关键问题：把劳动和劳动力区分开，把剩余价值从它的各种具体形态里抽象出来。只有解决前者，才能说明剩余价值的来源；只有解决后者，才能说明剩余价值的本质。马克思和恩格斯在19 世纪 40 年代已经为彻底解决剩余价值论的这两个关键问题铺平了道路。到 19 世纪 50 年代末，他们科学地回答了这两个关键问题，第一次明确地提出了剩余价值这一范畴，系统地论述了剩余价值论的基本要点。马克思在写作《资本论》的过程中对剩余价值作了更加明确的论述。马克思在 1861～1863 年写的《资本论》的手稿中，特别是其中关于《剩余价值理论》的部分手稿，详细地研究了斯密和李嘉图等人关于利润和地租等理论，揭示了其中有关剩余价值的合理因素，指出了他们在理论上的错误及其根源，说明了英国古典政治经济学家由于受资产阶级立场的局限，没有把剩余价值同它的各种具体形式分开。虽然斯密已经把剩余劳动理解为一般范畴，但是他并没有把剩余价值本身作为一个专门的范畴同它在利润和地租中所具有的特殊形式区别开来。斯密尤其是李嘉图在研究中的许多错误和缺点都是由此产生的。马克思在批判英国古典政治经济学家的过程中，进一步阐明了利润和剩余价值的含义及区别：剩余价值是物化在商品中的劳动超过有酬劳动的金额，因此它只应当从可变资本来考察；利润则是从整个预付资本来考察的，利润率是剩余价值和预付资本总额的比例，所以它和剩余价值率是两个不同的比率，虽然利润只不过是一种换算了的剩余价值。① 此外，马克思还批判了英国古典政治经济学家混同劳动同劳动力，以致不能解决等价交换和资本主义占有之间的矛盾的谬误。在这一手稿里，马克思还明确地表述了资本主义的生产目的在于最大限度地获取剩余价值。

马克思在《资本论》中对剩余价值理论进行了系统和全面的阐述，从而全面地揭示了剩余价值的本质，解开了资本对雇佣劳动剥削的历史之谜，特别是剩余价值生产形式问题的科学阐明，从而在历史与逻辑相统一中揭示了资本主义经济运动的内在动力与深刻矛盾。

第一，通过分析货币转化为资本的过程，透彻地说明了劳动力成为商品

---

① 参见《马克思恩格斯文集》第 7 卷，人民出版社，2009，第 55～57 页。

是资本主义生产的基本特征和必要条件。马克思更详细地分析了商品流通和资本流通的联系和区别，由此进一步说明了资本的运动是价值增殖的运动，资本是带来剩余价值的价值。资本的价值增殖既以流通为基础，又不能在流通中产生，解决这个矛盾的关键在于，资本家在市场上找到一种特殊商品，它的使用价值是价值的源泉，这种商品就是劳动力。马克思还对劳动力的含义作了科学概括，阐明了劳动力成为商品的历史前提，以及它的特征、它的价值怎样决定等问题。在现实的资本主义生产过程中，劳动力的消费过程就是商品和剩余价值的生产过程。劳动力的消费即劳动，它所创造的价值大于劳动力本身的价值，其间的差额就是被资本家无偿占有的剩余价值；劳动力在流通中和资本家交换，正是资本家在生产中无偿占有剩余价值的基础。

第二，进一步阐明了资本主义的生产过程是劳动过程和价值增殖过程的统一。彻底解决了剩余价值怎样发生和形成的问题，更深刻地揭露了剩余价值生产的本质，论证了价值增殖是资本主义商品生产的目的和特征，而且把剩余价值的生产看作资本主义的绝对规律。

第三，马克思把剩余价值生产的方法分为绝对剩余价值生产和相对剩余价值生产。精辟地阐明了这两种剩余价值生产方法的内涵、联系与区别。绝对剩余价值生产是指在必要劳动时间不变的条件下，通过绝对延长工作日，从而延长剩余劳动时间，增加剩余价值生产的方法。相对剩余价值生产是指在工作日长度不变的条件下，由于缩短必要劳动时间，相应地延长剩余劳动时间而生产剩余价值的方法。相对剩余价值的获得以全社会劳动生产率的提高为前提条件。两种剩余价值生产方法的联系是：两者在本质上是一致的，无论是延长工作日还是提高劳动生产率，结果都是延长了工人的劳动时间，提高了对工人的剥削程度，增加了剩余价值的生产。绝对剩余价值生产是资本主义剥削的一般基础，也是相对剩余价值生产的起点。两者的区别主要是两种基本方法的物质基础不同，绝对剩余价值生产可以在生产技术不变的基础上进行，而相对剩余价值生产则是以生产技术的变革为条件的。马克思在分析了生产剩余价值两种方法的基础上，还阐述了剩余价值率与剩余价值量的关系，研究了影响剩余价值率的各个因素。

第四，在《资本论》里，马克思还依靠大量历史材料揭露了剩余价值规律运动的后果，揭示了资本主义发展的历史趋势。通过分析工人争取标准工作日的斗争、资本主义使用机器对工人命运的影响、工厂立法、产业后备军的形成以及资本主义生产固有的对抗性矛盾，论证了剩余价值的生产必然使资本主义制度的经济矛盾和阶级斗争日益尖锐化，资本主义必然灭亡、社会主义必然胜利的结论，这也是马克思主义剩余价值论所必然得出的革命结论。

第五，在《资本论》第 2 卷中，马克思从产业资本的循环和周转，从社会资本的再生产等方面阐述了剩余价值的流通和实现过程。产业资本的循环既是生产过程和流通过程的统一，也是货币资本循环、生产资本循环和商品资本循环三种循环形式的统一，产业资本实现正常循环的条件是产业资本的三种职能形式在空间上的并存性以及三种循环形式在时间上的继起性。马克思关于资本循环的理论，进一步揭示了资本的本质和特点，丰富了资本的概念。资本不仅是带来剩余价值的价值，体现着特定的生产关系，而且是一个不息的运动过程。只有不断地运动，才能保持资本运动的连续性，实现价值的增殖。如果资本运动的连续性遭到破坏，剩余价值就难以产生和实现。马克思认为，为了实现资本价值的不断增殖，资本家就必须使他的资本不断地、周而复始地循环下去。这种周而复始、不断反复着的资本循环，就是资本周转。马克思说："资本的循环，不是当做孤立的过程，而是当做周期性的过程时，叫做资本的周转。"① 研究资本周转的中心问题是资本周转速度。影响资本周转速度的主要有资本的周转时间与生产资本的构成两个因素：资本的周转速度与资本的周转时间成反比，与资本的周转次数成正比；预付资本总周转速度的快慢取决于两个因素，一是固定资本和流动资本各自的周转速度，二是固定资本和流动资本在生产中所占比重的大小。资本周转速度的快慢对剩余价值的生产和实现有重大影响。这种影响主要表现在以下几个方面：其一是加速资本周转，可以节省预付资本，尤其可以节省流动资本；其二是加速资本周转，可以增加年剩余价值量，提高年剩余价值率；其三是加速资本周转，可以提高固定资本的投资效益。在研究资本循环和资本周转的基础上，马克思还论述了社会资本再生产和流通的实现条件等问题。研究社会资本再生产的核心问题是社会总产品的实现，即社会总产品的价值补偿与物质补偿；研究社会资本再生产的理论前提是社会总产品在价值形式上分为 C（不变资本）、V（可变资本）和 M（剩余价值）三个组成部分，在实物形

---

① 《马克思恩格斯选集》第 2 卷，人民出版社，2012，第 338 页。

式上分为生产资料和消费资料，相应地，社会生产分为生产生产资料的第一部类和生产消费资料的第二部类。马克思通过对社会资本简单再生产的实现条件与资本扩大再生产的前提条件和实现条件的推理，揭示了社会资本再生产的正常进行取决于社会生产两大部类之间的相互依存相互制约的辩证关系。

第六，在《资本论》第 3 卷中，马克思阐明了剩余价值的分配过程和它所采取的各种形式。他不仅系统地说明了剩余价值如何转化为利润、转化为平均利润，而且指出了平均利润的形成进一步掩盖了资本主义的剥削关系，掩盖了利润的本质和真实来源。在论述平均利润理论的基础上，马克思指出，随着平均利润率的形成，利润转化为平均利润，商品的价值就同时转化为生产价格。生产价格就是成本价格加平均利润。生产价格的形成使得市场价格围绕生产价格上下波动，但并不违背价值规律。平均利润和生产价格学说发展了劳动价值论，解决了政治经济学理论上的一个重大问题，即价值规律同等量资本获得等量利润规律在形式上的矛盾。这一学说揭示了整个资产阶级共同剥削整个无产阶级的真相，资本家之间尽管在瓜分剩余价值方面也存在尖锐的矛盾，但在剥削工人阶级方面则具有共同的利益。剩余价值的分配过程所采取的具体形式，除产业利润外，主要还表现为商业利润、利息和地租等形式，究其实质而言，商业利润、利息和地租的最终来源仍然是产业工人和农民所创造的剩余价值。

第七，剩余价值规律是资本主义的基本经济规律。在一个社会形态的经济规律体系中起主导作用的经济规律就是基本经济规律。资本主义社会的基本经济规律就是剩余价值规律，即剩余价值的生产和资本增殖的规律。

剩余价值规律决定资本主义生产的实质。资本主义生产的实质就是增加资本的价值或者说生产剩余价值。资本家从事一切生产经营活动的决定性动机，就是为了获取尽可能多的剩余价值。资本主义企业生产什么、生产多少和如何生产，都是以能不能获取剩余价值以及取得多少剩余价值为转移的。在资本主义生产方式中，只有生产剩余价值的劳动才是生产劳动。劳动者只是生产剩余价值的工具。他们的个人消费，只有在保证生产剩余价值的限度内，才是资本主义所需要的。对剩余价值的追求是资本主义生产发展的动力。资本主义生产的发展状况是由剩余价值规律决定的。

剩余价值规律还决定着资本主义生产发展的主要方面和主要过程。资本主义的生产、流通、分配和消费等主要方面和主要过程，都是以获取剩余价值为出发点和归宿的。资本主义的生产过程是剩余价值的创造过程；资本主义的流通过程是剩余价值的准备过程和剩余价值的实现过程；资本主义的分配过程是分割剩余价值的过程。资本家的个人消费是消费无偿占有的剩余价值；雇佣工人的个人消费是劳动力的再生产过程，它是资本家剥削剩余价值的必要条件（资本主义再生产的条件）。资本主义生产的发展过程、高涨和危机、赚钱和亏损，都是由剩余价值规律决定的。因此，剩余价值规律的作用贯穿于资本主义生产方式产生、发展及灭亡的全部过程。

第八，在资本主义生产自动化的条件下，剩余价值的源泉仍然只能是雇佣工人的剩余劳动，从而生产剩余价值仍然是资本主义生产方式的绝对规律。

在当代资本主义的条件下，随着现代化科学技术在生产中的广泛应用，由电子计算机等组成的控制系统把机器联结成自动化生产体系，机器代替了相当一部分人的体力和脑力劳动，有人对劳动是否是价值的源泉以及剩余价值规律是否仍然是资本主义的基本经济规律提出了疑问。其实生产资料本身只是生产价值的条件，而不是价值的源泉。机器等生产资料的性能和效率的变化固然会对具体劳动的形式和效率产生重大影响，但不能因此成为价值和剩余价值的源泉。在资本主义生产自动化的条件下，剩余价值的源泉仍然只能是雇佣工人的剩余劳动，从而生产剩余价值仍然是资本主义生产方式的绝对规律。

自动化装置和机器体系再先进，也是要由人来发明、设计、制造、管理、操纵的，没有人类的劳动，任何机器都不能运转。自动化装置和机器在生产过程中仍然是作为劳动资料发挥作用的，而劳动资料的价值只能按磨损程度，通过雇佣工人的具体劳动转移到产品中去。因此，只有劳动是商品价值从而是剩余价值的唯一源泉，机器是创造剩余价值和价值的工具或物质条件，但它自身不能创造价值和剩余价值。

在社会化生产中，生产劳动者的范围扩大了。它不仅包括直接操纵机器的工人，而且包括与物质生产有关的科学技术人员和企业管理人员。他们共同构成生产产品的"总体工人"，共同创造价值和剩余价值。而且在"总体工人"中，复杂劳动的比重大，可以创造出更多的价值和剩余价值。

率先使用高度自动化装置和先进机器的个别企业可以大幅度提高劳动生

产率，减少雇佣工人的数量，其生产的商品的个别价值低于社会价值，从而能获得超额剩余价值。超额剩余价值的来源仍然是雇佣工人的剩余劳动。

剩余价值论是马克思主义政治经济学的基石。剩余价值论的创立，完成了政治经济学的伟大革命，这是马克思的伟大发现和划时代的贡献。在马克思创立剩余价值论之前，空想社会主义者虽然也在猛烈抨击资本主义制度，反对资本家对工人的剥削，但是，他们不懂得资本主义制度的本质及它产生、发展和灭亡的客观规律，找不到创造新社会的社会力量和正确道路，而是企图劝说资产阶级放弃剥削，以建立符合人类理想的平等制度，这只能是无法实现的空想。只有在剩余价值论的基础上，才能正确地认识无产阶级和资产阶级之间对立的经济根源，并进一步揭示资本主义的基本矛盾，阐明社会主义代替资本主义的客观必然性。

三　资本占有劳动并控制社会的逻辑

在《1844 年经济学哲学手稿》《共产党宣言》《资本论》等著作中，马克思恩格斯运用唯物辩证法的矛盾分析方法，对"资本占有劳动并控制社会的逻辑"这一当时资本主义社会的"总问题"进行了深入的分析。马克思主义就是在破解这一总问题的进程中创立的。

首先，马克思和恩格斯分析了雇佣劳动对资本的依附关系和资本对雇佣劳动的依存关系。一方面，从封建束缚中解脱出来并获得人身自由的工人阶级能够自由地出卖自己的劳动力，由于没有任何生产和生活资料，只能靠依附资本出卖自己的劳动力获得维持自己生存和发展的生活资料，也即"现代的工人只有当他们找到工作的时候才能生存，而且只有当他们的劳动增殖资本的时候才能找到工作。这些不得不把自己零星出卖的工人，像其他任何货物一样，也是一种商品，所以他们同样地受到竞争的一切变化、市场的一切波动的影响"①。另一方面，尽管在生产资料私有制条件下，资本家占有生产资料，但如果离开雇佣劳动制度、离开雇佣工人的劳动，现实的资本主义生产就无法正常进行，资本价值的实现和剩余价值的生产更是一句空话。正如马克思所言，"资本不仅在活着的时候要依靠劳动。这位尊贵而又野蛮的主人在葬入坟墓时，也要把他的奴隶们的尸体，即在危机中丧生而成为牺牲品

---

① 《马克思恩格斯文集》第 2 卷，人民出版社，2009，第 38 页。

的大批工人一起陪葬"①。事实上，马克思基于对资本主义简单再生产的分析，揭示了一个孤立的生产过程所不能看到的资本主义生产关系的实质，即无论是工人的工资还是资本家的全部资本都是工人阶级创造的，工人的个人消费只不过是资本主义再生产的一个条件。这也直接揭示了资本对雇佣劳动的依存关系，雇佣劳动制度下工人的劳动是资本主义生产方式得以运行的前提条件。

其次，马克思和恩格斯进一步分析了资本和劳动、资产阶级和无产阶级之间的对立统一关系。在资本主义社会，资本家所拥有的资本实质上是一种社会生产关系，体现的是资本对雇佣劳动的剥削，只有在资本主义雇佣劳动关系下，借助劳动力既能生产自身价值又能创造剩余价值的特点，资本家的资本才能不断实现增殖，资本家才能发财致富。同时，没有任何生产资料与生活资料的工人阶级也只有通过出卖自己的劳动力，个人及其家庭的生存和发展才能得到保障。在雇佣劳动制度下，工人阶级出卖劳动力的过程，一方面是在资本家的监督和支配下进行劳动，工人生产的剩余价值全部归资本家所有；另一方面随着剩余价值资本化的资本积累的增长，工人阶级的生活状况不断恶化。因此，资本主义生产关系下工人的劳动，不是自由、自主和属于自己的劳动，不是促进自身全面发展的劳动，而是一种"异化劳动"。马克思从当时的国民经济事实出发，指出"工人生产的财富越多，他的生产的影响和规模越大，他就越贫穷。工人创造的商品越多，他就越变成廉价的商品。物的世界的增值同人的世界的贬值成正比"②。也就是说，工人在劳动中不是肯定自己，而是否定自己。雇佣劳动制度下的资本和劳动的关系、资产阶级和无产阶级之间的关系是一种相互对立、彼此斗争的关系。

最后，马克思和恩格斯运用历史尺度和价值尺度相统一的辩证法，又进一步分析并揭示了资本和雇佣劳动关系的历史必然性和历史局限性。③ 资本主义生产关系取代封建生产关系，以及资本主义雇佣劳动制度的建立，是封建社会生产方式内在矛盾发展的必然结果。资本主义雇佣劳动制度尽管是一种剥削制度，但较之封建社会的农民对封建地主的人身依附关系来说，是一个巨大的历史进步。"资产阶级在历史上曾经起过非常革命的作用。资产阶

---

① 《马克思恩格斯文集》第 1 卷，人民出版社，2009，第 742 页。
② 《马克思恩格斯文集》第 1 卷，人民出版社，2009，第 156 页。
③ 韩庆祥：《论马克思开辟的哲学道路》，天津人民出版社，2021，第 145 页。

级在它已经取得了统治的地方把一切封建的、宗法的和田园诗般的关系都破坏了。它无情地斩断了把人们束缚于天然尊长的形形色色的封建羁绊，它使人和人之间除了赤裸裸的利害关系，除了冷酷无情的'现金交易'，就再也没有任何别的联系了。"① 从生产力层面而言，资本主义生产关系取代封建生产关系后，由于市场的扩大、生产工具的改进、交通运输条件的改善等，"资产阶级在它的不到一百年的阶级统治中所创造的生产力，比过去一切世代创造的全部生产力还要多，还要大"②。正如马克思恩格斯所言，资产阶级发财致富以及生存和发展的条件就是雇佣劳动，但是随着资本积累的增长以及资本积累所带来的无产阶级的日益贫困化，特别是资本主义商业危机的频繁发生，资本主义生产关系已经不能容纳日益发展的社会化的生产力了。"资产阶级无意中造成而又无力抵抗的工业进步，使工人通过结社而达到的革命联合代替了他们由于竞争而造成的分散状态。于是，随着大工业的发展，资产阶级赖以生产和占有产品的基础本身也就从它的脚下被挖掉了。它首先生产的是它自身的掘墓人。资产阶级的灭亡和无产阶级的胜利是同样不可避免的。"③

四 资本和市场的历史必然性和价值非人性

在欧洲资本主义生产方式产生之前的中世纪，欧洲各国的生产力发展速度非常缓慢，中世纪的经济主要是封建的庄园式的自然经济。庄园经济的最大特点是封闭性，作为一种政治体制，各阶层的人都安于其位，不得僭越；作为一种经济单位，其森严的壁垒使经济处于最简单、最原始的状态。后来由于工商业的发展、市场的扩大、商品需求量的增加、大量工场手工业的出现，封建庄园经济越来越不能适应工商业发展对生产关系的要求，这促进了资本主义生产关系萌芽。在《共产党宣言》中，马克思和恩格斯通过分析资本主义生产方式的产生，得出了"现代资产阶级本身是一个长期发展过程的产物，是生产方式和交换方式的一系列变革的产物"的结论，这一结论表明，资本主义生产关系战胜并取代封建生产关系，是历史发展的必然，是封建社会制度下生产方式内在矛盾运动的必然趋势。封建社会末期，由于地理

① 《马克思恩格斯文集》第2卷，人民出版社，2009，第33~34页。
② 《马克思恩格斯文集》第2卷，人民出版社，2009，第36页。
③ 《马克思恩格斯文集》第2卷，人民出版社，2009，第43页。

大发现开辟的广阔市场，加之工业、商业、航海业和铁路的扩展，使得"以前那种封建的或行会的工业经营方式已经不能满足随着新市场的出现而增加的需求了"①。资本主义生产方式的确立，从根本上说，是由于封建所有制生产关系不能适应封建社会末期日益发展的生产力，封建所有制的生产关系"已经在阻碍生产而不是促进生产了。它变成了束缚生产的桎梏。它必须被炸毁，它已经被炸毁了"②。资本和市场所体现的，以自由竞争以及与自由竞争相适应的政治、经济和社会制度适应了中世纪后期社会生产力的发展对新的生产关系的需求。

尽管资本主义生产关系适应了生产力的发展需求，推动了资本主义社会工商业的大发展，创造了巨大的生产力，促进了科学技术的发展和人们生产生活方式的变化，但资本主义生产方式的运行过程却表现出了资本和市场在推动生产力发展同时的价值非人性。这种价值非人性主要体现为四个方面。第一，由于资本和劳动的分离，"劳动对工人来说是外在的东西，也就是说，不属于他的本质；因此，他在自己的劳动中不是肯定自己，而是否定自己，不是感到幸福，而是感到不幸，不是自由地发挥自己的体力和智力，而是使自己的肉体受折磨、精神遭摧残"③。第二，在剩余价值规律的作用下，资本家通过剩余价值的资本化进行资本积累，随着资本积累的增长，加之科学技术的不断进步，资本的有机构成逐步提高，造成了资本主义制度下特有的"相对过剩人口"，工人的失业及日益贫困化与资本家财富的积累形成了鲜明的对比，作为资本主义财富主要创造者的工人阶级的主体性地位的丧失，体现了以资本和市场为主要特征的资本主义生产关系的价值非人性。第三，在《雇佣劳动与资本》一文中，马克思从分工的细化、机器在生产中的运用等方面进一步论述了工人在剩余价值生产中经济条件的恶化，"如果说资本增长得迅速，那么工人之间的竞争就增长得更迅速无比，就是说，资本增长得越迅速，工人阶级的就业手段即生活资料就相对地缩减得越厉害"④。第四，以"生产相对过剩"为实质的资本主义经济危机的发生，不仅造成了社会生产力的巨大破坏，在经济危机期间，工人阶级的生存状况也愈益恶化。"几

---

① 《马克思恩格斯文集》第2卷，人民出版社，2009，第32页。
② 《马克思恩格斯文集》第2卷，人民出版社，2009，第36页。
③ 《马克思恩格斯文集》第1卷，人民出版社，2009，第159页。
④ 《马克思恩格斯文集》第1卷，人民出版社，2009，第742页。

十年来的工业和商业的历史，只不过是现代生产力反抗现代生产关系、反抗作为资产阶级及其统治的存在条件的所有制关系的历史。只要指出在周期性的重复中越来越危及整个资产阶级社会生存的商业危机就够了。"① 由此可见，资本和市场的运行所体现出来的价值非人性，表明以生产资料私有制和雇佣劳动制度为主要特征的资本主义生产关系已经不能适应日益社会化的生产力，其本身具有不可克服的历史局限性，走向灭亡并被新的社会制度所取代将是一个必然的历史趋势。"一个新的社会制度是可能实现的，在这个制度之下，当代的阶级差别将消失；而且在这个制度之下——也许在经过一个短暂的、有些艰苦的、但无论如何在道义上很有益的过渡时期以后——，通过有计划地利用和进一步发展一切社会成员的现有的巨大生产力，在人人都必须劳动的条件下，人人也都将同等地、愈益丰富地得到生活资料、享受资料、发展和表现一切体力和智力所需的资料。"②

五　资本和劳动的关系在当代及不同社会制度下表现内容和形式的复杂性

恩格斯在 1868 年为《资本论》第 1 卷撰写的书评中指出："自从世界上有资本家和工人以来，没有一本书像我们面前这本书那样，对于工人具有如此重要的意义。资本和劳动的关系，是我们全部现代社会体系所围绕旋转的轴心，这种关系在这里第一次得到了科学的说明。"③ 马克思以"资本和劳动的关系"为切入口，深刻地分析了资本主义经济运行的微观基础，并形成了以私有制、劳动异化、雇佣劳动、剥削和阶级对抗等为特点的成熟的劳资关系理论。《资本论》之所以被称为"工人阶级的圣经"，是因为"任何一个熟悉工人运动的人都不会否认：本书所作的结论日益成为伟大的工人阶级运动的基本原则，不仅在德国和瑞士是这样，而且在法国，在荷兰和比利时，在美国，甚至在意大利和西班牙也是这样；各地的工人阶级都越来越把这些结论看成是对自己的状况和自己的期望所作的最真切的表述"④。结合马克思在《资本论》中对资本主义生产关系、资本主义经济运行的分析，马克思的

---

① 《马克思恩格斯文集》第 2 卷，人民出版社，2009，第 37 页。
② 《马克思恩格斯文集》第 1 卷，人民出版社，2009，第 709~710 页。
③ 《马克思恩格斯选集》第 2 卷，人民出版社，2012，第 70 页。
④ 《马克思恩格斯文集》第 5 卷，人民出版社，2009，第 34 页。

资本和劳动关系理论的核心内容集中地体现为以下几个方面。第一，"资产阶级生存和统治的根本条件，是财富在私人手里的积累，是资本的形成和增殖；资本的条件是雇佣劳动"①。也就是说，资本主义生产关系是资本和劳动关系的前提和基础。第二，资本和市场一方面具有促进生产力发展的积极作用；另一方面由于资本主义的生产过程是劳动过程和价值增殖过程的统一，资本对劳动的剥削关系以及在此基础上引致的资本主义经济运行的局限性，使得资本主义制度有其不可克服的内在矛盾。第三，资本主义制度下的劳资分配关系，是引起资本主义经济危机、引起资本主义宏观经济失衡的根本原因。第四，资本主义制度下的劳资关系，是产生劳动异化，导致工人阶级生活贫困化的主要原因。第五，资本主义制度下的劳资关系的发展，最终使得生产社会化与资本主义私人占有之间的矛盾达到不可调和的境地，只有通过推翻资本主义制度，才能彻底实现人类解放、无产阶级解放和每个人自由而全面的发展。尽管已经进入 21 世纪，但马克思的资本和劳动关系的理论对于当代资本主义国家、对于实行社会主义市场经济的社会主义国家仍然具有解释力、生命力，仍然是我们观察分析与解决当代世界各个国家资本和劳动关系的分析框架。

20 世纪 30 年代资本主义世界的经济大萧条，促使资本主义国家不得不认真反思自由竞争资本主义条件下资本和劳动关系的发展所带来的经济与社会问题。当时的美国总统罗斯福为了应付危机，提出了一系列政府干预经济的措施，如举办公共工程以解决市场萎缩和失业问题，缓解社会矛盾等。总体而言，第二次世界大战结束以来，西方资本主义国家的政府不断地在调整经济社会发展进程中政府与市场的边界，以保证宏观经济和社会政治的稳定。从西方资本主义国家在应对 20 世纪 70 年代的"石油危机"和 2008 年的由美国次贷危机所引起的世界经济危机来看，资本和劳动的关系、经济发展的不稳定特别是经济危机始终是资本主义国家面对的挑战。同时，我们也发现，西方资本主义国家在二战后继续坚持生产资料资本主义私有制和市场经济制度的基础上，先后建立了较为完善的收入再分配制度、社会福利和保障制度，在一定程度上缓和了工人阶级与资产阶级的矛盾。但究其本质而言，西方资本主义国家的制度属性没有变，马克思所分析的资本和劳动的关系没

① 《马克思恩格斯文集》第 2 卷，人民出版社，2009，第 43 页。

有变，资本对劳动的剥削没有变，生产的社会化与资本主义私人占有之间的矛盾没有消失。法国经济学家托马斯·皮凯蒂在《21世纪资本论》一书中，对过去300年间的工资、财富状况进行了详细的经济史考察和研究，通过列举多个国家有关收入和财富分配的大量数据，借助实证方法证明了劳动者和资本家之间的收入差距逐渐扩大这一事实，并且通过简单明了的公式指出，全球范围内收入差距扩大是必然的结果，收入差距的缩小才是偶然的、不正常的现象。① 第二次世界大战结束以来，美国中产阶级数量的减少，以及资本主义国家两极分化现象的日趋严峻等，无可辩驳地表明，西方资本主义国家在保持经济社会发展的同时，其资本和劳动之间的矛盾并没有得到解决。近些年来，由于经济发展动荡及两极分化的加深，"西方国家出现了社会紊乱甚至失序的现象，如金融危机、暴恐频发、选举出现'黑天鹅'事件、民粹主义高涨、右翼极端主义暗流涌动、种族歧视引发社会抗议和骚乱等"②，按照马克思的资本和劳动关系理论来进行剖析，西方国家治理衰败的背后反映的是以资本和劳动关系为核心的资本主义制度的基本矛盾在当代资本主义的发展。

马克思恩格斯通过分析资本主义生产关系，从理论上为解决资本和劳动的矛盾提供了根本路径和方法原则，但需要后人从实践上破解。列宁以"利用和限制国家资本主义"、毛泽东以"资本主义工商业的社会主义改造"等，表达了对资本和劳动关系所采取的态度。如何正确认识和解决我国社会主义市场经济条件下资本和劳动的关系及矛盾，是一个必须加以重视的理论和实践问题。为了促进生产力的发展，我国于20世纪70年代末开启了市场化导向的改革开放政策，并把建立社会主义市场经济体制作为我国经济体制改革的目标。改革开放以来的历史与实践表明，社会主义市场经济的发展，极大地促进了我国社会生产力、综合国力和人民生活水平的发展。公有制为主体，多种所有制经济共同发展；按劳分配为主体，多种分配方式并存；社会主义市场经济体制都是我国的基本经济制度。在发展社会主义市场经济的过程中，我们既要坚持社会主义基本经济制度的社会主义属性，也要充分发挥市场在资源配置中的决定性作用，重视多种所有制条件下各类资本的健康发

---

① 〔法〕托马斯·皮凯蒂：《21世纪资本论》，巴曙松、陈剑、余江等译，中信出版社，2014，第8～10页。

② 张蕴岭主编《百年大变局：世界与中国》，中共中央党校出版社，2019，第11页。

展。资本是社会主义市场经济的重要生产要素，是带动各类生产要素集聚配置的重要纽带，是促进社会生产力发展的重要力量。社会主义市场经济中必然会有各种形态的资本。改革开放 40 多年来，资本同土地、劳动力、技术、数据等生产要素共同为社会主义市场经济繁荣发展作出了贡献，必须充分肯定各类资本的积极作用。同时，我们也要清醒地认识到，社会主义市场经济条件下的资本也具有逐利性，我国经济社会发展进程中的资本和劳动关系同样面临一系列问题和挑战，主要体现为以下几个方面。"一是劳动—资本收入分配问题突出，劳动者报酬偏低，劳动—资本收入差距急剧扩大。二是劳动—资本关系紧张，劳资利益冲突问题日益突出，各种形式的罢工等事件不断出现。三是相关法律体系不够健全，劳动者权益缺乏有效保护，各种维权行为和上访冲突事件威胁社会和谐。四是快速推进的城市化进程未能实现城乡社会融合，农民工问题、城市内部二元结构问题，尤其是新生代农民工问题正在挑战社会和谐和可持续发展。五是劳动者集体议价能力弱，工会组织不健全，劳资集体谈判不对称。"① 近些年来，资本无序扩张、资本垄断等相关问题也成为我国经济社会高质量发展进程的现实挑战，影响市场经济发展的公平竞争以及中小企业和消费者的利益。因此，在现实的经济发展中，既要支持和引导资本健康发展，也要依法加强对资本的规范和约束，趋利避害。从国际经验看，规范资本发展是世界各国的普遍做法，市场经济越发展，越需要强有力的法律和监管，以维护市场机制有效运转。总之，社会主义市场经济条件下规范和引导资本健康发展，正确处理好资本和劳动的关系，既是一个重大实践问题，也是一个重大理论问题，关系坚持社会主义基本经济制度，关系改革开放基本国策，关系高质量发展和共同富裕，关系国家安全和社会稳定。必须深化对新时代条件下我国各类资本及其作用的认识，规范和引导资本健康发展，发挥其作为重要生产要素的积极作用。

六　马克思主义劳动价值论和剩余价值论的当代价值

马克思主义劳动价值论是马克思在批判继承英国古典政治经济学、系统分析资本主义的生产过程及其经济活动，深刻揭示资本主义生产方式的内在

---

① 权衡：《当代中国"劳动—资本"关系的实践发展与理论创新》，《复旦学报》（社会科学版）2015 年第 5 期。

规律的基础上创立的科学劳动价值论，是马克思主义政治经济学的理论基石，也是理解马克思主义政治经济学的枢纽，最为重要的是，劳动价值论为剩余价值论的创立奠定了基础。在发展社会主义市场经济、推进我国经济高质量发展的新形势下，仍需我们科学认识并结合新的历史条件发展与创新劳动价值论，从而更好地坚持和发展马克思主义政治经济学。

首先，要充分地认识马克思主义劳动价值论的历史地位。区别于古典政治经济学的劳动价值论主要关注国民财富的增长，马克思主义劳动价值论更多的是对无产阶级的高度关怀，目的是对资本主义制度进行批判。这一价值指向是中国特色社会主义政治经济学必须坚持的原则，即坚持以人民为中心的发展思想与马克思主义劳动价值论的价值导向是一致的。新时代建设更高水平的社会主义市场经济，始终要把关注人的全面发展、共同富裕等价值追求贯穿于我国经济发展全过程。

其次，马克思主义劳动价值论中的劳动二重性原理、价值量决定、价值形式的发展、商品经济基本矛盾、价值规律等方面的理论，尽管是基于19世纪中叶前后西欧资本主义经济发展得出的研究成果，但都是对于商品经济、商品生产、商品交换的最一般规律的揭示，马克思主义政治经济学中的资本有机构成理论、社会资本再生产理论、资本积累理论等都与劳动价值论密切相关，对上述理论的深刻领会与把握，对我国社会主义市场经济的微观经济运行仍然具有重要的指导意义。

最后，最为重要的是，要结合我国经济社会发展的新情况、新特点和新问题，发展与创新马克思主义劳动价值论。19世纪中叶的经济增长主要是依靠资本和劳动的投入，科学技术及其应用、管理等生产要素在经济增长中的作用不是很突出。因此，随着时代的发展，特别是第二次世界大战后，当技术进步和劳动生产率提高成为推动经济增长的主要动力后，经济发展中的一些新情况和新问题无法从马克思主义劳动价值论中找到现成的答案，这就需要我们根据马克思主义劳动价值论的基本原理及其方法论，对经济发展中出现的一些新情况和新问题给予理论联系实际的回答。诸如"只有劳动才能创造价值，其理论是否符合当前的现实；价值虽然是凝结在商品中的一般人类劳动，却不是所有的劳动都能形成价值；劳动创造价值的方式及其作用机制，在当前也发生了深刻的变化；科学技术和经营管理是否也创造价值；日益崛起的第三产业，是否也属于创造价值的行业等"①。上述问题是在我国发展社会主义市场经济实践中遇到的一些新情况和新问题，需要我们在坚持马克思主义劳动价值论基本原理的基础上，从理论上作出新的说明和补充。需要强调的是，"马克思主义劳动价值论是中国特色社会主义政治经济学的理论基石，劳动价值论是政治经济学的出发点，对劳动价值论的深层次解读是构建中国特色社会主义政治经济学的理论前提"②。

马克思主义剩余价值论是马克思一生的两个伟大发现之一，在马克思主义政治经济学理论体系中具有举足轻重的地位，它在揭示资本主义剥削秘密的基础上，为分析资本主义生产关系的实质、论证资本主义必然为共产主义取代的规律提供了强大的理论支撑。马克思主义剩余价值论所阐发的关于剩余价值生产和分配关系的基本原理，对于当代中国特色社会主义经济建设、中国特色社会主义经济学的构建都具有重要的理论意义和实践启示。

首先，有关资本主义生产资料私有制和雇佣劳动制度是剩余价值生产的制度前提的论述，表明在资本主义制度下，资本是生产关系的体现，剩余价值生产是资本主义雇佣劳动制度的直接结果。为此，坚持和发展中国特色社会主义基本经济制度中的公有制为主体、按劳分配为主体的社会主义属性，是保障社会主义各类企业的工人权益，避免资本对工人进行剥削的根本原则。尽管在现阶段，我国经济发展中还存在民营资本、外国资本和混合资本等各种形态的资本，还存在一定的资本对劳动者进行剥削的现象，但它们完全处在国家宏观调控和法律的控制之下，不可能成为我国资本和劳动关系的主要关系形态。

其次，有关资本家所获得的剩余价值是由工人阶级在剩余劳动时间内创造的超过劳动力自身价值的论述，有关资本家的所有的财富都是工人阶级创造的本质揭示，表明工人阶级在财富生产中的主体地位，是生产力发展的主要推动者。给我们的现实启示是：要充分认识劳动者在财富创造中的主体地位，要始终把发挥劳动者的主动性、积极性和创造性作为企业管理的重要任务，通过福利待遇、社会保障制度、在职培训等方面制度的完

① 曾长秋：《马克思劳动价值论的当代价值》，《中共贵州省委党校学报》2014 年第 6 期。
② 王清涛：《马克思主义劳动价值论的生存解读及其当代价值》，《东岳论丛》2019 年第 6 期。

善，努力促进企业劳动者的发展和进步，真正发挥劳动者这一生产力发展决定性因素的作用。

再次，马克思主义剩余价值论中有关绝对剩余价值生产和相对剩余价值生产的区分，既揭示了资本家的剩余价值生产的实质在于延长工人的剩余劳动时间，同时也揭示了相对剩余价值的获得有赖于全社会劳动生产率的普遍提高。马克思的这一论述，对我国建设现代化经济体系、实现经济的高质量发展同样具有实践启示。在资本主义社会，在剩余价值规律的作用下，各类企业发展科学技术、提高企业劳动生产率的根本目的是获得更多的剩余价值，客观上也促进了社会财富的增长。当代中国，我国各类企业进行技术革新、优化生产流程、提高企业劳动生产率，从根本上来讲是为了促进生产力的发展并在此基础上推动共同富裕不断取得实质性进展。在建设现代化经济体系的进程中，为了使各类企业走上依靠科技进步和效率提高来推动企业发展的轨道，推动经济发展质量变革、效率变革、动力变革，提高全要素生产率，不断增强我国经济创新力、竞争力，应该成为我们学习马克思主义剩余价值理论时要着力加以汲取的内容。

最后，马克思主义剩余价值论中有关剩余价值完全由资本家占有，工人所获得的工资只能是劳动力价格的论述，揭示了资本主义制度下分配制度的极端不公。在资本主义条件下，工人生产出来的剩余价值通过利润率的平均化，被各个领域的资本家共同瓜分，工人只能获得工资，反映了全体资本家共同剥削雇佣工人的生产关系实质，这一分配制度的不公平不仅造成了资本主义社会日益严重的两极分化，而且也是引起生产相对过剩的经济危机的主要原因。"在社会主义国家，人民是国家的主人，社会的一切发展成果都应该由劳动人民共享，体现人民群众的主人翁地位，因此，对于劳动者生产出来的剩余价值的分配来说，也应该充分体现人民的主体地位，体现以人民为中心的战略思想。"[①] 在当代中国，全面建设社会主义现代化国家，实现人的全面发展和进步，构建以共同富裕为导向的公正的分配制度，不仅是社会主义社会的本质要求，也是中国式现代化的题中应有之义。要坚持以人民为中心的发展思想，在高质量发展中促进共同富裕，正确处理效率和公平的关系，构建初次分配、再分配、三次分配协调

---

① 刘鑫鑫：《马克思剩余价值理论的当代价值》，《佳木斯大学社会科学学报》2021 年第 4 期。

配套的基础性制度安排，加大税收、社保、转移支付等调节力度并提高精准性，扩大中等收入群体比重，增加低收入群体收入，合理调节高收入，取缔非法收入，形成中间大、两头小的橄榄型分配结构，促进社会公平正义，促进人的全面发展，使全体人民朝着共同富裕目标扎实迈进。

七　消灭资本主义私有制的必然性和过程性

马克思主义劳动价值论和剩余价值论通过对资本主义经济运行过程，资本主义生产关系产生、发展和被新的生产关系所取代规律的分析，充分论证了资本主义生产资料私有制与社会化大生产的不相容性、资本主义私有制的历史过渡性。正如奴隶社会必然要被封建社会所取代、封建社会必然会被资本主义社会所取代一样，资本主义社会必然会被共产主义社会所取代。

资本主义社会私有制必然灭亡，资本主义社会必然要被共产主义社会所取代，这是由历史唯物主义关于生产力与生产关系相互关系的原理所决定的。在《资本论》中，马克思在论述资本主义积累的历史趋势时指出："生产资料的集中和劳动的社会化，达到了同它们的资本主义外壳不能相容的地步。这个外壳就要炸毁了。资本主义私有制的丧钟就要响了。剥夺者就要被剥夺了。"① 马克思的这一论述表明，资本主义私有制必然灭亡，其根本原因在于随着资本积累的增长、资本有机构成的提高、无产阶级的贫困化、无产阶级和资产阶级矛盾的激化、生产的社会一体化程度不断提高和经济危机周期性地出现，生产资料的资本主义私有制已经不能适应生产社会化的发展，不能适应由生产社会化所导致的生产力发展对生产关系的要求了。马克思和恩格斯逝世以后，西方资本主义国家为了维持资本主义统治并维护资产阶级的整体利益，在生产关系的某些方面和某些环节也进行了一定程度的改革，在一定程度上缓和了劳资矛盾，诸如通过国家垄断资本主义，加大国家对经济社会生活的干预；在风起云涌的工人运动的压力下，不少资本主义国家也建立了社会保障与相关的福利制度，工人阶级的生活水平也相对得到了提高。但这些作为国家干预经济的施行以及社会财富在社会范围内的重新分配等举措的施行，"仍然是在资本主义限制

---

① 《马克思恩格斯文集》第 5 卷，人民出版社，2009，第 874 页。

之内，并没有克服财富作为社会财富的性质和作为私人财富的性质的对立，而只是在新的形态发展了这种对立，国家垄断资本主义仍然是资本主义"①。资本主义基本矛盾产生的制度基础并没有发生根本性的变化，当代资本主义的发展的历史过渡性是不可避免的。

资本主义私有制的灭亡需要经历一个过程。首先，从理论上来说，完整的科学社会主义理论是由"两个必然"与"两个决不会"构成的。资本主义必然灭亡与社会主义必然胜利，这是由人类社会的发展规律所决定的。马克思在《〈政治经济学批判〉序言》中也指出，"无论哪一个社会形态，在它所能容纳的全部生产力发挥出来以前，是决不会灭亡的；而新的更高的生产关系，在它的物质存在条件在旧社会的胎胞里成熟以前，是决不会出现的"②。其次，从历史上看，任何一种先进的生产关系代替落后的生产关系，都要经历一个长期的反复的过程，是一个螺旋式的上升进程，如资本主义社会取代封建社会，经历了几百年的时间，其间经历了多次反复和曲折。相应地，共产主义代替资本主义也将是一个长期的历史过程。再次，从当代世界发展的现实来看，十月革命使科学社会主义从理论变成现实，在20世纪中叶前后，国际共产主义运动曾经有过蓬勃发展的阶段，世界上建立了很多社会主义国家。但由于包括苏联在内的一些社会主义国家，忽视将马克思主义与本国国情相结合，疏于把发展社会生产力作为社会主义国家的中心任务，使得国际共产主义运动遭受严重挫折。当然，中国特色社会主义事业所取得的巨大成就，为国际共产主义运动的发展注入了强劲动力。同时，当代西方资本主义国家，一方面，借助于第二次、第三次工业革命所带来的科学技术及其在生产中的运用，大大促进了本国生产力的发展和人民生活水平的提高；另一方面，资本主义国家政府为了资产阶级的整体利益，在劳资关系、财富分配、社会治理等方面也在不断地进行调整和改革，一定程度上缓和了无产阶级与资产阶级的矛盾。上述理论、历史和现实三个方面的原因，决定了资本主义私有制的灭亡必然是一个长期的历史过程。但无论如何，马克思主义是科学，马克思主义关于"两个必然"的论断仍然适用于我们所处的时代，我们只是以不同的

① 陈先达：《马克思和马克思主义》，中国人民大学出版社，2016，第4页。
② 《马克思恩格斯文集》第2卷，人民出版社，2009，第592页。

方式在实践着马克思主义的历史使命。正如邓小平同志在南方谈话时所指出的:"我坚信,世界上赞成马克思主义的人会多起来的,因为马克思主义是科学。它运用历史唯物主义揭示了人类社会发展的规律。封建社会代替奴隶社会,资本主义代替封建主义,社会主义经历一个长过程发展后必然代替资本主义。这是社会历史发展不可逆转的总趋势,但道路是曲折的。"①

---

① 《邓小平文选》第3卷,人民出版社,1993,第382~383页。

第五讲
马克思主义阶级、革命和国家学说

阶级、革命和国家学说是马克思主义政治学的核心内容，是马克思主义创始人运用辩证唯物主义和历史唯物主义分析人类社会政治现象的本质及其发展规律的思想结晶，是对当时已有理论成果的批判、继承和发展，具有科学性、人民性、革命性、实践性等特征。正是因为马克思主义深刻揭示了阶级对抗是一切政治斗争的基础、无产阶级革命发生并取得胜利的历史必然性、国家是阶级统治的工具以及阶级、国家的产生、发展和消亡的规律，从而科学地指明了人类社会实现共产主义的发展方向。

一 马克思主义阶级、革命和国家学说的基本思想

（一）马克思主义阶级学说

1. 阶级的产生

（1）阶级产生的基础

马克思主义认为，阶级是一个历史范畴，它与社会生产发展特定历史阶段相联系，生产力的发展为阶级的产生奠定了基础。在社会发展过程中，当生产力发展处在不充分的阶段时，阶级之间的斗争会愈演愈烈，从而推动生产力的进一步发展。人类早期原始社会中，氏族或部落等原始社会群体以血缘关系为纽带，生产工具还很落后，生产力也十分低下，没有剩余的劳动产品。人们为了生存下来只能抱团取暖，共同劳动，平均分配劳动产品。群体之间就算会争夺土地、猎物等资源，但尚未出现阶级和阶级斗争。随着生产工具的改进，社会生产力有了一定发展，劳动者的劳动产品被其他人占有后，人类社会出现了劳动分工、家庭和私有制，人类历史上第一个有着阶级和阶级斗争的社会出现了，即奴隶制社会。恩格斯认

为："为了能使用奴隶，必须掌握两种东西：第一，奴隶劳动所需的工具和对象；第二，维持奴隶困苦生活所需的资料。因此，先要在生产上达到一定的阶段，并在分配的不平等上达到一定的程度，奴隶制才会成为可能。奴隶劳动要成为整个社会中占统治地位的生产方式，生产、贸易和财富积聚就要有大得多的增长。"① 奴隶主和奴隶阶级产生的基础是社会生产力的发展。生产力的发展产生了社会分工和社会交换，随之带来了剩余劳动产品的出现，而剩余产品价值的积累和劳动生产分配的不均带来了私有制，产生了奴隶主阶级和奴隶阶级，并最终演化成这两大阶级的斗争。人类社会的第一次社会大分工是畜牧业与农业的分工，促进了原始社会的解体和群体之间的交换，出现了剩余产品和剩余劳动，产生了第一次社会大分裂，以及作为剥削者的奴隶主和被剥削者的奴隶这两大阶级。

（2）不同的生产方式产生不同的阶级斗争

阶级自产生开始，就存在剥削与被剥削的关系，这样的关系会直接导致阶级之间的斗争。恩格斯认为："以往的全部历史，除原始状态外，都是阶级斗争的历史；这些互相斗争的社会阶级在任何时候都是生产关系和交换关系的产物。"② 生产资料所有制决定着人们在社会生产中的关系。不同的生产资料所有制决定了不同的生产方式，不同的生产方式也决定了不同的阶级斗争。社会生产力的发展促使社会生产方式发生变化，带来了阶级斗争中主体和方式的变化。如原始社会之后的奴隶制社会，奴隶主占有大部分的生产资料和生产者，即奴隶，而奴隶只是一种生产工具，是生产资料的一部分。奴隶主逼迫奴隶为他们进行无偿劳动，从而攫取剩余产品，奴隶则不断地进行反抗，通过暴力起义对抗奴隶主的剥削与压迫。斗争的主体是奴隶主阶级和奴隶阶级，斗争的具体方式是使用铜器进行反抗。到了封建社会，封建地主阶级占有大部分的生产资料、土地和一部分生产者，即农奴。农民并不完全被地主占有，他们是自由的。但是因为农民维持自身的生存需要土地，所以他们被封建地主阶级所占有的土地束缚住了。土地的不断兼并和农民缺乏土地的矛盾引发了农民斗争。斗争的主体是封建地主阶级和农民阶级，斗争的具体方式是使用冷兵器进行反抗

① 《马克思恩格斯选集》第 3 卷，人民出版社，2012，第 540 页。
② 《马克思恩格斯选集》第 3 卷，人民出版社，2012，第 796 页。

等。随着蒸汽机的发明和生产力的进一步发展，人类文明进入近代。私有制的进一步发展，使资本家占有劳动工具、原料和生活资料，而工人需要通过出卖自己的劳动获取报酬以换取生活资料。资产阶级占有全部的生产资料，通过各种手段剥削和压榨工人的剩余价值，工人便进行抗争以掌握生产资料。在资本主义社会中，社会分工完善，商品生产高度发达，劳动力与生产资料分离，劳动者的劳动力成了一种商品。生产的社会化要求生产资料和劳动产品归全社会所有，这与私有制的生产资料个人占有发生了矛盾。这一基本矛盾构成了无产阶级与资产阶级的对立与斗争。所以，资产阶级和无产阶级成为斗争的主体，斗争的具体方式变为使用火器等进行无产阶级革命。每一个社会历史发展阶段中不同的生产力决定了不同的生产方式，带来了不同的阶级斗争以及社会政治格局，也决定了社会的主要矛盾。

2. 阶级斗争的根源

经济利益的根本对立是阶级斗争的根源。马克思恩格斯认为，"阶级对立是建立在经济基础上的，是建立在迄今存在的物质生产方式和由这种方式所决定的交换关系上的"①。"由于文明时代的基础是一个阶级对另一个阶级的剥削，所以它的全部发展都是在经常的矛盾中进行的。"② 在一个社会中，"只要有利益相互对立、相互冲突和社会地位不同的阶级存在，阶级之间的战争就不会消灭"③。阶级斗争在阶级社会中的存在具有历史性和客观性。特定社会发展阶段的阶级斗争可以促进社会生产力的发展和生产方式的变革，改变阶级的主体和阶级斗争的方式，从而进一步推动社会历史的进步和发展，如此循环往复。关于阶级斗争，列宁非常明确而具体地指出："这就是一部分人反对另一部分人的斗争，就是广大无权者、被压迫者和劳动者反对特权者、压迫者和寄生虫的斗争，雇佣工人或无产者反对私有主或资产阶级的斗争。"④ 他认为，人类"到现在为止的全部有记载的历史都是阶级斗争的历史，都是不断更替地由一些社会阶级统治和战胜另一些社会阶级的历史。这种情形，在阶级斗争和阶级统治的基础，即

---

① 《马克思恩格斯全集》第 5 卷，人民出版社，1958，第 533 页。
② 《马克思恩格斯文集》第 4 卷，人民出版社，2009，第 196~197 页。
③ 《马克思恩格斯全集》第 11 卷，人民出版社，1995，第 264 页。
④ 《列宁全集》第 7 卷，人民出版社，2013，第 169 页。

私有制和混乱的社会生产消灭以前，将会继续下去。无产阶级的利益要求消灭这种基础，所以有组织的工人自觉进行的阶级斗争，目标就应该对准这种基础。而任何阶级斗争都是政治斗争"①。同样地，阶级社会的政治斗争，当然也包含某种阶级斗争的内容。

3. 阶级斗争与社会进步的关系

（1）阶级斗争具有客观历史性

阶级斗争贯穿阶级社会的历史。在阶级社会中，阶级之间存在根本对立的经济利益。经济利益的对立作为阶级斗争的根源，在阶级社会中不可磨灭，因而阶级斗争客观存在于阶级社会。恩格斯认为："由于文明时代的基础是一个阶级对另一个阶级的剥削，所以它的全部发展都是在经常的矛盾中进行的。生产的每一进步，同时也就是被压迫阶级即大多数人的生活状况的一个退步。对一些人是好事，对另一些人必然是坏事，一个阶级的任何新的解放，必然是对另一个阶级的新的压迫。"② 恩格斯通过分析阶级社会的特点指出，在阶级社会中，两个相互对立阶级的关系就是剥削者剥削被剥削者、压迫者压迫被压迫者的关系。在阶级社会中，剥削阶级占统治地位，劳动人民受到他们的残酷剥削和压迫。剥削阶级为了维护自己的地位和统治，不断压迫被剥削阶级。被剥削阶级为了维持自己的生存发起反抗与斗争。所以，阶级社会的阶级斗争是历史发展的客观必然，在不同社会中，阶级斗争虽有不同的表现，但贯穿于阶级社会的历史中。当一个社会发展到特定的历史阶段，生产方式跟不上社会发展的时候，阶级之间的斗争会愈演愈烈，直到发生暴力革命，落后的社会生产方式将转变为更先进的社会生产方式。

（2）阶级斗争是阶级社会发展的动力

生产力与生产关系的矛盾同经济基础与上层建筑的矛盾决定着社会的变革和发展，在阶级社会中，这两对矛盾集中表现为阶级矛盾，并最终演化为阶级斗争。首先，阶级斗争是阶级社会发展的动力。剥削阶级为了维护其统治继续剥削和压迫被剥削阶级，被剥削阶级为了维持生存进行反抗。在斗争中，剥削阶级不断妥协和让步，统治地位逐步下降。最终，通

---

① 《列宁专题文集·论马克思主义》，人民出版社，2009，第 52 页。
② 《马克思恩格斯选集》第 4 卷，人民出版社，2012，第 194 页。

过暴力的社会革命的阶级斗争形式，统治阶级的反动统治被推翻，新的生产方式取代旧的生产方式，社会生产力得到发展，社会实现更替与变革。其次，社会发展的主要动力是基本的对抗性阶级之间的斗争，反映的是特定社会历史发展阶段最本质的特征。奴隶制社会中的奴隶与奴隶主的斗争，其生产关系的基础是生产工具的私人占有。奴隶遭受着残酷的压迫，是奴隶主的生产工具。他们被迫反抗，在激烈的斗争中摧毁落后的奴隶制生产关系。封建制社会中的农民和地主的斗争，其生产关系的基础是土地的私人占有。地主压迫农民，兼并土地，农民为了生存进行反抗。资本主义社会中工人和资本家的斗争，其生产关系的基础是生产资料的私人占有。资本家制造无产阶级利益和资本家利益一致的假象，并掩盖剥削无产阶级剩余价值的秘密。资本家生活状况的进一步改善与无产阶级生活状况的不断恶化的矛盾，促使无产阶级团结起来进行斗争和革命。

4. 阶级的消亡

（1）阶级消亡的必要前提

社会生产力的发展产生了相互对立的阶级，而生产力在下一个先进社会生产方式到来之前是落后的和不充分的，会引发阶级之间的斗争。当不断的斗争到达一定阶段，生产力高度发达以后，阶级不再因为经济利益的分配不均而斗争，阶级就随之消亡了。恩格斯说过："只要社会总劳动所提供的产品除了满足社会全体成员最起码的生活需要以外只有少量剩余，就是说，只要劳动还占去社会大多数成员的全部或几乎全部时间，这个社会就必然划分为阶级。……但是，如果说阶级的划分根据上面所说具有某种历史的理由，那也只是对一定的时期、一定的社会条件才是这样。这种划分是以生产的不足为基础的，它将被现代生产力的充分发展所消灭。"①在资本主义社会生产力的大发展下，生产的社会化和资本主义私人占有之间的矛盾导致了社会分配的不均。资产阶级和无产阶级的差距不断扩大，具有积极性和革命性的无产阶级承担起了消灭阶级、消灭剥削和压迫的重责。列宁认为："为了完全消灭阶级，不仅要推翻剥削者即地主和资本家，不仅要废除他们的所有制，而且要废除任何生产资料私有制，要消灭城乡之间、体力劳动者和脑力劳动者之间的差别。这是很长时期才能实现的事

---

① 《马克思恩格斯选集》第3卷，人民出版社，2012，第813页。

业。要完成这一事业，必须大大发展生产力，必须克服无数小生产残余的反抗（往往是特别顽强特别难于克服的消极反抗），必须克服与这些残余相联系的巨大的习惯势力和保守势力。"① 阶级的消亡既要消灭阶级和相应的制度，也要推动生产力的大发展，消除阶级存在的基础。

（2）阶级消亡的必要手段

高度发展的生产力是消灭阶级的必要手段。无产阶级专政的国家，是走向阶级消亡的共产主义社会的过渡阶段，其最重要的任务就是为进入共产主义社会奠定物质基础。社会主义代替资本主义，就是资本主义落后的生产关系所带来的矛盾激化了阶级之间的矛盾，是生产力与生产关系、经济基础与上层建筑矛盾运动的结果。先进的阶级通过社会革命谋求先进的生产方式。社会主义革命就是解放和发展生产力，将被资产阶级束缚住的落后的生产力用先进的社会制度和生产方式解放出来，以此来促进社会生产力的高度发展，向共产主义社会迈进。诚然，在特定的历史时期里，剥削制度有着一定的历史价值和贡献，它代表先进的生产方式和生产力。但到了资本主义社会后期，经济周期性危机的增加凸显出其落后、腐朽的一面。因而需要无产阶级领导社会革命，用新的生产方式来推动社会生产力的发展。

（二）马克思主义革命学说

1. 无产阶级革命的根源

马克思和恩格斯分析了人类社会的基本矛盾及其运动规律，揭示了社会发展和社会形态变革的经济根源和历史必然性。"人们在自己生活的社会生产中发生一定的、必然的、不以他们的意志为转移的关系，即同他们的物质生产力的一定发展阶段相适合的生产关系。这些生产关系的总和构成社会的经济结构，即有法律的和政治的上层建筑竖立其上并有一定的社会意识形式与之相适应的现实基础。物质生活的生产方式制约着整个社会生活、政治生活和精神生活的过程。不是人们的意识决定人们的存在，相反，是人们的社会存在决定人们的意识。社会的物质生产力发展到一定阶段，便同它们一直在其中运动的现存生产关系或财产关系（这只是生产关系的法律用语）发生矛盾。于是这些关系便由生产力的发展形式变成生产

---

① 《列宁全集》第 37 卷，人民出版社，2017，第 15 页。

力的桎梏。那时社会革命的时代就到来了。"①

马克思恩格斯认为，资本主义生产方式的基本矛盾运动也是这样。在这里，起决定作用的是以现代科学技术为武装的、社会化的大工业生产力及其发展要求。恩格斯曾经说过，马克思"把科学首先看成是一个伟大的历史杠杆，看成是按最明显的字面意义而言的革命力量"②。他认为："蒸汽、电力和自动走锭纺纱机甚至是比巴尔贝斯、拉斯拜尔和布朗基诸位公民更危险万分的革命家。"③ 现代社会化大工业的不断发展与资本主义私有制的生产关系之间矛盾的对抗性，在其矛盾运动中变得越来越尖锐、越来越深刻。随着现代科学技术在生产中的应用和发展，资本主义生产方式所固有的、对抗性的社会基本矛盾在运动中趋于激化，逐渐形成了现代社会化大生产与生产资料的资本主义私人占有的"不相容性"，表现为"无产阶级和资产阶级相对立"④ 和"个别工厂中生产的组织性和整个社会中生产的无政府状态之间的对立"⑤。这种矛盾的突出表现，就是周期性的经济危机。而当"生产资料的集中和劳动的社会化，达到了同它们的资本主义外壳不能相容的地步。这个外壳就要炸毁了。资本主义私有制的丧钟就要响了。剥夺者就要被剥夺了"⑥。应该说，自马克思主义创立的一个半世纪多以来，马克思所揭示的资本主义生产方式的这个基本矛盾运动就从未停止过，而是在曲折发展中逐步深刻和尖锐。

2. 无产阶级革命的性质

无产阶级社会主义革命是最深刻、最彻底、最伟大的社会革命。无产阶级"为了把社会生产变为一个由合作的自由劳动构成的和谐的大整体，必须进行全面的社会变革，也就是社会的全面状况的变革。除非把社会的有组织的力量即国家政权从资本家和地主手中转移到生产者自己手中，否则这种变革决不可能实现"⑦。以往的一切社会革命，都是用一种新的剥削制度代替旧的剥削制度、由一个新的剥削阶级的统治代替旧的剥削阶级的

① 《马克思恩格斯文集》第 2 卷，人民出版社，2009，第 591~592 页。
② 《马克思恩格斯全集》第 25 卷，人民出版社，2001，第 592 页。
③ 《马克思恩格斯文集》第 2 卷，人民出版社，2009，第 579 页。
④ 《马克思恩格斯文集》第 9 卷，人民出版社，2009，第 397 页。
⑤ 《马克思恩格斯文集》第 9 卷，人民出版社，2009，第 290 页。
⑥ 《马克思恩格斯文集》第 5 卷，人民出版社，2009，第 874 页。
⑦ 《马克思恩格斯全集》第 21 卷，人民出版社，2003，第 271 页。

统治。无产阶级的社会主义革命则是消灭一切剥削制度和一切阶级。因此，它在性质上不同于资产阶级革命等一切剥削阶级的革命。

列宁指出："社会主义革命和资产阶级革命的区别就在于：在资产阶级革命时已经存在资本主义关系的现成形式，而苏维埃政权，即无产阶级政权，却没有这样现成的关系，有的仅是那些实际上只包括一小部分高度集中的工业而很少触及农业的最发达的资本主义形式。组织计算，监督各大企业，把全部国家经济机构变成一架大机器，变成一个使亿万人都遵照一个计划工作的经济机体，——这就是落在我们肩上的巨大组织任务。"①而且，"这种革命，只有在人口的大多数首先是劳动群众的大多数进行独立的历史创造活动的条件下，才能顺利实现。只有在无产阶级和贫苦农民能够表现充分的自觉性、思想性、坚定性和忘我精神的情况下，社会主义革命的胜利才有保障"②。无产阶级革命是工人阶级和广大劳动人民的事业。

3. 无产阶级革命的历史意义

无产阶级革命是为绝大多数人谋解放、谋利益和谋幸福的革命。"过去的一切运动都是少数人的，或者为少数人谋利益的运动。无产阶级的运动是绝大多数人的，为绝大多数人谋利益的独立的运动。"③ 列宁也指出，我们"承认反对专制制度、争取政治自由的斗争是工人政党的首要政治任务，这是非常必要的，但是我们认为要说清楚这项任务，首先应该说明目前俄国专制制度的阶级性质，说明推翻这个制度之所以必要，不仅是为了工人阶级的利益，也是为了整个社会发展的利益。指出这一点在理论上也是必要的，因为根据马克思主义的基本思想，社会发展的利益高于无产阶级的利益；整个工人运动的利益高于工人个别阶层或运动个别阶段的利益"④。只有通过无产阶级革命的彻底胜利，才能推翻资本主义制度，消灭私有制，使工人从雇佣劳动中解放出来，进而带领广大人民走上社会主义道路，建设社会主义社会。"只有社会主义才可能广泛推行和真正支配根据科学原则进行的产品的社会生产和分配，以便使所有劳动者过最美好

---

① 《列宁选集》第 3 卷，人民出版社，2012，第 437 页。
② 《列宁专题文集·论社会主义》，人民出版社，2009，第 81 页。
③ 《马克思恩格斯文集》第 2 卷，人民出版社，2009，第 42 页。
④ 《列宁全集》第 4 卷，人民出版社，2013，第 192 页。

的、最幸福的生活。只有社会主义才能实现这一点。"①

无产阶级革命具有推动社会发展进步的伟大意义。"革命是历史的火车头。"② "革命是政治的最高行动"③,是一个阶级推翻另一个阶级,是社会制度的变革和社会形态的更替。无产阶级革命就是推翻资产阶级的国家政权,用社会主义制度代替资本主义制度,实现工人阶级和其他劳动阶级的彻底解放。马克思把法国无产阶级的巴黎公社革命,称为"把人类从阶级社会中永远解放出来的伟大的社会革命的曙光"④。列宁认为,"革命是被压迫者和被剥削者的盛大节日",革命具有体现人民群众"革命毅力、革命创造性、革命首创精神的意义"⑤。在革命时期,旧社会中在"所谓和平发展时期慢慢积累起来的许多矛盾才能够解决。正是在这样的时期,各个不同的阶级在确定社会生活形式方面的直接作用才得到最有力的表现,而后来长期以更新了的生产关系基础为依托的政治'上层建筑'的基本方面才得以建立"⑥。在马克思主义看来,无产阶级革命"是人类社会历史中最有生气、最重要、最本质、最具有决定性的关头"⑦。没有无产阶级革命,就没有无产阶级和整个人类从雇佣劳动制度下的解放,就不可能开创消灭私有制、消灭剥削、消灭阶级的社会主义革命大业,就不可能创立和建成社会主义社会,最终走向伟大而美好的共产主义社会。

(三) 马克思主义国家学说

1. 马克思主义国家学说的发展历程及理论基础

马克思主义国家学说是马克思恩格斯在领导无产阶级革命的斗争中创立起来的,它继承和发扬了前人的思想成果,闪烁着辩证唯物主义和历史唯物主义的光辉。列宁、毛泽东、邓小平等人在领导社会主义革命、建设和改革的过程中结合各国实际丰富并发展了马克思主义国家学说。马克思主义国家学说的理论发展大致经历了三个阶段。

19世纪四五十年代是马克思主义国家学说的萌芽时期。1842年马克思

---

① 《列宁选集》第3卷,人民出版社,2012,第546页。
② 《马克思恩格斯文集》第2卷,人民出版社,2009,第161页。
③ 《马克思恩格斯文集》第3卷,人民出版社,2009,第224页。
④ 《马克思恩格斯全集》第18卷,人民出版社,1964,第61页。
⑤ 《列宁选集》第1卷,人民出版社,2012,第747页。
⑥ 《列宁选集》第1卷,人民出版社,2012,第747~748页。
⑦ 《列宁选集》第1卷,人民出版社,2012,第729页。

写的第一篇政论性文章《评普鲁士最近的书报检查令》中就涉及了国家的问题，指出"国家应该是政治理性和法的理性的实现"①。该文章体现了浓厚的黑格尔式唯心主义理性国家观，随着马克思对经济社会的研究深入，特别是在他担任《莱茵报》主编后，他的国家观逐步摆脱了启蒙思想家的桎梏，提出"国家不外是资产者为了在国内外相互保障各自的财产和利益所必然要采取的一种组织形式"，"国家是统治阶级的各个人借以实现其共同利益的形式"。② 在这一时期，马克思恩格斯认识到了国家的阶级本质，认为国家是阶级社会的上层建筑，经济的因素是国家的重要基础，初步形成了科学的国家观。③

1848 年到 1871 年是马克思主义国家学说系统化的时期。这一时期，马克思主义国家学说在欧洲革命和巴黎公社等实践的影响下不断巩固和发展。1848 年《共产党宣言》的发表，标志着马克思主义国家观念的正式形成。在《1848 年至 1850 年的法兰西阶级斗争》中，马克思首次提出了无产阶级专政的概念，指出只有建立无产阶级专政，才能彻底解放无产阶级。

1871 年至今是马克思主义国家学说的丰富和发展时期。这一时期的主要代表人物有恩格斯、列宁、毛泽东、邓小平、江泽民、胡锦涛、习近平等人。恩格斯在《反杜林论》中提出了国家消亡的思想，"无产阶级将取得国家政权，并且首先把生产资料变为国家财产。但是这样一来，它就消灭了作为无产阶级的自身，消灭了一切阶级差别和阶级对立，也消灭了作为国家的国家"④，同时他也肯定了国家是"自行消亡"的观点。恩格斯晚年对国家理论作了大量的补充使之更加系统化，阐释了国家的权力、上层建筑对经济基础的反作用等内容。1884 年恩格斯在《家庭、私有制和国家的起源》一书中详细地论述了国家的起源、本质、形式、发展和消亡的规律。19 世纪末 20 世纪初，列宁结合俄国革命和建设的实际，发展了国家理论。他从国家的阶级本质出发，论证了打碎旧国家机器的必要性，肯定了坚持无产阶级专政就是坚持新型民主和新型专政的统一，进一步阐明了

---

① 《马克思恩格斯全集》第 1 卷，人民出版社，1995，第 118 页。
② 《马克思恩格斯选集》第 1 卷，人民出版社，2012，第 212 页。
③ 参见钟明华、叶启绩主编《马克思主义政治理论研究》，中国人民大学出版社，2015，第 25 页。
④ 《马克思恩格斯选集》第 3 卷，人民出版社，2012，第 668 页。

国家消亡的经济基础，提出共产主义社会"两个阶段"的学说，创造性地提出"社会主义可能首先在少数甚至在单独一个资本主义国家内获得胜利"。① 其观点集中体现在《马克思主义论国家》《国家与革命》《论"民主"和专政》等著作中。此外，马克思主义国家学说在中国革命、建设和改革中不断发展，发挥了不可或缺的作用。毛泽东的新民主主义理论、人民民主专政理论、统一战线思想，邓小平的"一国两制"伟大构想，以江泽民同志为主要代表的中国共产党人的"三个代表"重要思想和依法治国、以德治国的治国方略，以胡锦涛同志为主要代表的中国共产党人提出的科学发展观、社会主义和谐社会、创新型国家等理论，以及习近平总书记围绕改革、发展、治国理政等方面发表的一系列重要讲话，提出的许多新的观点和思想，将马克思主义国家学说与中国建设和国家治理实践有机结合起来，体现了马克思主义国家学说在中国的创新发展。②

马克思主义国家学说批判地继承了人类历史上的优秀理论成果，特别是黑格尔法哲学、空想社会主义、近代以来资产阶级国家观。亨利希·库诺认为，马克思的社会观和国家观的基础即使在后来也仍然是黑格尔主义的。然而，他并不是奴隶式地乞灵于黑格尔论述，而是把它当作对当时的政治形势和典型的历史的回忆的一种提示。③ 黑格尔从理论上把国家和社会区分为普遍性和特殊性的领域，尽管带有客观唯心主义色彩，却对马克思的国家观产生了重要的影响。马克思通过对黑格尔理性国家观的批判，指出不是国家决定市民社会，而是市民社会决定国家，这一结论成为马克思主义国家学说的基础。从某种意义上讲，对黑格尔法哲学的批判是马克思主义国家学说的直接来源。19世纪初，随着工业革命和资本主义制度的发展，空想社会主义在英国和法国达到鼎盛。圣西门、傅立叶、欧文等人对资本主义社会的全面批判，对未来社会美好蓝图的构建，为马克思主义国家学说的创立提供了重要的思想基础。此外，马克思也批判了资产阶级自由主义国家观。资产阶级及其所倡导的自由平等，实质上是在市场交换

---

① 《列宁全集》第26卷，人民出版社，2017，第367页。

② 参见钟明华、叶敏绩主编《马克思主义政治理论研究》，中国人民大学出版社，2015，第62~70页。

③ 参见〔德〕亨利希·库诺《马克思的历史、社会和国家学说——马克思的社会学的基本要点》，袁志英译，上海译文出版社，2006。

中的自由和平等，马克思抓住市民社会这一近代资本主义国家的基础，对资本主义政治经济学进行批判，揭示了资本主义市民社会经济与社会规律，摧毁了近代资本主义国家的根基。

2. 国家的起源与消亡

国家起源问题，是任何国家理论都无法回避的根本问题。马克思主义认为，国家是历史范畴，是人类社会发展到一定阶段的产物，是阶级矛盾不可调和的产物。原始社会没有国家，私有制导致了国家的产生。① 马克思在《黑格尔法哲学批判》中从国家与市民社会关系的角度指出市民社会决定国家。恩格斯在《家庭、私有制和国家的起源》中详细地论述了国家的产生过程。原始社会的氏族制度是适应低下的人类社会生产力水平发展阶段的一种组织形式。一旦氏族制度无法满足富人对保护私有财产的要求、城市与乡村以及本地人与外来居民的不同要求，剥削者和被剥削者的利益冲突就会日益尖锐，迫切需要有一种力量来维系社会秩序，缓和阶级冲突，维护统治阶级的利益。而随着生产力的发展和社会分工的形成，阶级开始出现，氏族制度逐渐解体，取而代之的则是适应新的生产关系的社会组织——国家。这是社会生产力发展的必然结果。②

国家是一种历史现象，并不是永世长存的。但国家不是被废除的，而是"自行消亡"③ 的。国家的消亡是社会政治经济运动和发展的必然结果，是其充分发挥职能之后的必然归宿。马克思在《1844年经济学哲学手稿》中，首次对市民社会进行了经济学分析，指出要克服公共利益与私人利益之间的矛盾，"国家就必须消灭自己"④。国家的消亡以阶级的消灭为前提，其结果将是使国家重新回归社会。在马克思看来，共产主义社会是人类社会发展的最高阶段，国家的消亡既是共产主义实现的前提之一，又是实现共产主义的结果。也就是说，社会主义是国家走向消亡的过渡阶段。国家的消亡是通过无产阶级专政实现的。无产阶级专政的历史使命是发展社会生产力，消灭阶级压迫和剥削，从而使国家演变成纯粹的社会管理组织，

① 参见王沪宁主编《政治的逻辑——马克思主义政治学原理》，上海人民出版社，2004，第105~110页。

② 参见《马克思恩格斯文集》第4卷，人民出版社，2009，第187~189页。

③ 《马克思恩格斯选集》第3卷，人民出版社，2012，第668页。

④ 《马克思恩格斯全集》第1卷，人民出版社，1956，第479页。

完成从阶级社会向无阶级社会的转变。

国家的消亡是一个长期的过程，这一过程取决于共产主义高级阶段的发展速度，前提是具备相应的物质基础、思想文化和社会主义民主。我们既要看到国家消亡是历史的必然，又不能忽略国家消亡的艰巨性。马克思指出："在共产主义社会高级阶段，在迫使个人奴隶般地服从分工的情形已经消失，从而脑力劳动和体力劳动的对立也随之消失之后……社会才能在自己的旗帜上写上：各尽所能，按需分配！"① 这就是说，在共产主义的高级阶段，工农之间、城乡之间的差别，脑力劳动与体力劳动之间的对立，阶级的差别都已消除，国家真正成为整个社会的代表。只有到了共产主义社会，才具备国家消亡的条件。

3. 国家的特征、本质和职能

国家的特征、本质和职能问题，是马克思主义国家学说的重要组成部分，具有重大的理论意义和现实意义。

（1）国家的特征

从划分依据来看，国家是按照地域来划分居民的，这是一切国家共有的特征，这里所谓的划分，实际上是指对一定地域上的居民以什么为基础进行管理。从公共权力的设置来看，国家公共权力通过强制力（如监狱、警察等国家机器）来保证实施，国家是有组织的暴力。从存在状态来看，国家具有统一性和相对独立性。一方面，国家作为社会的正式代表，是政治共同体；另一方面，国家有自己独特的产生、发展和消亡机制。国家的这种相对独立性，使得国家对社会经济的发展能够起反作用。从作用对象来看，国家具有鲜明的阶级性和社会性，它既是实现统治阶级利益的工具，又是管理社会事务的机关，这一特征在国家的本质和职能上得到了充分的体现。从表现形式来看，国家是有形和无形的统一，"有形"呈现在实体形式如疆域、军队等国家机器上，"无形"则体现为一种不可见的威慑力，不允许任何其他力量凌驾于国家之上。②

（2）国家的本质

国家的本质问题是马克思主义国家学说的核心和根本问题，也是马克

---

① 《马克思恩格斯文集》第 3 卷，人民出版社，2009，第 435~436 页。
② 参见钟明华、叶启绩主编《马克思主义政治理论研究》，中国人民大学出版社，2015，第 42~44 页。

思主义政治学的核心问题，它涉及政治领域内诸多问题的根本评价。对一些重大政治现象的认识，如统治形式、统治机构、民主与专政等的认识，在很大程度上要取决于对国家本质问题的回答。马克思主义关于国家本质的分析，可以从三个方面来理解。

第一，国家是一个历史范畴，它不是从来就有的，而是社会发展到一定阶段的产物，国家的出现是社会内部矛盾运动发展的结果。只要社会上还存在阶级和阶级斗争，就必然存在国家。

第二，国家是阶级统治的工具，是统治阶级共同利益和意志的体现。国家的实质是阶级专政。恩格斯指出："国家是整个社会的正式代表，是社会在一个有形的组织中的集中表现，但是，说国家是这样的，这仅仅是说，它是当时独自代表整个社会的那个阶级的国家。"① "独自代表整个社会的那个阶级"指的就是统治阶级。尽管国家在表面上所采取的是一种公共的形式，具有共同体的形式外观，甚至可能使全体国民成为国家管理的对象，使国家制定的法律对全社会具有普遍的约束力，但这只是国家的一种外部特征，隐蔽在这种形式之后的则是国家的阶级本质。

统治阶级统治国家是靠暴力来实现的，并且是有组织的力量。首先，"任何国家都意味着使用暴力"②。面对被统治阶级、"敌对阶级"，国家机器就会成为压迫的工具。在阶级社会里，统治阶级在经济上的支配地位通常表现为私人的支配权利，而政治统治则表现为对整个社会的统治，被统治者服从的不是统治阶级中的单个人，而是统治阶级集体的意志和力量。其次，政治统治是统治阶级有组织的力量。它表现为统治阶级的意志通过一定的制度、程序上升为国家意志，也就是把统治阶级的意志转化为政策、法律、命令，作为统治阶级整体的意志强制被统治阶级接受与遵守且不允许统治阶级内部的个人和集团随意违反。因此，政治统治是通过国家意志实现的，国家意志是政治统治的主要形式。

第三，国家的作用是缓和冲突，把冲突控制在秩序的范围内。国家以第三者的身份实施阶级统治，获得了统治的"合法性"。国家不仅仅被用于镇压，更被用于控制冲突、维护社会秩序。本质上是为维护既有社会生产关系

---

① 《马克思恩格斯选集》第3卷，人民出版社，2012，第812页。
② 《列宁全集》第41卷，人民出版社，2017，第312页。

和阶级统治地位，维护统治阶级的根本利益，显示出国家的阶级属性。

马克思主义从国家与氏族的根本区别出发，揭示了国家是阶级对立和阶级矛盾不可调和的产物，从而深刻阐明了阶级性是国家的根本性质。简而言之，国家的本质是阶级专政，是一种虚幻的共同体形式，是有组织的暴力。

（3）国家的职能

国家的阶级性主要是通过其职能表现出来的。国家的本质决定了国家职能的性质、内容和实现形式，国家职能是对国家本质的反映，是国家活动的总目的和总方向，是国家在实施阶级统治的过程中承担的职责和功能。

内部职能和外部职能是国家的两种基本职能。内部职能主要是实行社会管理，以维护政治、经济、文化等的秩序及稳定的政治统治职能和社会管理职能；外部职能主要是防御外来侵略、保卫国家安全和促进共同发展。在国家的实际活动中，其内部职能与外部职能是密切联系在一起的，两者之间具有相互依存、相互促进的辩证统一关系。只有加强内部职能，增强综合国力，才能有效地实现国家的外部职能；同样，有效地发挥外部职能对国内政权的巩固和社会的发展也会起到重要作用。在和平时期，内部职能居于主要地位。只有首先推动国内经济与社会发展，才能具备必要的社会政治条件和物质力量来保卫国家安全或对外扩张。而在特定历史条件下，外部职能也可能上升为主要职能。在经济全球化时代，世界各国的经济社会生活更加紧密地联系在一起，国家两种职能的相关程度也愈益紧密。

政治统治职能和社会管理职能是国家内部职能的双重表现。国家的政治统治职能，即国家的阶级统治职能，是国家按照统治阶级意志，综合运用各种手段并以强制力保障实施的、维护社会秩序的职能。它由国家性质决定，具有鲜明的阶级性。国家的社会管理职能，即统治阶级运用国家权力对社会公共事务进行管理的职能。国家产生于原始氏族社会，随着氏族社会内部劳动分工的形成，出现了一些专门从事公共事务管理的阶层，国家正是在履行社会公共职能的过程中逐渐脱离社会并居于社会之上的，履行公共职能是国家赖以存在的基础和获得统治合法性的前提。① 两个国家

---

① 宋林泽：《马克思主义国家理论与国家治理现代化》，《理论月刊》2016 年第 5 期。

内部职能有着密切关系。国家社会管理职能存在的前提是特定统治阶级和统治秩序的存在，而政治统治职能存在的基础则是国家的社会管理职能的存在。国家的政治统治职能与社会管理职能是相互依存、密不可分的。社会管理职能是国家本质的一个方面，它服务于统治阶级的利益和意志，受特定社会政治法律制度的制约，从这个意义上说，国家的社会管理职能实际上也具有政治性质。在阶级社会，从根本上讲，社会管理职能是为统治阶级服务的，国家社会管理职能的执行和实现必须遵循统治阶级的意志和要求，所以它又与政治统治职能密切联系在一起。恩格斯指出："政治统治到处都是以执行某种社会职能为基础，而且政治统治只有在它执行了它的这种社会职能时才能持续下去。"[①] 因而国家的社会管理职能是政治统治职能得以存在的必要条件。

4. 国家与市民社会

在阶级社会中，国家与市民社会是对立统一的关系。其对立主要体现在两方面。一是市民社会的个人和国家的利益冲突。国家作为统治阶级的工具，代表的是市民社会中统治阶级的特殊利益，而非所有人的共同利益。两种利益之间不可避免地产生对抗。二是国家通过强制手段，使统治阶级的意志制度化和法治化，把强迫人们服从分工的状况固定下来，限定了每个人的活动范围，从而使人的活动对人本身来说成了一种异己的力量。这种异己力量就是马克思所提及的与市民社会的此岸世界相对立的"彼岸世界"。

马克思在批判继承黑格尔法哲学的过程中建立起自己的市民社会与国家关系理论。在他看来，市民社会决定国家，国家的本质根植于市民社会，国家问题归根到底应从社会经济生活中解释，体现出国家与市民社会的统一。马克思指出："在生产、交换和消费发展的一定阶段上，就会有相应的社会制度形式、相应的家庭、等级或阶级组织，一句话，就会有相应的市民社会。有一定的市民社会，就会有不过是市民社会的正式表现的相应的政治国家。"[②] 恩格斯进一步明确："决不是国家制约和决定市民社会，而是市民社会制约和决定国家。"[③] 一方面，市民社会是国家的基础。

① 《马克思恩格斯文集》第9卷，人民出版社，2009，第187页。
② 《马克思恩格斯选集》第4卷，人民出版社，2012，第408页。
③ 《马克思恩格斯选集》第4卷，人民出版社，2012，第202页。

国家是一种客观存在，其发展必然会受制于生产力等社会客观条件。有什么样的市民社会，就会有什么样的国家，即社会的性质决定国家的性质。另一方面，围绕国家形式的斗争会反映社会内部的矛盾。政治国家作为一种虚幻的共同体，表面上是社会的代表，实际上是市民社会内部占统治地位阶级的国家，维护的是统治阶级的利益。

5. 国家与意识形态

国家与意识形态理论是马克思主义国家学说中的又一重要组成部分。意识形态是一种客观存在的社会现象，它是在阶级社会中适应一定的经济基础以及树立在这一基础之上的法律的和政治的上层建筑而形成的，代表统治阶级根本利益的情感、表象和观念的总和。[①]

经济基础、政治上层建筑与意识形态之间存在"结构与功能"的关联，意识形态内部各观念系统之间也存在"结构与功能"的关联。[②] 因此，国家与意识形态之间有着千丝万缕的联系。

一方面，意识形态是国家经济基础、上层建筑的反映，是占统治地位的物质关系在观念上的表现。首先，意识形态作为一种精神现象，在内容上反映一定阶级的根本利益，具有阶级性。在马克思看来，意识形态起源于阶级和阶级对立的形成和国家的产生，意识形态最根本的基础是社会物质生活条件，它实质上是"与物质前提相联系的物质生活过程的必然升华物"[③]。在每一个时代，统治阶级的思想总是占统治地位的思想，这些思想观念（意识形态）用于说明政治统治的方法性，论证和维护特定的社会的政治制度。[④] 其次，意识形态是一种社会意识，也是一个群体概念，呈现的是社会某一群体全体成员的共同意识，充当普遍的思维方式和行为准则，并不属于某一个体。意识形态在形式上追求普遍利益，具有普遍性。在阶级社会中，统治阶级赋予自身意识形态以普遍的性质，并强加于社会全体成员，使得统治阶级的意识形态成为该社会的主流意识形态，具有一定的"遮蔽性"。

---

① 参见俞吾金《意识形态论》，上海人民出版社，1993，第129页。
② 陈秉公：《马克思主义意识形态理论与社会主义核心价值体系建构》，《马克思主义研究》2008年第3期，第19~20页。
③ 《马克思恩格斯选集》第1卷，人民出版社，2012，第152页。
④ 参见吕世荣、周宏《唯物史观的返本开新》，人民出版社，2006，第256页。

另一方面，意识形态具有相对独立性和巨大的反作用。首先，一定的意识形态在形成过程中总是会受到文化传统的影响，具有自身的继承性和发展性。意识形态的变革常常需要对原本的具体内容进行"扬弃"，不可避免地对历史传统进行继承和发展。其次，意识形态对经济基础、上层建筑的反映不是简单、机械的，而是能动、辩证的。最后，意识形态作为"软国家机器""观念的上层建筑"，能反作用于社会实践，维护、干预、影响经济基础和政治上层建筑，影响国家的管理、统治、建设。我们既要充分肯定和发挥意识形态的作用，又不能过分夸大意识形态的反作用，否则就会走向极端。历史事实表明，国家管理权力可以凭借统治阶级的思想意识支配和控制整个社会意识形态，影响社会和经济生活。而"他们作为一个阶级进行统治，并且决定着某一历史时代的整个面貌"[①]。在阶级社会里，统治阶级在进行统治时，往往"硬工具"和"软工具"兼备。观念性的工具（"软工具"），就是通过无形的意识形态从思想上约束和控制被统治阶级，消除他们的反抗意识，进而巩固自身统治。在具体实践过程中，意识形态还因被用来为统治阶级的合法性作辩护而具备了辩护功能。此外，马克思还指出，国家是"第一个支配人的意识形态力量"[②]，展现了意识形态的控制功能和育人功能。统治阶级通过开展人与人之间的交往活动，制造相应的意识形态氛围，把一定的思维方式和信念灌输给社会成员，实现对社会成员的统治和支配。"灌输"便是意识形态育人功能的显现。

二　当代世界阶级、革命和国家问题的复杂性

（一）当代世界阶级的复杂性

1. 资产阶级的复杂性

随着当前世界政治经济的发展，马克思所解释的资本积累和资本主义生产方式发展的规律正在被逐步证实。然而，在如今全球化的大背景下，资本主义和资产阶级展现出了复杂的新变化。20世纪80年代以来，随着经济全球化的迅速发展，资本主义生产方式在全球急速扩张，而这种扩张

---

① 《马克思恩格斯选集》第 1 卷，人民出版社，2012，第 179 页。
② 《马克思恩格斯选集》第 4 卷，人民出版社，2012，第 259 页。

与以往的资本主义的发展又有不同之处。早前的资本主义发展范围主要为国家内部,各国通过商品交换和资本流动实现相互间的经济往来,而如今的资本主义发展为跨国性的,各国都深刻融入全球化的经济大环境。"随着全球资本主义的发展,全球资本家阶级逐渐形成。"① 而这表明资产阶级自诞生以来经过数百年的发展,迈入了一个崭新的阶段。许多国内资产阶级正在逐渐转变为全球资产阶级且自身原有的独立性难以维持,"大资本所有者特别是金融寡头与'高级管理者'日益紧密地结合起来,彼此相互利用和渗透。金融寡头绝不是简单地靠'剪息票'谋求利润,而是越来越拥有历史上任何类型的资本家都无法相比的统治整个世界的权力"②。

当前全球资本家阶级具有三个新特点。第一,它超越了单一国家和民族的范围,在全球化的大背景下开展资本积累和生产等诸多活动,力图通过跨国公司及世界银行等大型国际机构对全球经济产生辐射。第二,全球资本家已形成了一个集团,在这一集团中既包含发达资本主义国家的众多资本家,同时也包括全球发展中国家等其他国家的资本家及代理人。第三,由于经济与政治、文化是密切相关的,为了实现对全球领域经济的掌控,全球资产阶级不仅在经济领域力求站在全球的高度主宰经济,而且试图在政治、文化、社会等多方面对世界大环境进行全面掌控,从而更好地为其经济利益服务。③ 由此可知,随着时代的不断变化发展,如今的资产阶级呈现出了一系列与马克思恩格斯所处时期不同的新变化,但其剥削阶级的本质属性是从未改变的,并且其所具备的新特点是其剥削性和扩张性越发增强的本质表现。

2. 无产阶级的复杂性

随着世界形势的变化和发展,作为资产阶级"掘墓人"的无产阶级,尤其是发达资本主义国家的无产阶级,也发生了一系列马克思和恩格斯当年难以预见的深刻的新变化。

第一,无产阶级的内部结构发生了复杂性变化。马克思在《资本论》中指出:"我们把劳动力或劳动能力,理解为一个人的身体即活的人体中

---

① 姜辉:《论当代资本主义的阶级问题》,《中国社会科学》2011 年第 4 期。
② 姜辉:《论当代资本主义的阶级问题》,《中国社会科学》2011 年第 4 期。
③ 参见郭宝宏《马克思主义阶级斗争理论的当代解析》,中国社会科学出版社,2016,第 56 页。

存在的、每当他生产某种使用价值时就运用的体力和智力的总和。"[1] 由此可知，马克思和恩格斯是承认"无产阶级"即"工人阶级"既包括体力劳动者也包括脑力劳动者的。他们认为脑力劳动也是创造价值的劳动，但其重点研究的还是物质生产领域的体力劳动，将体力劳动者视为无产阶级的主要力量，未能预料到随着机器大工业的发展和科学技术的进步，脑力劳动者（"白领工人"）的数量会大大增多，而体力劳动者（"蓝领工人"）的数量则会大大减少。第二次世界大战以来，随着科技革命以及信息技术和互联网的迅速发展，劳动工具不断更新换代，工人的劳动方式也得到大幅度改善，全社会的劳动生产率得到提高，第一产业、第二产业的从业者不断减少，第三产业的比重大幅上升，产业结构发生了深刻的调整与变革。调查数据显示，从 1900 年到 20 世纪末，美国第一产业、第二产业的就业人员占就业总人数的比重由 62%下降至 31%，第三产业就业人员的相关比重从 37.9%上升至 81.2%。其中，从事脑力劳动的职工占总职工的比例由 1950 年的 36.7%上升至 1996 年的 58%。[2] 由此可见，"工人阶级的白领化已经成为一种潮流，白领阶层是雇佣劳动者的主体"[3]。

第二，无产阶级的科学文化素养普遍提高。在马克思身处的年代，体力劳动者占劳动者中的大多数，他们所从事的机械的、简单的操作性活动对文化水平的要求并不高。然而，随着无产阶级内部结构的复杂变化，"白领工人"的数量大大增多，势必成为无产阶级提高自身科学文化素养的一大推动力。第三产业的工作相比于第一产业、第二产业来说，机械重复性大大降低，灵活性相对提高，对劳动者的科学文化素养的要求也相应地提高，这便促使部分劳动者主动追求更高阶段的教育，以使自身更适于所从事的工作。与此同时，各国教育的发展及教育条件的改善也为无产阶级科学文化素养的普遍提高提供了重要的前提条件。[4] 20 世纪晚期，美国学者丹尼尔·贝尔经过调查指出："新劳动力最惊人的方面表现在正规教育的成就方面。到 1980 年，16 个成年工人（25 岁以上）中只有一个——

---

① 《马克思恩格斯文集》第 5 卷，人民出版社，2009，第 195 页。

② 参见徐崇温《当代资本主义的新变化》，重庆出版社，2005，第 539 页。

③ 李崇富主编《马克思主义经典作家关于阶级和阶级斗争、无产阶级革命和无产阶级专政的基本观点研究》，人民出版社，2017，第 160 页。

④ 参见李崇富主编《马克思主义经典作家关于阶级和阶级斗争、无产阶级革命和无产阶级专政的基本观点研究》，人民出版社，2017，第 160 页。

大约 500 万人——学龄少于 8 年，而在 10 个成年工人中有 7 个——大约 5200 万人——至少念完 4 年高中。与 1968 年相比，当时在 10 个成年工人中有 1 个（约 700 万人）读完 8 年书，10 个成年工人中有 6 个（大约 3700 万人）读完 4 年高中。"① 如今，随着时代的发展和教育技术的提高，教育现代化的水平也在不断上升，无产阶级科学文化素养的进一步提高已是大势所趋。

3. 阶级斗争的复杂性

《共产党宣言》1883 年德文版序言指出："（从原始土地公有制解体以来）全部历史都是阶级斗争的历史，即社会发展各个阶段上被剥削阶级和剥削阶级之间、被统治阶级和统治阶级之间斗争的历史。"② 由此可见，正如马克思恩格斯所说，阶级斗争具有历史性并具有持续性，不到无产阶级专政和共产主义实现的这一天阶级斗争是绝不会停止的。如今，资产阶级国家占国家中的大多数，无产阶级与资产阶级的斗争仍然不可避免，但如今的阶级斗争具有了许多新的复杂性特征。

首先，无产阶级斗争的立场发生了变化，阶级斗争的阵线趋于模糊。在马克思生活的时期，无产阶级与资产阶级之间的矛盾严重激化，阶级斗争已经到达了"被剥削被压迫的阶级（无产阶级），如果不同时使整个社会永远摆脱剥削、压迫和阶级斗争，就不再能使自己从剥削它压迫它的那个阶级（资产阶级）下解放出来"③ 的阶段，如此，无产阶级对待资产阶级的斗争方式必然是最为剧烈的、持久的。而如今，由于资产阶级剥削工人的方式更为隐蔽，资产阶级的统治日益深化，无产阶级的斗争立场发生了变化，在一定程度上丧失了阶级意识。有的无产阶级政党甚至宣布承认和遵守自身国家的资产阶级的宪法，放弃暴力革命，采用和平合法的斗争方式。④ 此处的"法"是资产阶级的法，资产阶级的独特属性使其法律及统治都必然以维护本阶级的特殊利益为目标，只有通过强有力的斗争和反抗实现无产阶级专政，才有可能真正维护好无产阶级的利益。而如今，无

---

① 〔美〕丹尼尔·贝尔：《后工业社会的来临——对社会预测的一项探索》，高銛、王宏周、魏章玲译，商务印书馆，1984，第 160~161 页。

② 《马克思恩格斯选集》第 1 卷，人民出版社，2012，第 380 页。

③ 《马克思恩格斯选集》第 1 卷，人民出版社，2012，第 380 页。

④ 李崇富主编《马克思主义经典作家关于阶级和阶级斗争、无产阶级革命和无产阶级专政的基本观点研究》，人民出版社，2017，第 177~178 页。

产阶级在斗争对象所设立的规定中进行反抗，却好似在敌人的陷阱中绕圈，收效甚微，这是其在阶级斗争中妥协性的表现，也是导致阶级斗争不彻底的根本的、无产阶级斗争者主观角度的原因。此外，许多资本主义国家通过完善保障体系等措施在一定程度上缓解了阶级矛盾，世界较稳定的大环境也在一定程度上使得资本主义内部矛盾未严重激化，使得无产阶级难以形成发动暴力革命的阶级基础。① 并且，全球化的发展"使得传统的无产阶级、资产阶级、农民阶级、小资产阶级等概念越来越难以界定"②，国家经济结构和所有制关系愈加复杂化，阶级斗争的阵线越来越模糊。

其次，许多国家的无产阶级在进行阶级斗争的过程中缺乏相应的理论引导与组织引导。马克思所处时期由于有以马克思和恩格斯为主要代表人物的众多理论家的理论探讨及实践调研，所形成的理论成果具有极强的现实指导意义，深刻揭露了资产阶级的丑恶嘴脸，发人深省，并且，在马克思和恩格斯的指导下，第一个无产阶级政党——共产主义者同盟成立，无产阶级便具备了科学理论和强有力的政党组织的领导。而如今，进入21世纪，在许多资本主义国家中，无产阶级并没有将马克思列宁主义等科学思想作为理论指引，甚至出现了被错误理论误导的情况。③ 马克思指出："无产阶级在反对有产阶级联合力量的斗争中，只有把自身组织成为与有产阶级建立的一切旧政党不同的、相对立的政党，才能作为一个阶级来行动。"④ 没有了政党的统领，无产阶级在斗争中将不可避免地缺乏组织性与纪律性，相应地，斗争结果也会大打折扣。因此，无产阶级要想在阶级斗争的过程中更大化地争取自身的利益，正确的理论指引与组织引领是不可或缺的。

最后，资产阶级在与无产阶级进行阶级斗争时的斗争方式也发生了改变。由于马克思所处时期体力劳动者是无产阶级内部的主要力量，资产阶级在瓦解无产阶级的斗争时多采用暴力镇压等手段。如今，进入21世纪，无产阶级内部结构发生变化，"白领工人"的人数大大增多，"蓝领工人"

① 参见郭宝宏《马克思主义国家理论的当代魅力》，人民出版社，2012，第39页。
② 郭宝宏：《马克思主义国家理论的当代魅力》，人民出版社，2012，第40页。
③ 李崇富主编《马克思主义经典作家关于阶级和阶级斗争、无产阶级革命和无产阶级专政的基本观点研究》，人民出版社，2017，第174页。
④ 《马克思恩格斯文集》第3卷，人民出版社，2009，第228页。

的人数大大减少，出现了传统无产阶级所没有的新变化，而这也成为资产阶级瓦解无产阶级斗争的一大着力点。如此潜在的、形势发生了变化但实质未曾改变的资产阶级的阶级斗争方式，使得部分无产者对自身的阶级本质产生了歪曲的理解，无产阶级内部出现了分裂与分化，这便更有利于资产阶级在与新兴无产阶级的阶级斗争中取得"胜利"。而资产阶级斗争伎俩的多变也使得如今的无产阶级与资产阶级的斗争愈加复杂化。

（二）当代世界革命的复杂性

众所周知，生产力与生产关系的矛盾运动一直以来是人类社会向前不断发展的重要推动力。当生产力飞速发展时，旧的生产关系便成为生产力发展的桎梏，迫切需要被先进的生产关系所代替，此时，革命便不可避免。在列宁看来，革命"就是用暴力打碎陈旧的政治上层建筑，即打碎那种由于同新的生产关系发生矛盾而到一定的时候就要瓦解的上层建筑"①。如今，世界革命的态势呈现出复杂性的特征。

许多资本主义国家的无产阶级政党公开宣布放弃武装斗争，主张"和平过渡"到社会主义。由列宁对"革命"概念的阐述可知，他认为革命应具有暴力性，"被压迫阶级如果不努力获得有关武器的知识，学会使用武器，占有武器，那它只配被压迫，被虐待，被人当做奴隶对待"②。而这延续了马克思对无产阶级革命的理解，马克思一直以来都认为，只有通过暴力革命，无产阶级才能最终夺取政权，实现自身的利益。政权问题是革命的根本问题。③在无产阶级进行革命的过程中，革命的首要目的便是推翻在旧的生产关系基础之上形成的统治阶级，实现无产阶级专政。由于资产阶级这个敌人空前强大，在其统治之下，政治上层建筑必然以维护资产阶级的利益为目的，通过一系列手段来维护其自身的统治，无产阶级要想真正实现自身的利益就必须夺取政权，实现无产阶级对多数人的民主和对少数敌人的专政，"因为政权会使他们成为生活的主宰，使他们能够排除走向自己伟大目的的道路上的一切障碍"④。恩格斯也认为："为了达到未来

---

① 《列宁选集》第 1 卷，人民出版社，2012，第 631 页。
② 《列宁选集》第 2 卷，人民出版社，2012，第 723 页。
③ 参见王沪宁主编《政治的逻辑——马克思主义政治学原理》，上海人民出版社，2004，第 437 页。
④ 《列宁全集》第 6 卷，人民出版社，2013，第 413 页。

社会革命的这一目的以及其他更重要得多的目的，工人阶级应当首先掌握有组织的国家政权并依靠这个政权镇压资本家阶级的反抗和按新的方式组织社会。"① 这就要求革命应具有彻底性。然而，如今世界资本主义各国，只有少数国家的无产阶级政党仍然坚持马克思主义的暴力革命道路，其他无产阶级政党都"走议会道路，争取'和平过渡'到社会主义"②。虽然马克思主义并不否认"和平过渡"的可能性，但认为这种可能性是非常小的，尤其是在资产阶级势力强大的国家，该道路几乎是行不通的。俄国十月革命和中国共产党领导的中国革命的胜利都充分证明了马克思恩格斯关于暴力革命理论的正确性。和平的道路固然不能否认，但和平方式应当以革命的精神贯穿始终，为革命的精神服务。③ 当前诸多国家试图采用和平方式进行过渡，似乎与马克思主义"不排除和平方式取得政权的可能性"相契合，但许多国家假借和平方式来掩盖其革命过程中实则具有的妥协性和不彻底性。实现和平变革需要具有一定的条件，目前一些资本主义国家资产阶级的统治日益增强，坚决维护其阶级的阶级利益，阶级本性暴露无遗，要想通过和平方式使其真正为无产阶级的利益着想、实现革命几乎是不现实的，而"当和平没有可能时，就应该采用暴力革命"④。资本主义各国的无产阶级政党所采用的和平和妥协的方式极易使其逐渐忘却革命的根本精神。

此外，一国国内革命的独立性正在降低。在马克思和恩格斯生活的时代，世界局势动荡不安，科学技术虽然有了一定的发展，但发展水平与如今差距较大。由于受到地域之间的限制及交通工具、电子信息技术不发达的影响，各国之间的经济、政治、文化等往来较少。在马克思恩格斯和列宁身处的时代，一国内部所爆发的革命具有一定的独立性，即国家对革命具有主导权，虽然一国革命的胜利会给别国人民带来激励与鼓舞，为他们提供走上社会主义道路的宝贵经验和崭新路径，他国也会相应地受到一定的影响，但是革命的主导权仍控制在本国的范围内。如：在俄国十月革命

① 《马克思恩格斯选集》第4卷，人民出版社，2012，第558~559页。
② 李崇富主编《马克思主义经典作家关于阶级和阶级斗争、无产阶级革命和无产阶级专政的基本观点研究》，人民出版社，2017，第181页。
③ 参见王沪宁主编《政治的逻辑——马克思主义政治学原理》，上海人民出版社，2004，第441页。
④ 王沪宁主编《政治的逻辑——马克思主义政治学原理》，上海人民出版社，2004，第442页。

胜利并成功建立第一个社会主义国家后，多国在苏联成功探索经验的指导与激励之下纷纷开始探索社会主义建设的道路，社会主义在世界范围内实现了前所未有的发展，达到了空前的繁荣。如今，随着科学技术的飞速发展，互联网时代到来，各国之间的政治、经济、文化等领域的交流也逐渐增多，国际关系日益复杂，此时，一国的革命情势也呈现出独立性削弱的情况。得益于如今飞快的信息传播速度，一国可轻易获悉世界各地的革命动向并作出自己的判断，可以更好地从别国的革命过程中吸取有价值的经验。但同时，其受到外部因素的影响也日渐增多，极易受到外界不良舆论的误导，甚至遭受别国的政治干预和武装干预的阻挠。当前，资产阶级的势力蔓延至全球各地并且仍以继续扩大为目的，其坚决维护自身的阶级利益，压制一切损害其阶级利益的行为，因而，以推翻资产阶级统治、建立无产阶级统治为目的的无产阶级革命自然会受到其抵制，各国的资产阶级将本能地"联合"起来，妄图将世界社会主义发展的苗头扼杀在摇篮之中。如此便使得一国内的革命形势越发复杂化，国内革命自身的独立性大大降低，革命态势受到国内与国际双重影响，这是科学技术进步和全球化发展给革命带来的复杂影响。

（三）当代世界国家问题的复杂性

恩格斯在《家庭、私有制和国家的起源》中指出，国家是指："这个社会陷入了不可解决的自我矛盾，分裂为不可调和的对立面而又无力摆脱这些对立面。而为了使这些对立面，这些经济利益互相冲突的阶级，不致在无谓的斗争中把自己和社会消灭，就需要有一种表面上凌驾于社会之上的力量，这种力量应当缓和冲突，把冲突保持在'秩序'的范围以内。"[①]也就是说，国家是阶级斗争不可调和的产物。马克思指出："正是由于特殊利益和共同利益之间的这种矛盾，共同利益才采取国家这种与实际的单个利益和全体利益相脱离的独立形式，同时采取虚幻的共同体的形式。"[②]也就是说，马克思认为国家的本质是阶级专政。"阶级不可避免地要消失，正如它们从前不可避免地产生一样。随着阶级的消失，国家也不可避免地要消失。"[③]但是，国家的消亡是一个漫长的过程，必须满足具备高度发达

---

① 《马克思恩格斯选集》第4卷，人民出版社，2012，第187页。
② 《马克思恩格斯选集》第1卷，人民出版社，2012，第164页。
③ 《马克思恩格斯选集》第4卷，人民出版社，2012，第190页。

的生产力、高度发达的社会思想文化水平和高度发达的社会主义民主等条件才能最终实现。① 如今，随着时代的不断发展，国家问题表现出复杂性的特征。

一方面，资本主义国家的制度弊端日渐显现。自第二次世界大战以来，资本主义国家在经济、政治和社会等方面都出现了许多新变化，而这些新变化无一不更加深刻地表明了资本主义制度的固有弊端。

在政治方面，资本主义国家政治体制的弊端正在逐步显现。众所周知，如今资本主义国家的选举制度已成为一场金钱游戏，其所标榜的"民主"成了有钱人的民主，普通民众是永远不可能有机会参与其中的。而选举出的领导者往往代表某一政党的利益，落选者所代表的政党将会在各方面与执政党站在对立面，阻挠其统治，甚至置民众利益及是非黑白于不顾，如此的政党斗争不休不止，愈演愈烈，导致"否决政治"盛行。② 2008 年金融危机以来，西方资本主义国家经济长期萎靡不振，政治精英提出的主张不足以消除民众心中的不满，使得传统的精英政治走向衰落，民粹主义兴起。此外，部分资本主义国家对内职能松懈、对外职能侵略性日益增强。如今，随着资本主义国家的不断发展及全球化大趋势的进一步推进，部分资本主义国家对内职能履行的阶级性日渐明显，诸多资源向掌握大多数财富的资产阶级倾斜，置无产阶级的利益于不顾；对外职能的侵略性极强，屡屡侵犯别国主权及干涉别国内政，将"对外侵略"作为其主要的外部职能。

在经济方面，资本主义国家的生产资料所有制形式出现了新变化。纵观资本主义发展的历史，其生产资料所有制是随历史推进不断变化发展的，如今呈现出"国家资本主义所有制发挥重要作用，法人资本所有制崛起并居主导地位"③ 的新特点。"国家资本主义所有制是指生产资料由国家占有并服务于垄断资本的所有制形式。"④ 国家的统领性使其对资本的控制力很强，虽然其所占资本的比重并不高，但其主要存在于国家的基础部

① 参见王沪宁主编《政治的逻辑——马克思主义政治学原理》，上海人民出版社，2004，第130 页。
② 参见《马克思主义基本原理概论》，高等教育出版社，2018，第 206 页。
③ 《马克思主义基本原理概论》，高等教育出版社，2018，第 234 页。
④ 《马克思主义基本原理概论》，高等教育出版社，2018，第 234 页。

门，因此对整个国家经济的发展具有深远的影响。而法人资本所有制是法人股东化的产物，相当于一种垄断资本集体所有制，是资本剥削雇佣劳动的重大体现。资本主义国家在生产资料所有制方面所产生的新变化无不表现出资本占有社会化程度的大幅提高。

第二次世界大战使资本主义国家的经济遭到了严重挫折，为了尽快恢复国家经济，资本主义国家开始对本国经济开展干预，以实现经济增长和充分就业、保持经济稳定、提高社会福利水平以及维护市场秩序为目标，与市场管理机制一道在推动经济恢复与发展方面取得了显著效果。然而，从 20 世纪 70 年代起，西方资本主义国家开始弱化政府干预，将市场调节作为重要手段，因而，资本主义制度固有的局限性也日益显著，生产社会化与生产资料资本主义私人占有之间的矛盾越来越尖锐，周期性的经济危机频繁爆发且表现出经济缺乏实体性、贫富差距变大、债务危机频繁发生、全球辐射性强等新的特点。[①] 此外，资本主义国家的福利制度导致民众对社会福利十分依赖，失去了工作的意愿，不利于其经济的发展，其长期以来形成的借贷习惯更是使其经济不堪重负。

在社会情况方面，近年来，资本主义国家的社会矛盾发生了许多新变化。首先，贫富差距增大，无产阶级与资产阶级之间的矛盾日益尖锐。随着科技革命的不断开展，生产工具自动化程度大幅提高，其使用的社会化程度也相应提高。因而，劳动者原有的谋生的独特技能不再具有不可替代性，其价值大大降低，对生产过程及结果不再具有决定性作用，因此成了资本的真正的隶属。资本家也借此更为残酷地剥削工人，并支付给其极低的工资。工人阶级与资产阶级之间的贫富差距不断变大，引起了劳动者的强烈不满。经济合作与发展组织 2015 年发布的报告显示，"英国最富有的 10% 的人拥有该国总财富的 54%，而占人口总数 20% 的底层贫困人群仅拥有该国总财富的 0.8%"[②]。其次，由于贫富差距不断拉大及种族歧视现象严重，社会也愈发动荡不安。由于资产阶级的剥削与压迫，生活在社会底层的无产阶级对资本主义制度的不满逐步上升，"群体事件"增多，严重的暴力、枪击和大规模骚乱事件时有发生。资本主义国家对非裔种族的严

---

① 参见《马克思主义基本原理概论》，高等教育出版社，2018，第 237 页。
② 转引自《马克思主义基本原理概论》，高等教育出版社，2018，第 243 页。

重歧视也引起了群众的愤怒和不满，游行活动增多，社会愈发动荡不安。

以上资本主义国家在政治、经济及社会等各方面的复杂性新变化都展现出了资本主义社会的诸多弊端。

另一方面，以中国为主要代表的社会主义国家的制度优势日益凸显。社会主义制度经历了从空想到科学、从理想到现实的一步步飞跃。俄国十月革命的胜利，世界上第一个社会主义国家的建立，社会主义作为一种崭新的社会形态和社会制度开始登上历史舞台，引领人类向更高级的社会阶段发展。第二次世界大战后，世界多国在十月革命胜利的鼓舞和经验指引下开始走上社会主义道路，极大地削弱了资本主义的统治基础，赋予了国家及世界发展新的内容。尽管在社会主义发展的过程中出现过重大挫折，但如今 21 世纪的中国高举中国特色社会主义的伟大旗帜，向全世界展现了社会主义的旺盛生命力，充分表现出社会主义对资本主义政治文明的超越。

中国作为社会主义国家的先进代表，其政治制度具有突出的优势。首先，党的领导制度是中国的根本领导制度。中国共产党是中国工人阶级的先锋队，同时也是中国人民和中华民族的先锋队。中国共产党作为受人民拥护的执政党坚持以"全心全意为人民服务"为宗旨，真正做到了执政为民，充分发挥其统领作用，整合社会资源，集中力量办大事，实现办事和解决问题效率的最大化。其次，人民代表大会制度作为根本政治制度也凸显出其独有优势。人民代表大会制度的核心是一切权力属于人民，各级人大代表通过民主选举产生，对人民负责，受人民监督，充分保障了人民的相关政治权利，极大地调动了人民群众参与政治的积极性、主动性和创造性。人民代表大会制度能够大大提高办事效率，通过逐级分工避免权力的过分集中，且有利于充分发挥地方的积极性，维护国家统一和民族团结。此外，中国以中国共产党领导的多党合作和政治协商制度为基本政治制度之一，中国共产党与各民主党派之间不是相互对立的关系，而是建设性的相互促进的执政党与参政党之间的关系，呈现出良性合作的美好景象，充分展现出其与西方资本主义国家政党间相互掣肘局面截然不同的独有优势。中国的民族区域自治制度、基层群众自治制度及建立在根本政治制度和基本政治制度之上的其他一系列重要政治制度都充分展现出中国的政治制度优势。

改革开放以来，中国的经济发展水平显著提高，"成为世界第二大经济体。制造业第一大国、贸易第一大国、商品消费第二大国、外资流入第二大国"①，人民生活水平得到极大改善，而这都与中国实行的经济制度密切相关。中国坚持以公有制为主体，多种所有制经济共同发展，实现了不同所有制之间的合作，创造了公平公正公开的市场环境，促进了各主体之间的良性竞争；坚持按劳分配为主体，多种分配方式并存，充分调动劳动者的劳动积极性，在保证公平的同时提高效率；坚持和完善社会主义市场经济体制，既充分发挥市场在资源配置中的决定性作用，也充分发挥政府的保障功能，弥补市场失灵，这"不仅是经济体制改革的基本遵循，也是全面深化改革的重要依托"②。此外，在发展本国经济的同时，中国坚持对外开放的基本国策，提出构建以国内大循环为主体、国内国际双循环相互促进的新发展格局，呼吁各国构建开放型的世界经济③，并以实际行动推动经济全球化的进程，使其更有活力、更可持续、更具包容性，真正实现了对极具剥削性、扩张性、不稳定性的资本主义经济的超越。

与西方资本主义国家愈加动荡不安的社会不同，中国近年来社会整体呈现出和谐稳定的景象。没有资本主义国家固有矛盾——生产社会化和生产资料资本主义私人占有之间的矛盾——所导致的社会关系紧张和激化，中国政府一直以来坚持共同富裕原则，打赢了脱贫攻坚战，实现了全面建成小康社会。习近平总书记在《扎实推动共同富裕》一文中指出，"我国必须坚决防止两极分化，促进共同富裕，实现社会和谐安定"④。但同时，也要坚决防止出现"养懒汉""等靠要"等现象，防止掉入"福利主义"陷阱。⑤ 在处理民族关系方面，中国采取非歧视性原则，坚持各民族一律平等和共同发展，坚持民族区域自治制度，各民族间关系和谐，社会氛围良好。如此和谐安定的社会环境与社会主义制度的优越性是密不可分的，中国将本国国情与社会主义制度巧妙结合，创设出一番特有的社会

---

① 刘伟：《为经济高质量发展奠定坚实制度基础》，《人民日报》2020年4月17日，第9版。
② 中共中央文献研究室编《十八大以来重要文献选编》（上），中央文献出版社，2014，第552页。
③ 参见中共中央党校（国家行政学院）《习近平新时代中国特色社会主义思想基本问题》，人民出版社、中共中央党校出版社，2020，第135页。
④ 习近平：《扎实推动共同富裕》，《求是》2021年第20期。
⑤ 参见习近平《扎实推动共同富裕》，《求是》2021年第20期。

繁荣图景。

以上中国在政治、经济和社会各方面所表现出来的诸多优势充分表现出社会主义制度对资本主义制度的超越。社会主义在中国等国家已绽放出其独有的魅力，"社会主义必然胜利"正在一步步应验。

然而，马克思与恩格斯所提出的共产主义实现的可能性在当前也遭到一定的质疑。马克思主义认为，共产主义社会的最终实现是历史必然。而当前全球化的发展使世界呈现出了马克思和恩格斯未能预见的崭新面貌。首先，当前社会主义国家采用多种所有制经济共同发展及多种分配方式并存，为新型阶级的产生创造了一定的条件，因此，在短时间内不能实现阶级的消亡，而以此为前提的国家消亡和共产主义社会的实现也将要经历一个漫长的过程。其次，全球化使国家间的经济、政治、文化等交流日益密切，同时也使国家间的影响日益增加。一国的经济危机会不可避免地影响到处于全球化环境下的其他国家，而一国的政治发展进程也将同样给全球带来一定程度的影响，要想实现全球人类经济、政治、文化等方面的携手共进是十分困难的。在日益严峻的现实考验面前，中国坚定不移地高举中国特色社会主义伟大旗帜，坚定共产主义远大理想，为世界社会主义的发展树立了典范。

三　马克思主义阶级、革命和国家学说的当代价值

当今世界正面临百年未有之大变局，中国共产党正带领中国人民在实现中国梦的伟大进程中迈进。中国特色社会主义的发展正面临全球化、网络化、信息化的挑战，提出了诸多新问题：我们如何正确看待马克思主义的阶级、革命、国家学说？如何看待马克思主义阶级学说的中国化？马克思主义阶级、革命和国家学说在今天还有没有生命力？要回答这些问题，就是要厘清马克思主义阶级、革命和国家学说的当代价值。

（一）马克思主义阶级学说的当代价值

马克思主义阶级学说以寻求无产阶级和全人类的解放为根本目标，具有革命性和持久的实践意义。就其理论本身而言，它将人类阶级学说上升到新的理论高度，是马克思主义理论的重大创新；就当代中国而言，它为社会发展提供了科学的基本内核，是发展中国特色社会主义的重要基础；就全球范围而言，阶级斗争在各个国家内部均未消失，因此它还是认清世

界大势的有效方法。

1. 马克思主义理论的重大创新

马克思主义阶级学说自诞生以来，在东西方经历了漫长的历史沿革。它关于阶级的产生和消亡、阶级斗争的根源、阶级斗争与社会进步的关系等方面的理论阐述，第一次将阶级学说建立在科学的基石上，具有无可动摇的真理性，是马克思主义的科学构成和创新发展。

首先，马克思主义阶级学说以唯物史观和剩余价值学说为基础，实现了阶级学说理论与方法的重大创新。第一，马克思主义阶级学说从历史唯物主义出发分析阶级和阶级斗争问题，明确提出对阶级、阶级斗争的产生和演进与生产力的发展和历史作用等根本问题的理解，必须深入各个时代生产方式的发展状况中去寻找。[①] 在社会主义国家，列宁将马克思的无产阶级革命理论与俄国具体革命斗争实践相结合，从生产关系结构视角抓住了马克思主义阶级概念的核心内涵。在资本主义国家，同样依据本国国情丰富发展马克思主义阶级学说，如卢卡奇的阶级意识理论、葛兰西的文化霸权理论、赖特的后工业社会阶级理论等。东西方的马克思主义阶级理论的本质都未能游离于历史唯物主义方法之外。第二，马克思主义阶级学说提出资本主义社会无产阶级反对资产阶级的斗争，必然导致无产阶级专政的观点。[②] 在阶级社会中，统治阶级的优势地位与被统治阶级的被剥削地位之间存在无法避免的冲突。阶级之间的矛盾、斗争，体现为不同阶级在经济、政治与文化等方面的冲突与斗争。其中政治斗争是阶级斗争的高级形式，只有通过政治斗争，被统治阶级才有可能争得有利于维护自身利益的结果。[③] 马克思主义阶级学说通过资本家无偿占有雇佣劳动者创造的剩余价值这一经济学推断，揭示了资本主义社会中无产阶级与资产阶级利益的根本对立性以及矛盾的必然性。无产阶级在反对剥削、压迫的过程中联合起来，为保护革命胜利的果实而建立无产阶级专政。当前，资本主义国家内部的阶级矛盾得到了一定的调和，但无产阶级同资产阶级的矛盾并未

---

① 参见黄金辉、曾勇华《马克思恩格斯阶级思想的理论来源、根本旨趣与学说史意义》，《四川大学学报》（哲学社会科学版）2019 年第 6 期。

② 参见黄金辉、曾勇华《马克思恩格斯阶级思想的理论来源、根本旨趣与学说史意义》，《四川大学学报》（哲学社会科学版）2019 年第 6 期。

③ 参见王沪宁主编《政治的逻辑——马克思主义政治学原理》，上海人民出版社，2004，第67 页。

根本消除，社会主义国家与资本主义国家本质上仍有所差异。无产阶级反对资产阶级的革命斗争还在继续，用马克思主义指导无产阶级革命的历史任务仍然存在。第三，马克思主义阶级学说强调无产阶级专政是资本主义社会向共产主义社会转变的过渡阶段。① 无产阶级专政国家在完成保护无产阶级革命的胜利果实、实现生产资料社会所有制的两大任务后，国家就开始消亡。正如恩格斯所指出的，无产阶级专政"国家真正作为整个社会的代表所采取的第一个行动，即以社会的名义占有生产资料，同时也是它作为国家所采取的最后一个独立行动"②。

其次，马克思主义阶级学说将唯物论与辩证法有机统一起来，实现了对阶级分析方法的重大创新。一是在分析阶级、阶级关系问题上坚持唯物论和唯物史观。不同于以往学者在阶级划分问题上的唯心主义方法，马克思主义阶级学说将客观物质因素与政治、意识形态作用相结合作为阶级划分的依据，具有很强的解释力。二是在研究阶级斗争问题上坚持唯物辩证法的矛盾分析法。不同于以往学者对阶级问题分析的两极分化角度，马克思主义阶级学说在揭示资产阶级与无产阶级根本利益相互对立的斗争性和一定历史阶段二者相互促进的同一性的同时，认为斗争性与同一性的具体结合也是不断发展变化的，使人类阶级学说上升到新的理论高度。③

最后，马克思主义阶级学说通过理论与实践相结合，实现了阶级学说理论话语的重大创新。"历史的发展呈现着鲜明的时代内涵和特质。这意味着理论本身也必须随着时代的变化而不断丰富和发展，从而使其富有时代性和生命力。"④ 话语体系作为理论体系的构成部分，是时代的产物，话语特质是时代特质的表现。为使理论更富时代感、更易于为当代人接受，就需要话语形式的创新。马克思主义阶级学说在坚持自身核心内涵的基础上，能够在话语表述上推陈出新，话语风格与时代氛围合拍，是理论创新和话语创新的典范。

---

① 参见黄金辉、曾勇华《马克思恩格斯阶级思想的理论来源、根本旨趣与学说史意义》，《四川大学学报》（哲学社会科学版）2019 年第 6 期。
② 《马克思恩格斯选集》第 3 卷，人民出版社，2012，第 668 页。
③ 参见黄金辉、曾勇华《马克思恩格斯阶级思想的理论来源、根本旨趣与学说史意义》，《四川大学学报》（哲学社会科学版）2019 年第 6 期。
④ 王金玉：《马克思主义阶级概念：理解与阐释》，人民出版社，2019，第 383 页。

2. 发展中国特色社会主义的重要基础

随着时代的发展，马克思主义阶级学说的某些具体结论因缺乏现实的时效性而使其解释力有所下降，但就理论学说本身的基本原理和解释内核而言却并未失效。在致力于实现中华民族伟大复兴的中国梦这一时代背景下，马克思主义阶级学说的基本解释视角和分析路径仍旧是科学的、正确的，具有自身发展的内在价值和强大生命力，为发展中国特色社会主义提供了理论引领和实践指导。

一方面，马克思主义阶级学说为发展中国特色社会主义提供了理论指引。马克思主义阶级学说是马克思主义科学体系的重要内容，也是我们认识阶级社会的发展规律及其复杂的社会政治现象的基本观点和基本方法，是无产阶级及共产党在无产阶级革命中百战百胜的思想保证。时代推动着中国社会的历史性巨变。在这样的巨变中，我们需要运用马克思主义的立场、观点和方法对此进行审视。马克思主义阶级学说是社会主义制度的理论前提，它贯穿在党和国家制度和方针政策的方方面面。比如，人民代表大会制度这一根本政治制度；公有制为主体、多种所有制经济共同发展，按劳分配为主体、多种分配方式并存，社会主义市场经济体制的中国特色社会主义基本经济制度等，这些制度预设的理论前提与马克思主义阶级学说不可分割。马克思主义阶级学说还是马克思主义政党理论的重要基础。"它使政党政治的解释与建设具有深刻的自觉性和历史感，不致使无产阶级政党在纷繁复杂的现代政治现象中动摇自己的合法性基础和历史使命，不致使无产阶级政治沦为某个特定阶层的牟利工具。"①

另一方面，马克思主义阶级学说为发展中国特色社会主义提供了实践指导。实现中华民族伟大复兴的中国梦，必须坚持马克思主义阶级学说，这一理论是指导我们胜利前进的锐利思想武器。马克思主义阶级学说不是教条，我们在实际运用中应当融会贯通，为进一步研究和发展提供科学的方法论指导。中国特色社会主义理论体系对于马克思主义阶级学说的实际运用，至少表现在以下方面："一是从剥削阶级作为一个阶级在我国已不复存在的国情出发，在慎提慎用'剥削阶级'以及'剥削'、'压迫'一

---

① 金林南：《从阶级到阶层——一种公共语境转换的解说》，《江苏行政学院学报》2003 年第 2 期。

类提法的同时，不仅不削弱，而且强化工人阶级的领导地位及其阶级意识；二是从阶级斗争已经不是我国主要矛盾的实际出发，在强调具体矛盾具体分析、着眼于化解人民内部矛盾、慎将矛盾上纲为'阶级斗争'的同时，在重大社会矛盾（例如反腐倡廉建设）的分析上，不放弃马克思主义的阶级分析方法；三是从坚持和推进中国特色社会主义的大局出发，牢牢把握社会主义现代化的政治方向，在不断推进改革开放、允许一部分人先富起来，不轻言贫富差距过大或存在分配不公现象为'两极分化''阶级分化'的同时，坚定不移地防止两极分化、贯彻共同富裕、不断实践社会主义的本质、体现社会主义制度的优越性。"[1] 在新时代，坚持马克思主义阶级学说和阶级分析法，就要坚守改革的社会主义方向，坚持走中国特色社会主义道路，贯彻习近平新时代中国特色社会主义思想。

3. 认识现实世界的理论基础

有人提倡马克思主义阶级学说过时论，这是不对的。任何理论的创新和发展都会有其本身的界限，超越这个界限，必然会导致理论发展的混乱和理论合法性危机的产生。马克思主义阶级学说是资本主义矛盾发展的产物，只要历史仍未超越资本主义阶段，它就仍具有真理性和革命性。习近平总书记指出："尽管我们所处的时代同马克思所处的时代相比发生了巨大而深刻的变化，但从世界社会主义 500 年的大视野来看，我们依然处在马克思主义所指明的历史时代。这是我们对马克思主义保持坚定信心、对社会主义保持必胜信念的科学根据。"[2] 从当今世界的总体情形来看，马克思主义阶级学说仍然具有现实性。

其一，马克思主义阶级学说是认清国际阶级形势的理论基础。在全球化背景下，国际环境复杂多变。生产的全球化形成了"跨国阶级"，"跨国阶级"的兴起意味着阶级概念的重构，需要通过阶级分析法进行理解。同时，阶级斗争也更具复杂性和欺骗性。"其他形式斗争的爆发根本否定不了阶级斗争是不可避免的、极其主要的这一论点"，"其他形式的斗争都是阶级斗争的伪装形式"。[3] 在这样的背景下，马克思主义阶级学说提供了阶

---

① 侯惠勤：《在社会主义核心价值观的概括上如何取得共识?》，《红旗文稿》2012 年第 8 期。

② 《习近平谈治国理政》第 2 卷，外文出版社，2017，第 66 页。

③ 〔美〕伊曼努尔·华勒斯坦：《自由主义的终结》，郝名玮、张凡译，社会科学文献出版社，2002，第 224 页。

级分析的话语、直面阶级斗争的理论，仍不失为指明人的真正解放和自由历史走向的有效方法。

其二，马克思主义阶级学说是认清社会主义社会的理论基础。在社会主义初级阶段，阶级斗争仍旧存在。"社会主义社会目前和今后的阶级斗争，显然不同于过去历史上阶级社会的阶级斗争，这也是客观的事实，我们不能否认，否认了也要犯严重的错误。"① 马克思主义阶级学说和阶级分析方法是共产党人开创和推进社会主义事业的重要思想武器，抛弃了它，就会站不稳阶级立场，分不清是非。

其三，马克思主义阶级学说是认清资本主义社会的理论基础。当代资本主义社会发生了深刻变化，这些变化导致当代资本主义社会分层呈现一系列新变化：就资产阶级而言，资产阶级分化为垄断资产阶级和中等资产阶级；就无产阶级而言，工人队伍扩大、工农业物质生产部分工人人数较少、白领工人人数增长速度超过蓝领工人。这些变化又导致了中产阶层的出现，缓和了无产阶级与资产阶级的矛盾。② 马克思主义阶级学说与阶级分析方法揭示了这一变化并不是无产阶级与资产阶级矛盾的消解，而是对立的新形式。

（二）马克思主义革命学说的当代价值

革命是历史的动力，历史就是革命的实践。理论上预设的未来目标就是为了观照现在，过去也映照着现在。由无产阶级革命的一般原理和特殊规律所构成的马克思主义革命学说，在确立的时候及之后就不断观照社会现实。在当代，更是在推进伟大社会革命、完善社会主义制度、构建人类命运共同体等方面持续地散发科学理论的现实魅力。

1. 为推进伟大社会革命提供理论指导

马克思主义革命学说作为科学社会主义的一条基本原理，将全世界联合起来的自为的无产阶级作为推翻资产阶级统治、实现没有阶级剥削和阶级压迫的共产主义的"物质武器"。这也是社会主义革命为人类历史上最伟大、最深刻和最彻底的革命的原因。这一学说超越了资产阶级的政治革命范畴，旨在实现人的真正解放，具有突出的当代价值。

---

① 《邓小平文选》第2卷，人民出版社，1994，第182页。
② 参见屈旻、王宏波《论马克思阶级学说的当代境遇和时代价值》，《中国社会科学院研究生院学报》2010年第5期。

　　马克思主义革命学说指明了改革是推进伟大社会革命的必由之路。马克思恩格斯未曾见证社会革命从理论到实践的飞跃，也不可能为如今社会主义制度框架下的社会革命提供具体方案。但是，科学原理及其方法论是相对稳定的。要解决生产力与生产关系在社会主义制度框架下的矛盾，就需要改革来解放和发展生产力。邓小平运用唯物史观的科学方法，丰富了马克思主义革命学说。他从解放生产力的高度指出改革与革命的相通之处，即"改革是中国的第二次革命"①，"革命是解放生产力，改革也是解放生产力"②。无论是社会革命还是社会主义制度框架下的改革，其根本指向都是解放和发展生产力。我们不能对马克思主义革命学说作教条式理解，从而忽略了对这一命题的清醒认识和成功实践。尽管中国的改革开放也遭遇过挫折和干扰，但我们始终坚持马克思主义革命学说的指导，始终沿着正确的道路摸索前行。在党的十九届六中全会上，习近平指出，"改革开放也永无止境，停顿和倒退没有出路。现在，推进改革矛盾多、难度大，但不改不行。我们要拿出勇气，坚持改革开放正确方向，敢于啃硬骨头，敢于涉险滩"③。他还多次强调全面深化改革的重要意义，提出改革是坚持和发展中国特色社会主义的必由之路。

　　马克思主义革命学说揭示了执政党自我革命是推进伟大社会革命的必然要求。无产阶级的革命斗争必须要由无产阶级的政党——共产党来领导。马克思主义革命学说告诉我们，共产党自身的发展和进步能够推动伟大社会革命的不断继续。因此，只有共产党永葆先进性、纯洁性、革命性，才能确保伟大社会革命一以贯之、方向不偏、动力不减，即使面对再多艰辛和挫折，也能做到信心不失、精神不怠，一张蓝图绘到底。④ 作为无产阶级利益的集中代表，共产党必须时刻保持清醒，要时刻保持刀刃向内的革命勇气，敢于自我革命。中国共产党的百年奋斗史，就是一部自我革命史。从新民主主义革命时期、社会主义革命和建设时期、改革开放和社会主义现代化建设新时期到新时代，中国共产党始终不忘初心、牢记使

---

① 《邓小平文选》第 3 卷，人民出版社，1993，第 113 页。

② 《邓小平文选》第 3 卷，人民出版社，1993，第 370 页。

③ 中共中央文献研究室编《习近平关于全面深化改革论述摘编》，中央文献出版社，2014，第 30 页。

④ 参见王丽颖《马克思恩格斯社会革命思想及其现实启示》，《马克思主义研究》2020 年第 4 期。

命，以自我革命抓好党的自身建设，从而确保党始终走在时代前列，经得起各种风浪考验。由此观之，执政党的自我革命是推进伟大社会革命的必然要求和内生动力。

马克思主义革命学说指出，强化共产党人革命信仰是推进伟大社会革命的精神保障。从历史唯物主义的科学立场出发，革命信仰和革命精神等社会意识对社会存在具有积极的反作用。马克思主义革命学说唤醒了工人的抗争意识、革命精神，使其不论身处顺境、逆境还是险境，都能毫不动摇地坚定信仰，纵情投入社会革命的事业。在伟大的社会革命征途中，中国共产党带领中华民族一次次完成艰难而辉煌的奋斗目标，其中一个重要原因是中国共产党人始终坚持革命信仰。① "对马克思主义的信仰，对社会主义和共产主义的信念，是共产党人的政治灵魂，是共产党人经受住任何考验的精神支柱。"② 强化共产党人的马克思主义信仰成为新时代推进伟大社会革命的重要精神保障。

2. 为完善社会主义制度提供理论支撑

马克思主义革命学说不仅涵盖无产阶级通过革命取得政权的思想，还包括无产阶级掌握政权后继续推进社会变革的思想。从无产阶级上升为统治阶级，到共产主义社会的实现，还需要经历很长的社会主义历史过程。马克思主义革命学说为这一时期辨别真假社会主义、完善社会主义制度提供了理论支撑。

一方面，要时刻保持对资本主义制度的批判性。马克思主义革命学说以实现人的真正解放为目标，是对资产阶级政治革命的超越。从总体上看，当代资本主义呈现出发展的态势。但是从本质上看，资本主义社会内部依然以不同形式、在不同程度上存在周期性经济危机和无法消解的尖锐的社会冲突。资本主义并未改变其必然灭亡的历史命运。因此，当代继续保持对资本主义制度的批判，仍是马克思主义社会革命的题中应有之义。另一方面，要始终坚定社会主义制度的正确性。马克思主义革命学说为社会主义事业确立了无产阶级的立场和革命化原则，对新的时代条件下坚持社会主义制度有着重要的理论和实践价值。从总体上看，当代社会主义遭

---

① 参见李长真、康莉莉《马克思社会革命思想及其中国化表达》，《中学政治教学参考》2021 年第 16 期。

② 《习近平谈治国理政》，外文出版社，2014，第 15 页。

受过严重挫折，依然处于低潮期。但是从本质上看，中国特色社会主义所取得的举世瞩目的发展成果表明科学社会主义仍旧散发着强大生机与活力，社会主义也并未改变其必然胜利的历史前途。这一事实向世界证明，坚持社会主义制度是正确的，是历史的选择和方向。

中国特色社会主义是科学社会主义理论逻辑与中国社会发展历史逻辑的辩证统一，作为社会主义的典型，它不仅从实践上诠释了马克思主义革命学说，而且继续以其科学内涵为指引，不断提高中国社会革命的品质，拓展中国特色社会主义革命经验的世界影响力从而丰富这一学说。① 新时代中国特色社会主义也给世界社会主义运动带来了新的生机与活力。总之，马克思主义革命学说是当代发展世界社会主义运动，是否定资本主义制度、推动社会主义制度自我完善的基本要求与现实指引。

3. 为构建人类命运共同体提供理论借鉴

中国共产党成立一百多年来，始终致力于将马克思主义革命学说与中国革命斗争实际相结合，在本土化的进程中使之成为马克思主义中国化的重要组成部分。因而中国共产党所取得的一切成就，都折射出马克思主义革命学说的内在价值。"社会主义在一个国家内胜利不是独立自在的任务。在一个国家内胜利的革命不应当把自己看做独立自在的东西，而应当看做用以加速世界各国无产阶级胜利的助力和工具。"② 在新时代，人类命运共同体理念同马克思主义革命学说的根本立场和价值旨归相一致，显示出这一学说的当代价值。

人类命运共同体理念同马克思主义革命学说在根本立场上相一致。马克思主义革命学说的根本哲学立场在于把"市民社会"的立足点提升到更高境界的"人类社会"的立足点。因为在马克思看来，社会革命与政治革命的根本区别就在于前者立足于"人类社会"，而后者则只是立足于"市民社会"。③ 马克思主义革命学说所立足的"人类社会"是一种全球性和

---

① 参见曾瑞明《马克思恩格斯的社会革命论及其当代价值》，《马克思主义研究》2019 年第 3 期。

② 《斯大林选集》上卷，人民出版社，1979，第 305 页。

③ 参见于慧颖、苏新宇《马克思社会革命的理论前提及其当代价值——以〈论犹太人问题〉为中心的考察》，《现代哲学》2020 年第 3 期。

全人类视野，引领着"各个个体、民族和国家的前进方向"①。人类命运共同体理念是一种全球观，主张不同社会制度、意识形态、历史文明和发展水平的国家求同存异、相互包容、共同进步。人类命运共同体理念在根本立场上是马克思主义革命学说的当代延续和现实践履。

人类命运共同体理念同马克思主义革命学说在价值旨归上相统一。在《共产党宣言》中，马克思恩格斯以"全世界无产者，联合起来"为结束语，极具感召力，鲜明地表现出"共产党人到处都努力争取全世界民主政党之间的团结和协调"②，这一无产阶级革命的根本策略和建立"自由人的联合体"的根本目标。"自由人的联合体"的根本目标表明，每个人的自由发展是一切人自由发展的前提，人类命运共同体理念则认为世界的和平与发展必须为了和依靠世界各国人民。两种观点高度一致、密切相关。因此，从马克思主义革命学说的价值诉求与最终旨趣来看，人类命运共同体理念的提出是人类文明新形态的全新理论表达与实践诉求，彰显了马克思主义革命学说的全新人类图景与世界图景构想。③

（三）马克思主义国家学说的当代价值

马克思主义国家学说是人类政治思想史上的科学发展，第一次从客观的历史发展基础上来认识国家，对国家的起源与消亡，国家的特征、本质和职能，国家与市民社会，国家与意识形态等作出了科学的阐述。马克思主义国家学说处处闪耀着科学性和战斗性的光辉，在我国坚持人民民主专政、筑牢意识形态阵地等方面发挥了重要理论价值，在推进我国治理体系和治理能力现代化过程中彰显了重大实践价值。

1. 马克思主义国家学说的理论价值

马克思主义国家学说革故鼎新，是实践、开放、批判而又富有创新性的科学理论，它能够在解决新的时代课题的过程中不断丰富和发展。中国特色社会主义为马克思主义国家学说提供了诸多新鲜的、丰富的时代内容，而马克思主义国家学说中有关国家的本质、国家与意识形态的理论也为我国坚持

---

① 刘同舫：《构建人类命运共同体对历史唯物主义的原创性贡献》，《中国社会科学》2018年第7期。

② 《马克思恩格斯选集》第1卷，人民出版社，2012，第435页。

③ 参见于慧颖、苏新宇《马克思社会革命的理论前提及其当代价值——以〈论犹太人问题〉为中心的考察》，《现代哲学》2020年第3期。

人民民主专政、筑牢意识形态阵地奠定了坚实的理论基础。

马克思主义国家学说关于无产阶级专政的思想为我国坚持人民民主专政提供了理论指南。无产阶级专政是马克思主义国家学说的重要原则。它认为，无产阶级夺取政权后必须打碎旧的国家机器，建立无产阶级专政的国家机器。中国的革命、建设和改革的实践经验证明，我国是工人阶级领导的、以工农联盟为基础的人民民主专政的社会主义国家，是创造性运用无产阶级专政建立起来的国家制度。社会主义初级阶段的历史条件极为复杂，阶级和阶层的划分尚未清楚，社会矛盾和冲突仍旧存在且有愈演愈烈之势。坚持人民民主专政是向共产主义过渡的必由之路。由此可见，马克思主义国家学说为科学指引无产阶级的解放事业，"为人类由阶级压迫和剥削的社会发展到铲除一切阶级压迫和剥削的无阶级社会提供了理论指南"①。

马克思主义国家学说关于国家与意识形态的论述为我国筑牢意识形态阵地提供了理论遵循。无产阶级革命的胜利首先是从思想上的胜利开始的，反之，无产阶级革命的失败同样是从思想上的溃败开始的。当前，少数人认为"马克思主义无用"，其动摇马克思主义在我国意识形态领域指导地位的贼心未灭，我们决不能给他们以可乘之机。马克思主义国家学说关于精神生产、分配和调节的思想，赋予特定阶级思想以一种抽象性和普遍性的思想存在等理论，对我国意识形态建设具有指导性价值。② 对包括我国在内的社会主义国家来说，应继续学习、研究、丰富、建构马克思主义国家学说，发挥马克思主义理论的战斗性，实现阶级意识的更新，坚定理论自信，进而自觉抵御意识形态领域的风险与挑战。

2. 马克思主义国家学说的实践价值

国际局势风云变幻，经济全球化、世界多极化、社会信息化快速发展，尽管和平与发展仍然是当今世界的主题，但霸权主义、强权政治、金融危机等的威胁却仍旧存在。在此背景下，推进国家治理体系和治理能力现代化，能够切实维护我国的国家利益，实现社会和谐稳定、国家长治久安。马克思主义国家学说不仅具有极高的理论价值，在我国推进国家治理体系和治理能力现代化中也发挥着至关重要的作用，是我们仍然需要坚持

①　郭宝宏：《马克思主义国家理论的当代魅力》，人民出版社，2012，第38页。

②　参见邵发军《马克思早期政治共同体思想中的国家治理理论及其当代价值研究》，《社会主义研究》2015年第3期。

的实践方略。

以人民利益为核心推进国家治理现代化。共产主义的目的是"把社会组织成这样：使社会的每一个成员都能完全自由地发展和发挥他的全部才能和力量，并且不会因此而危及这个社会的基本条件"①。由此，马克思主义国家学说认为，国家消亡要使国家权力回归社会，实现人的自我管理和社会的自主管理。可见，培育健全的社会组织以畅通人民当家作主的途径是其中的内在要求，也是国家治理的题中应有之义。我国国家治理始终以代表最广大人民的根本利益为本质属性，以注重人民的历史主体地位为核心原则，以实现和促进人的全面发展为价值目标。国家治理是一门艺术，不只是一种"统治"，更不是对人民的压迫，只有保证好人民的利益，才能顺利开创国家治理新局面。

坚持无产阶级政党的领导推进国家治理现代化。马克思主义国家学说强调无产阶级政党在社会主义国家治理进程中要处于领导地位，认为共产党是推翻旧制度、建立新社会的领导力量，这对我国的国家治理有着重要启发意义。我国《宪法》明确规定："中国共产党领导是中国特色社会主义最本质的特征。"治国必先治党，治党必须从严。坚持党的领导、全面从严治党是推进国家治理体系和治理能力现代化的必然要求，同时也成为我国国家治理的一大优势。在抗击新冠疫情的过程中，党和政府把人民的安全和健康放在首位，总揽全局准确研判形势发展，及时作出战略部署，坚决遏制疫情蔓延势头，体现了全心全意为人民服务的宗旨，展现了高效率的治理效能。②

充分发挥国家的政治统治职能和社会管理职能推进国家治理现代化。马克思主义国家学说认为，必须打碎资本主义国家这一暴力统治的机器。而无产阶级国家政权建立之后，如何发挥国家的政治统治职能和社会管理职能则是一个全新的课题。一方面，社会主义国家为稳定国家的社会主义性质和保障人民群众的根本利益"必须保持国家的专政职能，积极巩固和捍卫社会主义革命、建设和改革的胜利果实，为实现向更高社会形态的过

---

① 《马克思恩格斯全集》第 42 卷，人民出版社，1979，第 373 页。
② 参见相雅芳《变革中坚守：马克思与恩格斯国家治理思想对比与启示》，《党政研究》2020 年第 6 期。

渡提供根本保障"①。另一方面，正如恩格斯所指出的，"政治统治到处都是以执行某种社会职能为基础，而且政治统治只有在它执行了它的这种社会职能时才能持续下去"②。社会管理职能作为政治统治职能的前提，在社会主义国家中有着不可忽视的重要性。党的十一届三中全会后，把党和国家的工作中心转移到经济建设上来这一举措开启了国家职能战略性调整的新征程。新时代以来，习近平总书记提出建设具有中国特色的社会主义国家治理方针，"完善和发展中国特色社会主义制度""推进国家治理体系和治理能力现代化"被确立为全面深化改革的总目标，进一步发展了马克思主义国家学说。在世界百年未有之大变局的背景下，国家治理必须处理好国家的政治统治职能和社会管理职能的关系，在充分发挥社会管理职能上下功夫。

---

① 房宁、陈海莹主编《马克思主义政治学研究》（第 5 辑・2015），中国社会科学出版社，2017，第 62 页。

② 《马克思恩格斯选集》第 3 卷，人民出版社，2012，第 559~560 页。

第六讲
马克思东方社会理论*

马克思恩格斯在早年就开始了对东方社会的关注，在19世纪五六十年代，他们把中国、印度作为主要分析对象发表了一系列研究成果，并在其晚年系统提出以俄国为典型代表的东方经济文化落后国家在一定条件下有可能不通过资本主义制度"卡夫丁峡谷"直接走上社会主义道路的理论（称为马克思东方社会理论）。这一理论集中体现在以下著作中：马克思晚年的五大人类学笔记（菲尔笔记、柯瓦列夫斯基笔记、摩尔根笔记、拉伯克笔记、梅恩笔记）、历史学笔记，1875年恩格斯的《论俄国的社会问题》，1877年马克思的《给〈祖国记事〉杂志编辑部的信》，1881年马克思的《给维·伊·查苏利奇的信》及三个复信草稿，马克思恩格斯的《共产党宣言》1882年俄文版序言，1894年恩格斯的《〈论俄国的社会问题〉跋》以及马克思同俄国政治活动家如丹尼尔逊、拉甫罗夫、查苏利奇、普列汉诺夫等的长期通信①及其他有关俄国社会问题的手稿、札记。此外，1870年马克思在弗列罗夫斯基《俄国工人阶级的状况》一书上的批注，同年3月4日所写的《国际工人协会总委员会致日内瓦的俄国支部委员会委员》也具有重要的参考意义。在上述著作中，马克思对俄国能否和如何不通过资本主义制度"卡夫丁峡谷"直接走上社会主义道路的问题，作了深刻的分析、研究和回答。

---

* 本讲参见张爱武《世界历史性社会主义研究》，社会科学文献出版社，2005，第124～152页。

① 参见《马克思恩格斯与俄国政治活动家通信集》，人民出版社，1987。

一　马克思研究东方社会的缘由、维度、方法论及其科学精神

（一）马克思研究东方社会的缘由

马克思主义创始人从他们的理论创立之初就运用宽广的世界历史眼光观察世界，观察到一些经济文化落后的东方社会。比如，在 19 世纪 50 年代初至 60 年代初，马克思恩格斯持续十多年为美国《纽约每日论坛报》撰写评论文章分析国际问题，其中就有论述中国和印度问题的文章。2009 年出版的《马克思恩格斯文集》第 2 卷就选收了马克思恩格斯论中国的 10 篇文章和论印度的 2 篇文章，开始运用"两极相连"的思想来分析以中国、印度为代表的东方社会的前途命运问题。但是，他们更密切关注俄国的社会问题，并主要以俄国村社为研究对象创立了东方社会理论。马克思研究东方社会的直接缘由是为了根据当时俄国国情和时代背景审慎地、科学地对一些俄国民粹主义理论家和一些俄国革命家关于俄国发展的理论观点和重大问题作出回应和回答。

19 世纪中后期，俄国不少民粹派理论家自称马克思恩格斯的"信徒""学生"，并且运用马克思关于社会主义的基本原理来分析俄国社会，甚至有的还直接引用了马克思对俄国社会分析的某些论述来论证自己的观点。但是，他们对俄国社会分析所得出的结论，要么与马克思恩格斯的真实思想相去甚远，要么与科学社会主义的基本原理大相径庭：比如，1877 年俄国民粹主义者的刊物《祖国纪事》第 10 期刊登了民粹主义理论家米海洛夫斯基一篇题为《卡尔·马克思在尤·茹科夫斯基先生的法庭上》的文章。在这篇文章中，米海洛夫斯基表示赞同车尔尼雪夫斯基等民粹主义者提出的俄国可以在发展它所特有历史条件的同时，取得资本主义发展的全部成果，而又可以不经受资本主义制度的苦难。米海洛夫斯基不同意马克思的如下观点："假如俄国想要遵照西欧各国的先例成为一个资本主义国家——它最近几年已经在这方面费了很大的精力——，它不先把很大一部分农民变成无产者就达不到这个目的；而它一旦倒进资本主义制度的怀抱，它就会和尘世间的其他民族一样地受那些铁面无情的规律的支配。"[①]由此米海洛夫斯基认为，马克思在《资本论》中，关于西欧资本主义起源

---

① 《马克思恩格斯全集》第 29 卷，人民出版社，2020，第 523 页。

的历史概述是关于人类社会一般发展道路的历史哲学理论，即一切民族、国家不管它们的历史条件和历史环境如何，都注定要走这条道路，以便最后建立使社会生产力高度发展的同时又保证每个生产者个人全面发展的这样一种社会形态。对此，马克思必须作出严肃的回应。经过约一个月的思考，马克思给《祖国纪事》杂志编辑部写了一封回信（由于某些原因，这封信当时并未寄出。直到马克思逝世后，恩格斯从马克思的文件中发现了这封信并抄写了几个副本，恩格斯将其中一个副本寄给查苏利奇，才由查苏利奇翻译成俄文于 1885 年出版）。① 在信中，马克思指出，米海洛夫斯基一定要把他关于西欧资本主义起源的历史概述彻底变成一般发展道路的历史哲学理论，一切民族和国家，不管它们所处的历史环境如何，都注定要走一般发展道路。毫无疑问，米海洛夫斯基曲解了马克思的思想。为此马克思解释道："极为相似的事变发生在不同的历史环境中就引起了完全不同的结果。如果把这些演变中的每一个都分别加以研究，然后再把它们加以比较，我们就会很容易地找到理解这种现象的钥匙；但是，使用一般历史哲学理论这一把万能钥匙，那是永远达不到这种目的的，这种历史哲学理论的最大长处就在于它是超历史的。"② 他还列举了古罗马平民的历史遭遇来阐述这个问题，其主要意思是：古罗马自由农民的土地也曾经被剥夺，与自己的生产资料相分离，但在当时的历史环境下，古罗马失去土地的农民并没有变成雇佣工人，却成为无所事事的游民，和他们同时发展起来的也不是西欧那样的资本主义生产方式，而是奴隶占有制。很明显，马克思认为，不能够把西欧社会的发展模式简单地套用到东方社会的发展上。关于俄国究竟应当如何发展，马克思的回答是非常谨慎的。他在信中只是这样说："为了能够对当代俄国的经济发展作出准确的判断，我学习了俄文，后来又在许多年内研究了和这个问题有关的官方发表的和其他方面发表的资料。我得出了这样一个结论：如果俄国继续走它在 1861 年所开始走的道路，那它将会失去当时历史所能提供给一个民族的最好的机会，而遭受资本主义制度所带来的一切灾难性的波折。"③ 马克思的这段话给人们的直接启示是，如果俄国继续走从 1861 年开始的通过改革农奴制走资本

① 参见《马克思恩格斯文集》第 3 卷，人民出版社，2009，第 687 页注释 246。
② 《马克思恩格斯文集》第 3 卷，人民出版社，2009，第 466~467 页。
③ 《马克思恩格斯文集》第 3 卷，人民出版社，2009，第 464 页。

主义道路的话，将遭受资本主义制度所带来的一切灾难性的波折。同时，马克思还暗示了这样一个信息：如果俄国不走资本主义的道路，将不会失去历史所能提供给一个民族的最好机会。也就是说，除了俄国在 1861 年开始走的资本主义道路之外，历史给俄国的发展提供了最好机会。那么，这种最好机会是什么呢？从该部分回信的逻辑不难看出，这种最好机会就是俄国大量存在的带有公有制性质的农村公社。但是，如何利用这一最好机会把它作为俄国发展的现实基础，马克思当时没有给出更多的回答。

到了 19 世纪 80 年代，有关俄国农村公社出路问题的争论仍在继续。俄国女革命家查苏利奇代表较迟加入"劳动解放社"的同志们，于 1881 年 2 月写信给马克思，请求马克思发表关于俄国公社命运和俄国社会主义发展前途的看法。查苏利奇在信中首先肯定了马克思的《资本论》在俄国深受革命者的欢迎并在俄国土地问题及农村公社问题的争论中发挥了重要作用。她请求马克思："假如你能说明，你对我国农村公社可能的命运以及世界各国由于历史的必然性都应经过资本主义生产各阶段的理论的看法，给予我们的帮助会是多么大。"① 她在信中还表示，期待马克思写出一篇较长的文章，或者一本小册子，实在不可能则写一封信，对他们提出的问题给予回答。马克思收到查苏利奇的来信以后，仍然以严肃的态度和信件的形式认真回答她提出的问题，先后四易其稿。在前三稿里，马克思比较详细地分析了俄国公社的历史、特点、性质、命运和发展前途诸方面的问题，最后通过 700 多字的定稿向查苏利奇阐明了自己对俄国社会发展道路的看法，而这一看法也是围绕农村公社展开的："这种农村公社是俄国社会新生的支点；可是要使它能发挥这种作用，首先必须排除从各方面向它袭来的破坏性影响，然后保证它具备自然发展的正常条件。"② 之后，马克思恩格斯在《共产党宣言》1882 年俄文版序言中则进一步指出了俄国农村公社与一定的外部条件的结合将成为新社会的起点："假如俄国革命将成为西方无产阶级革命的信号而双方互相补充的话，那么现今的俄国土地公有制便能成为共产主义发展的起点。"③ 循着马克思思考俄国社会发展的思想轨迹，我们可以这样认为，俄国农村公社作为俄国发展的独特条件，

① 《马克思恩格斯全集》第 25 卷，人民出版社，2001，第 757 页注释 255。
② 《马克思恩格斯文集》第 3 卷，人民出版社，2009，第 590 页。
③ 《马克思恩格斯文集》第 2 卷，人民出版社，2009，第 8 页。

是俄国走向社会主义新社会的一个重要支点或重要条件。

（二）马克思研究东方社会的维度

1. 唯物史观维度

唯物史观是马克思批判西方唯心史观的革命性成果，使西方哲学传统从理性思维中认识人类社会历史被拉回到了感性现实中来。其基本原理是：社会存在和社会意识是辩证统一的。社会存在决定社会意识，社会意识是社会存在的反映，并反作用于社会存在。社会存在是指社会物质生活条件，是社会生活的物质方面，主要包括自然地理环境、人口因素和物质生产方式。其中物质生产方式即生产力和生产关系的统一体，是社会存在最主要的构成要素。马克思正是从俄国当时特殊的物质生产方式维度分析其特殊发展道路的。"俄国农村公社"作为一种特殊的所有制形式，是一种生产关系，尽管与落后的生产力相适应，但是，构成了当时俄国特殊的生产方式。这种特殊的生产方式如果保存得比较完好，作为俄国拥有的一种独特内部条件，如果在特定外部条件作用之下，就可以使俄国走出自己的特殊发展道路。这也是马克思研究俄国社会科学原理的基点。

2. 科学社会主义维度

马克思恩格斯以唯物史观和剩余价值学说为理论基石论证了"两个必然"的规律性，实现社会主义从空想到科学的飞跃，创立了科学社会主义理论。科学社会主义理论认为，人类社会经过资本主义充分发展后，生产力水平得到了极大的提高，但生产的社会化和生产资料私人占有的基本矛盾将会严重激化，解决资本主义社会基本矛盾的根本方法是进行社会革命，推翻资本主义旧社会，建立社会主义新社会，使生产力得到新的解放，并使每一个人得到全面、充分、自由的发展。这是建立在生产力高度发达基础上的理想社会主义。根据这一理论，一些发达资本主义国家将在相同的一个历史时间里走上社会主义道路，确立社会主义制度（一般被称为"同时发生论"）。理想社会主义的"同时发生"是马克思恩格斯科学社会主义理论的主要观点。当然，马克思恩格斯科学论证的这一情况至今没有发生，根本的原因在于发达资本主义国家在发展过程中也在不断地进行调整，并吸收了马克思对资本主义深刻批判的很多正确观点，实际的情况是当今资本主义已经包含着很多社会主义的因素。但是，资本主义的性质没有改变，资本主义主导的资本无限扩张的本性没有改变，由此带来的全球性人与自然、人与人、人与社会的矛盾实际上愈发严重。因此，"两个必然"的人类社会发展方向没有变。社会主义是以高度发达的生产力水平为基础的，这种社会形态是广大的劳动者阶级普遍追求并且希望尽快实现的。那么，经济文化落后国家能否根据自身的特点找到独特的路径缩短走向社会主义新社会的时间呢？马克思研究俄国社会就是聚焦于回答这一重大问题，并由此形成了东方社会理论，实现了对科学社会主义的重大发展。

3. 世界历史理论维度

这里的"世界历史"是指产生了世界性联系和交往的、体现历史的世界性特征的世界历史。实际上这一维度已经蕴含于以上两个维度之中，但是，由于世界历史理论维度在马克思研究东方社会中特别重要，需要单列出来加以强调。在下文"东方社会理论的基本内容"中将会指出，像俄国这样经济文化落后的国家不通过资本主义制度"卡夫丁峡谷"直接走上社会主义道路，除了要保存其体现俄国社会特点的大量存在的农村公社作为内部条件之外，还要有发达资本主义国家已经走上了社会主义道路这一外部条件。这样的内外部条件是相互影响和相互促进的，构成了当时俄国所处的历史环境。对此，马克思恩格斯指出，假如俄国革命将成为西方无产阶级革命的信号而双方互相补充的话，那么现今的俄国土地公有制便能成为共产主义发展的起点。这种相互影响的机制下文将作详细分析，而这正是以世界历史的生成为前提的。没有历史转变成世界历史，马克思东方社会理论是不可能成立的。

（三）马克思研究东方社会的方法论

1. 理论与实际相统一

理论与实际相统一是马克思主义理论的内在品格。马克思恩格斯在《共产党宣言》1872 年德文版序言中指出："这些原理的实际运用，正如《宣言》中所说的，随时随地都要以当时的历史条件为转移。"[①] 这实际上郑重告知人们对待他们创立的理论应秉持的态度和方法，即人们在认识和运用马克思主义时必须随着时空等历史条件的变化而变化，切不可机械地、教条地看待和运用，切不可将一般的基本原理与一定历史条件下得出

---

① 《马克思恩格斯文集》第 2 卷，人民出版社，2009，第 5 页。

的个别结论混淆起来，相对于特定历史条件下所作的个别理论判断和具体结论，马克思主义基本原理具有普遍的、根本的和长远的指导意义，但是，具有一般性和普遍性特征的基本原理，也必须与客观实际相结合。马克思在研究东方社会时非常严格地遵循了这一方法。上文提到的针对米海洛夫斯基把《资本论》中关于西欧资本主义起源的历史概述不注重条件的变化而"照搬照抄"时，马克思给予了严肃的批评，指出这看似给了他荣誉，但实际上给他以侮辱。当他回答查苏利奇的问题时，他四易其稿才写出了满意的回信，在回信中他特别强调的就是要尊重和保存俄国独特的农村公社，从而充分体现了理论与实际的统一，并进一步进行理论创新。

2. 多样性和特殊性相统一

理论与实际相统一内在地规定着人类走向社会主义道路的多样性。社会主义有着体现其本质要求的内在规定，是凡社会主义都需要遵守的基本原则，也可以说反映了社会主义的统一性。比如，《共产党宣言》指出："共产党人可以把自己的理论概括为一句话：消灭私有制。"① 因此，就所有制而言，社会主义必须消灭私有制，只有消灭了私有制才是合格的社会主义。当然，消灭私有制又不是为所欲为、以主观意志为转移的，而是必须遵循与生产力发展一致性的规律，根本的目的是解放和发展生产力。进一步地看，社会主义道路的多样性内在地规定着各自不同的特殊性，多样性本身就是由特殊性构成的，没有特殊性就没有多样性，因此，从根本上说是要尊重人类社会发展道路、社会主义发展道路的特殊性。马克思东方社会理论主要探讨的就是不同于发达国家的、经济文化落后的俄国走社会主义道路的特殊性的问题。因此，马克思研究东方社会体现了多样性和特殊性的统一。

3. 革命性和科学性的统一

马克思研究东方社会是要探讨、揭示像俄国这样经济文化落后的国家走特殊的社会主义发展道路的问题，这就必然要推翻原来的旧制度然后建立社会主义新制度，这就必然内含着社会革命的深刻内涵。尽管革命是历史发展的火车头，但是，并非所有的革命都能保证历史发展朝着正确方向，而在科学理论指导下的自觉革命必然推动社会沿着正确的方向发展，

---

① 《马克思恩格斯文集》第 2 卷，人民出版社，2009，第 45 页。

盲目的自发革命往往不仅不会保障革命的正确方向，而且会给民族、国家和社会带来巨大的灾难。在人类社会发展史上，马克思主义第一次科学揭示了人类社会发展规律，如果能正确地把马克思主义基本原理与各个民族、国家的实际相结合，形成本土化、民族化的马克思主义理论，并用以指导革命和发展，那就必然保证了革命的正确方向。马克思东方社会理论彰显了这样的特点。不难理解，马克思研究东方社会体现了革命性和科学性的统一。

（四） 马克思研究东方社会的科学精神

1. 实事求是精神

这是马克思主义世界物质统一性原理所反映的精神。这一原理要求我们树立正确的思想路线和思想方法，在认识世界和改造世界的过程中摒弃一切无视客观世界及其规律性的思想观念，遵循一切从实际出发、实事求是的原则。马克思研究东方社会严格、严谨、严肃地遵循着这样的原则。他在晚年甚至自学俄语，为的就是掌握俄国社会的第一手资料，能真正了解俄国社会实际，能从俄国社会的实际出发。他紧抓俄国农村公社这一重大实际不放，为的就是具体探讨俄国走社会主义的正确道路。马克思东方社会理论恰恰反映了实事求是的精神。

2. 创新精神

马克思主义"两个必然"思想揭示的是经过资本主义充分发展生产力达到极高水平的基础上，资本主义因基本矛盾不可调和而被推翻，然后建立更先进的社会主义制度，揭示的是理想的、发达的社会主义社会形态。按照这样的理论逻辑，经济文化落后的国家是不可能走上社会主义道路的，因为缺乏生产力基础。但是，面对俄国革命家提出的经济文化落后的俄国如何走上社会主义道路的重大问题，面对俄国人民希望尽快走上社会主义道路的迫切愿望，马克思从唯物史观基本原理、科学社会主义发展规律、世界历史理论等出发，将其与俄国实际和时代背景相结合，科学揭示像俄国这样经济文化落后国家不通过资本主义制度"卡夫丁峡谷"直接走上社会主义道路的可能性，创立了著名的东方社会理论，这是重大的理论创新。

3. 批判精神

批判性是马克思主义的精神实质、内在品格，马克思主义是在对德国古典哲学、英国古典政治经济学、法国空想社会主义等旧理论批判吸收的基础上形成和发展起来的，是在对资本主义旧社会批判的基础上形成和发展起来的，马克思主义在批判中创立，又以创新理论指导实践发展。以马克思主义为指导，根据马克思主义揭示的人类社会发展规律推动民族、国家和社会的发展，必然深刻体现着马克思主义的批判精神。马克思东方社会理论是其科学社会主义理论的创新和发展，根本旨趣就是"两个必然"的特殊表现，没有批判性，东方社会理论就不可能提出，东方社会理论深刻蕴含着批判精神。

4. 探索精神

创新就是探索，与探索有一致性，但是又存在不同。这里所讲的探索精神除了蕴含创新精神之外，还强调持之以恒、坚持不懈、决不放弃的意志和品格，在人的精神层次中处于更深远、更基层、更接近于内生力量的源头位置。创立指导一个民族、国家、社会发展的理论从来不是轻而易举的，从来都需要坚强的意志和品格。马克思研究东方社会就体现了这样的意志和品格。正如上文所讲，马克思在晚年为了回答俄国女革命家的问题，甚至自学俄语，除了坚持实事求是之外，还体现了其可贵的探索精神。

二 唯物史观与东方社会理论

19 世纪上叶，西欧各国通过革命和改革先后走上了资本主义道路并得到快速的发展，而俄国却仍然是一个处在沙皇专制统治下的落后的封建农奴制国家。19 世纪 40 年代以后，以赫尔岑、车尔尼雪夫斯基、别林斯基、拉甫罗夫、特卡乔夫等为代表的俄国民粹主义者（农民社会主义者）认为，俄国一直存在实现社会主义的现实基础和特殊条件。他们否定资本主义发展的历史进步意义，把俄国原始氏族公社瓦解之后残存的农村公社视为社会主义的理想王国，主张依据俄国存在的农村公社而不经过资本主义的发展阶段走上社会主义道路。而在 19 世纪五六十年代，马克思恩格斯就开始密切关注俄国的社会发展问题，从唯物史观视角提出了他们的观点，形成了东方社会理论。唯物史观与东方社会理论有着内在的关联性。

（一）唯物史观是东方社会理论形成的理论基础

马克思研究东方社会基于唯物史观维度、科学社会主义维度和世界历史理论维度，这三个维度紧密关联，但其地位和作用又不是处于同一等高线上。就三者关系而言，唯物史观具有原生性，科学社会主义具有派生性，世界历史理论是在论证唯物史观过程中提出来的，本身就内含于唯物史观之中。马克思东方社会理论是关于经济文化落后国家发展社会主义的理论，归属于科学社会主义的整体框架，于唯物史观而言也具有派生性。说到底，唯物史观是东方社会理论的理论基础。这里将从唯物史观和世界历史理论的整体视角进行分析，更具体地说，主要是分析内含着唯物史观基本原理的世界历史理论在东方社会理论中的理论基础地位。

　　马克思恩格斯最早是在《德意志意识形态》中阐述体现历史的世界性特征的世界历史理论的，其从整个的和部分的相互关系角度看待世界历史的方法论原则自提出就贯穿于对所有重大理论的研究和重大问题的分析，用这一方法论原则论证其基本观点。马克思恩格斯在《德意志意识形态》中指出："大工业发达的国家也影响着那些或多或少是非工业性质的国家，因为那些国家由于世界交往而被卷入普遍竞争的斗争中。"① 又指出："按照我们的观点，一切历史冲突都根源于生产力和交往形式之间的矛盾。此外，不一定非要等到这种矛盾在某一国家发展到极端尖锐的地步，才导致这个国家内发生冲突。由广泛的国际交往所引起的同工业比较发达的国家的竞争，就足以使工业比较不发达的国家内产生类似的矛盾。"② 在《共产主义原理》中，恩格斯指出："由于在世界各国机器劳动不断降低工业品的价格，旧的工场手工业制度或以手工劳动为基础的工业制度完全被摧毁。所有那些迄今或多或少置身于历史发展之外、工业迄今建立在工场手工业基础上的半野蛮国家，随之也就被迫脱离了它们的闭关自守状态。"③ 19 世纪 50 年代，马克思给《纽约每日论坛报》写的文章都运用了世界历史理论的基本原理来分析世界上发生的重大事件，其中对中国和印度问题的评论更是完全地、通篇地运用了这一基本原理。马克思在评论中国革命和欧洲革命时写道："满族王朝的声威一遇到英国的枪炮就扫地以尽，天朝帝国万世长存的迷信破了产，野蛮的、闭关自守的、与文明世界隔绝的

① 《马克思恩格斯选集》第 1 卷，人民出版社，2012，第 195 页。
② 《马克思恩格斯文集》第 1 卷，人民出版社，2009，第 567～568 页。
③ 《马克思恩格斯文集》第 1 卷，人民出版社，2009，第 680 页。

状态被打破，开始同外界发生联系。"① 马克思在《不列颠在印度的统治》一文中指出："这些细小刻板的社会机体大部分已被破坏，并且正在归于消失，这与其说是由于不列颠收税官和不列颠士兵的粗暴干涉，还不如说是由于英国蒸汽机和英国自由贸易的作用。"② 马克思在 19 世纪 50 年代后期、60 年代对资本主义的分析正是以世界历史理论为基础的，分析了世界历史性资本主义的形成、发展及其极限。

世界历史理论的方法论也是马克思恩格斯分析一些东方社会发展的方法。以中国革命为例，一方面，英国通过暴力和世界贸易引起了中国革命；另一方面，马克思追问道："当英国引起了中国革命的时候，便发生一个问题，即这场革命将来会对英国并且通过英国对欧洲发生什么影响？"③ "所以可以有把握地说，中国革命将把火星抛到现今工业体系这个火药装得足而又足的地雷上，把酝酿已久的普遍危机引爆，这个普遍危机一扩展到国外，紧接而来的将是欧洲大陆的政治革命。这将是一个奇观：当西方列强用英、法、美等国的军舰把'秩序'送到上海、南京和运河口的时候，中国却把动乱送往西方世界。"④ 多么精辟的分析！这一结论不仅蕴含着深刻的世界历史理论的基本原理，我们还可以看出，在世界历史背景下，东方落后国家的社会危机和社会革命，将对西欧先进资本主义国家的经济、社会发展产生重大影响，并可能使西欧先进资本主义国家产生经济危机和社会革命。至此已经可以看出，马克思晚年以科学的世界历史理论为理论基础，探索以俄国为代表的东方经济文化落后的民族、国家在一定的历史条件下有可能不通过资本主义制度"卡夫丁峡谷"直接走上社会主义道路，并不是一时的突发奇想、心血来潮，而是其已经作为方法论原理的内含着唯物史观的世界历史理论的合乎逻辑的继续、深化和发展，是其在世界历史理论的指导下，对东方民族、国家在特定的世界历史背景下探索本民族、本国家特色社会发展道路的补充、完善、丰富和拓展，前后一贯、思想一致，并不存在任何冲突和矛盾。

---

① 《马克思恩格斯文集》第 2 卷，人民出版社，2009，第 608 页。
② 《马克思恩格斯文集》第 2 卷，人民出版社，2009，第 682 页。
③ 《马克思恩格斯文集》第 2 卷，人民出版社，2009，第 609 页。
④ 《马克思恩格斯文集》第 2 卷，人民出版社，2009，第 612 页。

（二） 以唯物史观为理论基础分析东方社会亚细亚生产方式的社会性质

1859 年，马克思在《〈政治经济学批判〉序言》中指出："大体说来，亚细亚的、古希腊罗马的、封建的和现代资产阶级的生产方式可以看做是经济的社会形态演进的几个时代。"[①] 自此以后，"亚细亚生产方式"似乎成了马克思主义社会历史理论领域的"哥德巴赫猜想"而成为历史之谜。在这里我们无意对亚细亚生产方式进行全新的研究，只是在综合已有的，尤其是最新的研究成果的基础上，根据唯物史观探讨亚细亚生产方式与东方社会的关系，从其内在的关联实现亚细亚生产方式与东方社会的对接，从而揭示东方社会亚细亚生产方式的社会性质。

亚细亚生产方式是马克思在叙述人类社会发展序列的过程中提出来的。那么，亚细亚生产方式的确切含义只能从人类社会发展的序列中寻找。早在 19 世纪 40 年代，马克思恩格斯在《德意志意识形态》一书中就提出了人类历史演进的第一个序列，即部落所有制—古代公社所有制和国家所有制—封建的或等级的所有制—资本主义所有制。当然这一序列当时主要是根据西欧的历史发展提出来的。这里的部落所有制"与生产的不发达阶段相适应，当时人们靠狩猎、捕鱼、畜牧，或者最多靠耕作为生"[②]。但是，"纯粹的渔猎民族还没有达到真正发展的起点"[③]，马克思在《〈政治经济学批判〉导言》中指出，土地又是同"一切多少固定的社会的最初的生产形式即同农业结合着的"[④]。因此，可以这样认为，从构成历史发展起点的意义而言，人类历史发展的真正起点不是游牧的（非定居的）部落所有制而是处于部落所有制更高阶段的与定居的农业生产相联系的生产方式。那么，这究竟是一种什么样的生产方式呢？是马克思 1859 年在《〈政治经济学批判〉序言》中指出的人类社会发展序列中的第一种形态亚细亚生产方式吗？对此，孙承叔在进行系统考察后作出了肯定的回答："从经济上看，亚细亚生产方式是一种以土地公有制为基础、与定居的农业生产

---

① 《马克思恩格斯文集》第 2 卷，人民出版社，2009，第 592 页。
② 《马克思恩格斯文集》第 1 卷，人民出版社，2009，第 521 页。
③ 《马克思恩格斯文集》第 8 卷，人民出版社，2009，第 31 页。
④ 《马克思恩格斯选集》第 2 卷，人民出版社，2012，第 707 页。

相联系、封闭型的人类最初生产方式。"① 这不仅指出了亚细亚生产方式是人类历史的第一个发展型生产方式，而且指出了亚细亚生产方式的经济特征。根据马克思的观点，亚细亚生产方式的政治特征表现为专制与民主两种形式："统一体或是由部落中一个家庭的首领来代表，或是表现为各个家长彼此间的联系。与此相应，这种共同体的形式就或是较为专制的，或是较为民主的。"②

孙承叔提出："在马克思那里，亚细亚生产方式具有广义和狭义两种解释。狭义的亚细亚生产方式主要是指亚细亚生产方式的原始含义，即以土地公社所有、人们共同耕作为特征的、与最初定居生活相联系的农业生产方式。由于世界各文明民族在从非定居走向定居，非农业走向农业的过程中，普遍经历了这种生产方式，因而具有普遍性，它构成各文明民族真正的历史起点。""广义的亚细亚生产方式，就是指前资本主义时期在印度、俄国、中国等农业大国中曾经占统治地位的生产方式。这种生产方式的根本特点，是土地属于更高的统一体，而它在政治上的极端形式起源于亚细亚公社所有制，但是却不同于奴隶制和农奴制，因而是一种独特的生产方式。"③ 1881 年马克思在致查苏利奇复信草稿（三稿）中指出："农业公社既然是原生的社会形态的最后阶段，所以它同时也是向次生形态过渡的阶段，即以公有制为基础的社会向以私有制为基础的社会的过渡。不言而喻，次生形态包括建立在奴隶制上和农奴制上的一系列社会。"④ 综合以上内容可知，在一定层面上可以将人类历史分为原生阶段和次生阶段，又可以将原生阶段划分为两个时期：第一个时期即前农业公社时期或非定居的游牧渔猎时期，实行原始共同所有制；第二个时期即定居的农业公社时期，实行农村公社土地所有制。农村公社土地所有制又分为"亚细亚所有制形式""古代所有制形式""日耳曼所有制形式"三种不同的类型。而次生阶段是指建立在奴隶制上和农奴制上的一系列社会。对于原生阶段第二个时期的农村公社土地所有制的三种类型的认识，这里我们不去细谈三

① 孙承叔：《打开东方社会秘密的钥匙——亚细亚生产方式与当代社会主义》，东方出版中心，2000，第 9 页。

② 《马克思恩格斯选集》第 2 卷，人民出版社，2012，第 727 页。

③ 孙承叔：《打开东方社会秘密的钥匙——亚细亚生产方式与当代社会主义》，东方出版中心，2000，第 11、12 页。

④ 《马克思恩格斯选集》第 3 卷，人民出版社，2012，第 836 页。

种农村公社土地所有制的具体区别，而是继续沿用孙承叔的以下观点：
"一般地讲，中国、印度、俄国三种前资本主义形式是从亚细亚所有制形
式中萌发出来的；罗马帝国占统治地位的奴隶制是从古代所有制形式中演
化出来的；而欧洲占统治地位的农奴制则是日耳曼所有制在新的历史条件
下进一步发展的结果。"就萌发中国、印度、俄国三种前资本主义形式的
亚细亚所有制形式（亚细亚生产方式）而言，"这是一种公有化程度最高
而私有化程度最低的原始农业公社所有制"。① 马克思指出，在这种所有制
形式下，"公社与公社之间的生活缺乏联系，这种与世隔绝的小天地并不到
处都是这种类型的的公社的内在特征，但是，在有这一特征的地方，这种与
世隔绝的小天地就使一种或多或少集权的专制制度凌驾于公社之上"②。

　　我们再来看马克思视野中的东方社会特征。马克思东方社会理论是建
立在对东方社会特有的现实条件认识的基础上的。没有东方社会特有的现
实条件，其他条件再充分，其东方社会理论也不会形成。从 19 世纪 50 年
代初开始，主要由于中国太平天国运动的爆发和英国议会围绕延长东印度
公司宪章问题进行讨论，马克思恩格斯开始把关注的视点由西方社会转向
东方社会，在对东方社会问题的分析中指出了东方社会的基本特征。③

　　第一，没有土地私有制，这是了解东方社会的一把钥匙。1853 年 6 月
2 日，马克思看了法国旅行家兼医生贝尔尼埃的《大莫卧儿等国旅行记》
一书后，在致恩格斯的信中指出："贝尔尼埃正确地看到，东方（他指的
是土耳其、波斯、印度斯坦）一切现象的基础是不存在土地私有制。这甚
至是了解东方天国的一把真正的钥匙。"④ 恩格斯在 1853 年 6 月 6 日给马
克思回信表示同意这种看法并把这种现象的原因归结为这些国家所处的地
理环境。他指出："不存在土地私有制，的确是了解整个东方的一把钥匙。
这是东方全部政治史和宗教史的基础。但是东方各民族为什么没有达到土
地私有制，甚至没有达到封建的土地所有制呢？我认为，这主要是由于气
候和土壤的性质，特别是由于大沙漠地带，这个地带从撒哈拉起横贯阿拉

---

①　孙承叔：《打开东方社会秘密的钥匙——亚细亚生产方式与当代社会主义》，东方出版中
　　心，2000，第 19~20、16 页。
②　《马克思恩格斯选集》第 3 卷，人民出版社，2012，第 825 页。
③　参见赵家祥、丰子义《马克思东方社会理论的历史考察和当代意义》，高等教育出版社，
　　2002，第 114~117 页。
④　《马克思恩格斯全集》第 49 卷，人民出版社，2016，第 417 页。

伯、波斯、印度和鞑靼直到亚洲高原的最高地区。在这里，农业的第一个条件是人工灌溉，而这是村社、省或中央政府的事。"① 关于中央政府的作用，马克思在《不列颠在印度的统治》一文中指出，农业生产中"节省用水和共同用水是基本的要求，这种要求，在西方，例如在佛兰德和意大利，曾促使私人企业结成自愿的联合；但是在东方，由于文明程度太低，幅员太大，不能产生自愿的联合，因而需要中央集权的政府进行干预。所以亚洲的一切政府都不能不执行一种经济职能，即举办公共工程的职能"②。综合以上马克思恩格斯的观点可以看出，除了指出"没有土地私有制，这是了解东方社会的一把钥匙"之外，他们还指出了农业的发展必然要求中央政府举办公共工程职能是东方社会没有土地私有制，以及东方社会专制制度形成的重要原因。

第二，全国分成彼此孤立、自给自足的农村公社是东方社会专制制度的基础。马克思在《不列颠在印度的统治》中分析指出："在印度有这样两种情况：一方面，印度人也像所有东方人一样，把他们的农业和商业所凭借的主要条件即大规模公共工程交给中央政府去管，另一方面，他们又散处于全国各地，通过农业和制造业的家庭结合而聚居在各个很小的中心地点。由于这两种情况，从远古的时候起，在印度便产生了一种特殊的社会制度，即所谓村社制度，这种制度使每一个这样的小结合体都成为独立的组织，过着自己独特的生活。"③ 1853 年 6 月 14 日马克思在给恩格斯的信中又指出："整个国家（几个较大的城市不算在内）分为许多村社，它们有完全独立的组织，自成一个小天地。""很难想象亚洲的专制制度和停滞状态有比这更坚实的基础。"④

第三，以农村公社为基础的东方社会是一种没有内在发展动力而长期停滞的社会。马克思指出："这些田园风味的农村公社不管看起来怎样祥和无害，却始终是东方专制制度的牢固基础，它们使人的头脑局限在极小的范围内，成为迷信的驯服工具，成为传统规则的奴隶，表现不出任何伟

① 《马克思恩格斯全集》第 49 卷，人民出版社，2016，第 419 页。
② 《马克思恩格斯文集》第 2 卷，人民出版社，2009，第 679 页。
③ 《马克思恩格斯文集》第 2 卷，人民出版社，2009，第 681 页。
④ 《马克思恩格斯全集》第 49 卷，人民出版社，2016，第 434、434~435 页。

大的作为和历史首创精神。"① 这样的社会只有进行一场革命，才能埋葬旧社会，建立新社会。"如果亚洲的社会状态没有一个根本的革命，人类能不能实现自己的使命？如果不能，那么，英国不管犯下多少罪行，它造成这个革命毕竟是充当了历史的不自觉的工具。"② 正因如此，马克思指出："英国在印度要完成双重的使命：一个是破坏的使命，即消灭旧的亚洲式的社会；另一个是重建的使命，即在亚洲为西方式的社会奠定物质基础。"③

综上所述，马克思视野中的东方社会与其理论研究中所揭示的亚细亚生产方式社会的特征是一致的。因此，东方社会的性质是亚细亚生产方式社会。这是马克思提出东方社会理论的现实条件。

三　东方社会理论的基本内容

马克思东方社会理论的基本内容可以从其基本内涵及其实现机制两个方面认识。内涵与内容不同，内涵是概念中所反映的对象的特有属性，包含于内容之中；内容是指事物内在要素的总和，是一个整体性概念。实现机制是东方社会理论的基本内容的重要组成部分。

（一）东方社会理论的基本内涵

马克思东方社会理论的基本观点散见于一系列的相关论述中。1881 年2 月中旬至 3 月初马克思给俄国女革命家查苏利奇复信三稿中的一段话比较典型地表述了其基本内涵："现在，我们暂且不谈俄国公社所遭遇的灾难，只来考察一下它的可能的发展。它的环境是独一无二的，在历史上没有先例。在整个欧洲，它是唯一在一个巨大的帝国内的农村生活中尚占统治地位的组织形式。土地公有制赋予它以集体占有的自然基础，而它的历史环境，即它和资本主义生产同时存在，则为它提供了大规模组织起来进行合作劳动的现成的物质条件。因此，它可以不通过资本主义制度的卡夫丁峡谷，而占有资本主义制度所创造的一切积极的成果。它可以借使用机器而逐步以联合耕作代替小地块耕作，而俄国土地的天然地势又非常适合

---

① 《马克思恩格斯文集》第 2 卷，人民出版社，2009，第 682~683 页。
② 《马克思恩格斯文集》第 2 卷，人民出版社，2009，第 683 页。
③ 《马克思恩格斯文集》第 2 卷，人民出版社，2009，第 686 页。

于使用机器。如果它在现在的形式下事先被置于正常条件之下，那它就能够成为现代社会所趋向的那种经济制度的直接出发点，不必自杀就可以获得新的生命。"① 根据这一段论述，结合马克思关于东方社会的众多著述，其东方社会理论的基本内涵可以概括为以下几点。

第一，保存得比较完好的、几乎作为人民生活统治形式保存下来的（大量而不是零星存在的）兼有公有制社会和私有制社会、无阶级社会和阶级社会的二重特征的、处于原生形态向次生形态过渡阶段的俄国农村公社②是俄国在一定的条件下有可能不通过资本主义制度"卡夫丁峡谷"直接走上社会主义道路的内部条件。如果一个社会也拥有一定的类似的农村公社，但它不是大量的而是零星存在的，则不能作为与此相同的内部条件。

第二，建立在较高生产力水平与普遍世界交往基础上的世界历史的形成和发展，以及先进的西方资本主义生产（或者说先进资本主义国家在资本主义发展阶段创造了积极成果，但这些先进资本主义国家必须先走上更高级的社会主义道路）是俄国在一定的条件下有可能不通过资本主义制度"卡夫丁峡谷"直接走上社会主义道路的外部条件。

第三，在以上内外部条件同时具备的情况下，像俄国这样东方经济文化落后的民族、国家在先进资本主义国家无产阶级革命的世界历史性影响下就有可能不通过资本主义制度"卡夫丁峡谷"直接走上社会主义道路。这是马克思根据唯物史观和世界历史理论的基本原理，对东方经济文化落后的民族、国家所处的特定历史环境进行科学分析而得出的科学结论。这与民粹派社会主义思想有着本质区别。民粹派认为，不需要以上所讲的外部条件的影响，而只要具备了农村公社这一内部条件，俄国这样一个经济文化落后的国家就能在农村公社传统的基础上自发地走上社会主义道路。毫无疑问，这是一种小资产阶级的空想社会主义。

（二）俄国不通过资本主义制度"卡夫丁峡谷"直接走上社会主义道路的机制

首先，先进资本主义国家先走上社会主义道路作为外部条件之一，为

---

① 《马克思恩格斯文集》第3卷，人民出版社，2009，第587页。
② 参见赵家祥、丰子义《马克思东方社会理论的历史考察和当代意义》，高等教育出版社，2002，第190页。

俄国不通过资本主义制度"卡夫丁峡谷"直接走上社会主义道路提供外力推动和示范作用。马克思在《共产党宣言》1882年俄文版序言中指出："假如俄国革命将成为西方无产阶级革命的信号而双方互相补充的话，那么现今的俄国土地公有制便能成为共产主义发展的起点。"① 正如马克思在19世纪50年代深刻指出的中国革命和欧洲革命存在辩证关联一样，在其晚年又把世界历史理论的基本原理运用到揭示俄国这样一个东方经济文化落后的国家如何不通过资本主义制度"卡夫丁峡谷"直接走上社会主义道路问题的研究中来，并且把俄国革命和欧洲革命（这里指西方无产阶级社会主义革命）的辩证关联作为解决问题的切入点。必须澄清一个基本问题：这里所讲的俄国革命不是俄国社会主义革命。如果把这里所讲的俄国革命理解成俄国社会主义革命，不符合马克思的本意，因为马克思一直坚持只有经济文化发达的先进资本主义国家才能首先走上社会主义道路；而且恩格斯也曾经直接指出，俄罗斯帝国是西欧整个反动势力的最后一根有力支柱，"西欧的任何革命，只要在近旁还存在着现在这个俄罗斯国家，就不能获得彻底胜利。……因而，俄罗斯沙皇制度的覆灭，俄罗斯帝国的灭亡便成了德国无产阶级取得最终胜利的首要条件之一"② 。所以，这里所讲的俄国革命只能是当时俄国推翻沙皇政府的民主革命。

　　尽管马克思强调东西方革命的相互补充和西方无产阶级革命首先取得胜利，但是，问题的关键不在于革命本身，而在于先进资本主义国家在无产阶级革命首先取得胜利后走上社会主义道路，因为只有走上社会主义道路的先进资本主义国家才能作为除世界历史的客观存在之外的另一个外部条件——为俄国不通过资本主义制度"卡夫丁峡谷"直接走上社会主义道路提供外力推动和示范作用，使东方落后国家走上社会主义道路。

　　第一，先走上社会主义道路的先进资本主义国家对俄国不通过资本主义制度"卡夫丁峡谷"直接走上社会主义道路起推动作用。如果先进资本主义国家没有先走上社会主义道路而停留在原来的资本主义发展阶段，那么，它不仅不会把资本主义大工业创造的物质技术基础自动地转让给东方落后国家，相反，其会对东方落后国家继续实行殖民掠夺，还会因社会主

---

① 《马克思恩格斯文集》第2卷，人民出版社，2009，第8页。
② 《马克思恩格斯全集》第25卷，人民出版社，2001，第35页。

义和资本主义社会制度的根本对立，为东方落后国家的发展设置障碍。因此，只有先进资本主义国家先走上社会主义道路，才能从社会主义事业本身发展的角度，开展与东方落后国家的合作，并向它们提供物质技术帮助，从而对东方落后国家的发展起推动作用。恩格斯十分强调这一点，他在 1893 年致尼古拉·弗兰策维奇·丹尼尔逊的信中说道："毫无疑问，公社，在某种程度上还有劳动组合，都包含了某些萌芽，它们在一定条件下可以发展起来，使俄国不必经受资本主义制度的苦难。我完全同意我们的作者有关茹柯夫斯基的那封信。但无论他还是我都认为，实现这一点的第一个条件，是外部的推动，即西欧经济制度的变革，资本主义在最先产生它的那些国家中被消灭。"① 在 1894 年的《〈论俄国的社会问题〉跋》一文中，恩格斯又指出："对俄国的公社的这样一种可能的改造的首创因素只能来自西方的工业无产阶级，而不是来自公社本身。西欧无产阶级对资产阶级的胜利以及与之俱来的以社会管理的生产代替资本主义生产，这就是俄国公社上升到同样的阶段所必需的先决条件。"② 如果没有西方的社会主义革命的推动，"目前的俄国无论是在公社的基础上还是在资本主义的基础上，都不可能达到社会主义的改造"③。

　　第二，先走上社会主义道路的先进资本主义国家对俄国不通过资本主义制度"卡夫丁峡谷"直接走上社会主义道路起示范作用。恩格斯曾经表达过这样的意思："在俄国，从原始的农业共产主义中发展出更高的社会形式，也像任何其他地方一样是不可能的，除非这种更高的形式已经存在于其他某个国家，从而起到样板的作用。这种更高的形式——凡在历史上它可能存在的地方——是资本主义生产形式及其所造成的社会二元对抗的必然结果，它不可能从农村公社直接发展出来，除非是仿效某处已存在的样板。"④ 他在《〈论俄国的社会问题〉跋》中指出，落后国家跨越资本主义"卡夫丁峡谷"的"必不可少的条件是：目前还是资本主义的西方作出榜样和积极支持。只有当资本主义经济在自己故乡和在它兴盛的国家里被克服的时候，只有当落后国家从这个榜样上看到'这是怎么回事'，看到

---

① 《马克思恩格斯文集》第 10 卷，人民出版社，2009，第 649 页。
② 《马克思恩格斯文集》第 4 卷，人民出版社，2009，第 457 页。
③ 《马克思恩格斯文集》第 4 卷，人民出版社，2009，第 466~467 页。
④ 《马克思恩格斯文集》第 10 卷，人民出版社，2009，第 664 页。

怎样把现代工业的生产力作为社会财产来为整个社会服务的时候——只有到那个时候，这些落后的国家才能开始这种缩短的发展过程。然而那时它们的成功也是有保证的"①。由此可见，先走上社会主义道路的先进资本主义国家不仅可能而且必须对俄国不通过资本主义制度"卡夫丁峡谷"直接走上社会主义道路起示范作用。

上文引用的马克思给俄国女革命家查苏利奇复信三稿中提到的"它的历史环境，即它和资本主义生产同时存在"，这里的"资本主义生产"应该是指先进资本主义国家在其发展阶段创造了积极成果，使这些先进资本主义国家在俄国革命给出信号后，能够率先发动无产阶级革命先走上社会主义道路，这样的先进资本主义国家再给予俄国世界历史性影响，使俄国直接走上社会主义道路。如果马克思当时尚未提出这一观点的话，那么，恩格斯则明确提出了这一观点。

综上所述，1881 年 2 月中旬至 3 月初马克思给俄国女革命家查苏利奇的复信初稿中指出："和控制着世界市场的西方生产同时存在，就使俄国可以不通过资本主义制度的卡夫丁峡谷，而把资本主义制度所创造的一切积极的成果用到公社中来。"② 这一段话的含义可以从两个方面来理解：其一，与俄国同时存在的控制着世界市场的先进资本主义国家先走上社会主义道路；其二，先走上社会主义道路的先进资本主义国家继承了这些国家在资本主义阶段创造的一切积极成果，并把它们用到俄国公社中来。总之，这段话不能单纯从字面上理解成俄国与先进资本主义国家同时存在，如果只与先进资本主义国家同时存在，而这些先进资本主义国家没有先走上社会主义道路，俄国是不可能不通过资本主义制度"卡夫丁峡谷"直接走上社会主义道路的。

其次，保存农村公社作为内部条件，使其成为俄国社会新生的支点。上文已经指出，俄国公社是俄国不通过资本主义制度"卡夫丁峡谷"直接走上社会主义道路的内部条件。但是，19 世纪 60 年代以后，由于俄国农奴制改革的不断深入，农村公社内部开始出现分化，不平等现象开始加剧，并威胁到了公社的生存。而且，国家也借助"集中在它手中的各种社

---

① 《马克思恩格斯文集》第 4 卷，人民出版社，2009，第 459 页。
② 《马克思恩格斯文集》第 3 卷，人民出版社，2009，第 575 页。

会力量来不断地压迫公社"①。由此,"威胁着俄国公社生命的不是历史的必然性,不是理论,而是国家的压迫,以及侵入公社的,也是由国家靠牺牲农民扶植壮大起来的资本家的剥削"②。因此,公社成了商人、地产、高利贷随意剥削和任人摆布的对象,激发了公社内部原来已经产生的各种利益的冲突,公社已经处于异常危险的境地。"破坏性影响的这种共同作用,只要不被强大的反作用打破,就必然会导致农村公社的灭亡。"③ 根据俄国社会的基本矛盾和基本状况,马克思得出了这样一个重要结论:要"挽救俄国公社,就必须有俄国革命","如果革命在适当的时刻发生,如果它能把自己的一切力量集中起来以保证农村公社的自由发展,那么,农村公社就会很快地变为俄国社会新生的因素,变为优于其他还处在资本主义制度奴役下的国家的因素"④。19世纪90年代,恩格斯也多次强调:"这种公社是否还保存得这样完整,以致在一定的时刻,像马克思和我在1882年所希望的那样,它能够同西欧的转变相配合而成为共产主义发展的起点。但是有一点是毋庸置疑的:要想保全这个残存的公社,就必须首先推翻沙皇专制制度,必须在俄国进行革命。"⑤

在19世纪后期的俄国,并没有出现民意党人和民粹派等农民社会主义者组织的革命,而是随着农奴制改革的不断深入,俄国越来越快地转变为资本主义工业国,很大一部分农民越来越快地无产阶级化,旧的农村公社也越来越快地崩溃了。在恩格斯看来,俄国的现实只剩下一条路,就是"尽快过渡到资本主义去"。恩格斯这样写道:"假如西欧在1860—1870年间已经成熟到能实行这种转变,假如这种变革当时已开始在英法等国实行,那么俄国人就应该表明,从他们那种当时大体上还保持原状的公社中能够发展出什么来。但是西方当时却处于停滞状态,不打算实行这种转变,而资本主义倒是越来越迅速地发展起来。因而,俄国就只能二者择一:要么把公社发展成这样一种生产形式,这种生产形式和公社相隔许多历史阶段,而且实现这种生产形式的条件当时甚至在西方也还没有成

---

① 《马克思恩格斯文集》第3卷,人民出版社,2009,第577页。
② 《马克思恩格斯全集》第25卷,人民出版社,2001,第472页。
③ 《马克思恩格斯文集》第3卷,人民出版社,2009,第577页。
④ 《马克思恩格斯文集》第3卷,人民出版社,2009,第582页。
⑤ 《马克思恩格斯文集》第4卷,人民出版社,2009,第466页。

熟——这显然是一项不可能完成的任务，要么向资本主义发展。试问，除了这后一条路，它还有什么办法呢？"① 因此，对俄国的公社的这样一种可能改造的首创因素只能来自西方的工业无产阶级，而不是来自公社本身。西欧无产阶级对资产阶级的胜利以及与之俱来的以社会管理的生产代替资本主义生产，是俄国公社上升到同样的阶段所必需的先决条件。

最后，俄国农村公社与先走上社会主义道路的先进资本主义国家同时存在并相互发生影响，为俄国不通过资本主义制度"卡夫丁峡谷"直接走上社会主义道路提供必需的历史环境。从以上的分析我们可以看出，马克思对俄国社会发展道路的思索一直没有离开世界历史发展的总体进程，俄国跨越资本主义制度"卡夫丁峡谷"直接走上社会主义道路的可能性及现实性只有在世界历史发展的总体背景下通过与西方资本主义的社会发展进程相互影响、相互作用、相互补充中才可能找到。孤立地拥有内部或外部条件都不能使落后的俄国不通过资本主义制度"卡夫丁峡谷"直接走上社会主义道路。只有内外部条件同时存在并产生相互影响，才能为此提供必需的历史环境。而世界历史的形成与发展则为历史环境的形成提供了现实可能性。当具备了必需的历史环境，如何才能不通过资本主义制度"卡夫丁峡谷"直接走上社会主义道路呢？根据马克思东方社会理论的基本原理，我们认为最起码包括以下几条跨越途径。第一，在生产力的发展方面，先走上社会主义道路的先进资本主义国家给予落后的俄国以直接援助使其获得社会主义改造的物质技术基础，使俄国的生产力实现直接的跨越式发展。第二，在生产关系、上层建筑和人的发展方面，给落后的俄国直接传授使其获得社会主义改造和建设的经验，俄国将西方的经验与公社所具有天然的社会主义倾向的因素——俄国公社所包含的新社会特征的萌芽，即公社对土地的共同占有制、公共管理制度以及因此而决定的俄国人集体主义精神实现有机结合，使之在外部条件的作用下得到充分的发展，成为新社会的支点。恩格斯在1893年2月致俄国民粹主义者丹尼尔逊的信中指出："毫无疑问，公社，在某种程度上还有劳动组合，都包含了某些萌芽，它们在一定条件下可以发展起来，使俄国不必经受资本主义制度的

---

① 《马克思恩格斯文集》第 10 卷，人民出版社，2009，第 664 页。

苦难。"① 第三，在意识形态方面，先走上社会主义道路的先进资本主义国家给落后的俄国直接灌输使其获得真正的马克思主义的指导，最终使落后的俄国在经济、政治、文化等方面实现全面跨越，从经济文化落后状态直接进入社会主义发展阶段。

四 跨越"卡夫丁峡谷"的条件及人类社会发展一般规律的特殊表现形式

跨越"卡夫丁峡谷"的条件包含于东方社会理论的基本内涵之中，上文已经作了详细阐述。进一步地看，具备这些条件，则可以跨越资本主义制度的"卡夫丁峡谷"，走其独特的社会主义发展道路，如果不具备这些条件则只能寻求其他的道路。总之，条件不同则道路不同，旨在表明实现共产主义是人类社会发展的一般规律，但是，发展道路则不可能完全相同，具有各自的不同表现形式。这里主要分析人类社会发展规律的特殊表现形式，以及独特的历史环境决定发展道路的特殊性。

（一）人类社会发展规律的特殊表现形式

社会主义的发展道路不是单一性的而是多样性的。列宁在谈到向社会主义转变时指出："一切民族都将走向社会主义，这是不可避免的，但是一切民族的走法却不会完全一样，在民主的这种或那种形式上，在无产阶级专政的这种或那种形态上，在社会生活各方面的社会主义改造的速度上，每个民族都会有自己的特点。"② 这一论述从历史唯物主义的高度揭示了各民族发展道路的多样性、特殊性的深刻内涵，对我们正确认识社会主义建设和发展道路的多样性具有重要指导意义。

社会主义在发展过程中，由于各国国情的特殊性，即经济、政治、文化的差异性，生产力发展水平的不同，无产阶级政党自身成熟程度的不同，阶级基础与群众基础构成状况的不同，革命传统的不同，以及历史和现实的、国内和国际的各种因素的交互作用，社会主义发展道路必然呈现出多样性的特点，人类社会发展规律呈现出特殊表现形式。

第一，各个国家的生产力发展状况和社会发展阶段决定了社会主义发

---

① 《马克思恩格斯文集》第 10 卷，人民出版社，2009，第 649 页。
② 《列宁选集》第 2 卷，人民出版社，2012，第 777 页。

展道路具有不同的特点。实践表明，已经取得胜利的社会主义国家，作为社会主义建设起点的生产力状况虽然都比较落后，但是，各国之间也存在较大差别。这就决定了各个国家必须根据自己的生产力发展状况和所处的社会发展阶段，制定与之相适应的发展战略，采取不同的方式进行社会主义建设。

第二，历史文化传统的差异性是社会主义发展道路具有多样性的重要原因。马克思指出："人们自己创造自己的历史，但是他们并不是随心所欲地创造，并不是在他们自己选定的条件下创造，而是在直接碰到的、既定的、从过去承继下来的条件下创造。"① 各个国家或民族的历史文化传统，是其进行活动的既定前提和基础。各个国家从历史上继承下来的经济、政治、文化条件的不同，决定了每个国家都必须从自己的实际出发，按照自己国家的特点进行社会主义建设；只有把马克思主义基本原理与本国的具体实际相结合，将社会主义根植于本国的土壤，才能取得成功。

第三，时代和实践的不断发展是社会主义发展道路具有多样性的现实原因。时代是不断前进的，实践是不断发展的。社会主义也必然随着时代和实践的发展而发展。从世界范围来说，各个社会主义国家都应该根据时代和实践发展的要求，选择适合本国国情的社会主义发展道路。从具体的国家来说，同一个社会主义国家在不同的时期，也应该根据时代和实践发展的要求，适时地调整、选择适合世情国情的社会主义发展道路。这是社会主义制度保持生机活力、永远立于不败之地的根本保证。

（二）独特的历史环境决定发展道路的特殊性

马克思东方社会理论使我们认识到各民族、国家都应该根据特定的历史环境选择适合自己的发展道路，把握自身发展的多样性和特殊性。马克思从生产力与生产关系的关系角度揭示了人类社会发展依次更替的五种社会形态。但这是指整个人类社会发展的一般进程，或者说是人类社会整体的生产力与生产关系的关系系统决定的人类社会发展的一般轨迹而不是指每一个民族和国家都必须严格遵守的历史顺序，即不是指每一个民族和国家的生产力与生产关系的关系系统决定的每一个民族和国家的发展进程。由各个民族和国家的生产力与生产关系的关系系统及其发展过程间的相互

---

① 《马克思恩格斯文集》第 2 卷，人民出版社，2009，第 470 页。

联系、相互作用的总和构成的整个人类社会的生产力与生产关系的关系系统所规定的人类社会发展一般进程"五阶段"演化序列体现了人类历史发展的一般历史哲学理论，因而是不可超越的。① 但是，在各个民族和国家生产力与生产关系的关系系统中，生产力的发展不仅受到生产关系的反作用，还受到上层建筑及外部条件的制约，因而生产关系容纳生产力的发展表现出一定的弹性。因而，在由整个人类社会的生产力与生产关系的关系系统覆盖下的各个民族和国家的生产力与生产关系的关系系统及其发展过程则显示出参差不齐、犬牙交错的局面。比如，古希腊和古罗马是奴隶制发展程度最高和最典型的国家，应当说，奴隶制的历史光彩是从古希腊、古罗马那里充分放射出来的，但是奴隶制度不发达的中国却远远先于古希腊、古罗马过渡到封建社会，而且中国所引起的社会震荡也比古希腊、古罗马要小得多。虽然封建制度的历史光彩是从中国等东方国家放射出来的，但是，封建制度发展得不如中国的西欧国家却率先实现了从封建社会到资本主义社会的过渡。② 由此可见，任何一个民族、国家都应该根据内外部条件构成的特定的历史环境选择适合自己的发展道路。实际上，马克思关于俄国不通过资本主义制度"卡夫丁峡谷"直接走上社会主义道路正是对这一基本原理的具体使用。因此，在探讨经济文化落后国家的发展过程中，必须拒绝对其"作纯学理的、必然是幻想的预测"③，它们"应该马上做些什么，这当然完全取决于人们将不得不在其中活动的那个既定的历史环境"④。根据历史环境选择适合于自己国家的发展道路，"这不仅适用于俄国，而且适用于处在资本主义以前的阶段的一切国家"⑤。可以说，20世纪上半叶，俄国、中国等东方落后国家先后走上社会主义道路，是列宁、毛泽东等无产阶级革命家在正确把握本民族、本国家所处的历史环境的基础上作出的正确选择。同样的道理，在经济文化落后基础上进行社会主义建设的国家也必须从自身的历史环境出发制定正确的发展战略，只有这样才能取得社会主义建设的成功。

---

① 参见叶险明《马克思的世界历史理论与现时代》，清华大学出版社，1996，第217页。
② 参见国家教委社科司组编《马克思主义原理》（修订本），高等教育出版社，1988，第426页。
③ 《马克思恩格斯文集》第10卷，人民出版社，2009，第459页。
④ 《马克思恩格斯文集》第10卷，人民出版社，2009，第458页。
⑤ 《马克思恩格斯文集》第4卷，人民出版社，2009，第459页。

五　马克思关于中国历史、社会状况及社会矛盾的论述

（一）马克思关于中国历史的论述

马克思在其中学毕业论文《青年在选择职业时的考虑》中就立志选择最能为人类福利而劳动的职业，他不怕艰难险阻、勇攀科学高峰，创立指导全人类解放的科学理论，践行了他的人生理想。他以宽广的世界历史眼光观察世界，以胸怀天下的观点看待人类社会的发展及不同民族和国家的命运，对中国历史、社会状况、社会矛盾等也给予了比较多的关注。有研究统计，在《马克思恩格斯全集》中文第 1 版 50 卷著作中，直接提到中国的地方就有 800 多处，仅《资本论》及其手稿，就有 90 多处论及中国问题。这里还不包括最近若干年来新发现的马克思恩格斯遗著，也不包括他们在论述东方问题的文章、笔记和书信里间接提到中国的那些内容。可以说，利用各种渠道了解中国历史和社会状况，联系中国经济和政治的演变阐述科学理论与革命实践问题，这是马克思和恩格斯从青年直至晚年从未间断的一项工作。① 以下论述也涉及恩格斯的观点。

中国有悠久的文明历史并对世界作出重大贡献。1842 年 2 月，马克思写的第一篇政论性文章《评普鲁士最近的书报检查令》就提到了中国，并以肯定、赞扬的口吻说道："请给我们一种完善的报刊吧，这只要你们下一道命令就行了；几个世纪以来中国一直在提供这种报刊的范本。"② 他在《经济学手稿（1861—1863 年）》一书中对中国古代四大发明中的三大发明给予了高度的评价："火药、指南针、印刷术——这是预告资产阶级社会到来的三大发明。火药把骑士阶层炸得粉碎，指南针打开了世界市场并建立了殖民地，而印刷术则变成新教的工具，总的来说变成科学复兴的手段，变成对精神发展创造必要前提的最强大的杠杆。"③ 对此，恩格斯也有过不少论述，他在《德国农民战争》中指出："一系列或多或少具有重要意义的发明大大促进了手工业的发展，其中具有光辉历史意义的是火药和

---

① 参见韦建桦《马克思和恩格斯怎样看待中国——答青年朋友问》，《马克思主义与现实》2015 年第 1 期。
② 《马克思恩格斯全集》第 1 卷，人民出版社，1995，第 129 页。
③ 《马克思恩格斯全集》第 37 卷，人民出版社，2019，第 50 页。

印刷术的发明。"① 恩格斯对其中的"火药"注释指出："现在已经毫无疑义地证实，火药是从中国经过印度传给阿拉伯人，又从阿拉伯人那里同火器一道经过西班牙传入欧洲的。"② 恩格斯还指出过："蚕在550年前后从中国输入希腊"；"棉纸在7世纪从中国传到阿拉伯人那里，在9世纪输入意大利"③。马克思恩格斯在一些文章中指出，算盘、火炮、茶叶、纺织品、养蚕业、纸业等都是中华民族的发明与创造。④ 马克思恩格斯的相关论述还有很多，总体观点是中国有悠久的文明并对世界作出重大贡献。

（二）马克思关于中国社会状况的论述

就当时中国的社会状况而言，马克思认为中国是一个闭关自守的国家，并由此导致了中国的落后和国力的衰弱。马克思指出："满族王朝的声威一遇到英国的枪炮就扫地以尽，天朝帝国万世长存的迷信破了产，野蛮的、闭关自守的、与文明世界隔绝的状态被打破，开始同外界发生联系。""广州城的无辜居民和安居乐业的商人惨遭屠杀，他们的住宅被炮火夷为平地，人权横遭侵犯，这一切都是在'中国人的挑衅行为危及英国人的生命和财产'这种站不住脚的借口下发生的！……英国人控告中国人一桩，中国人至少可以控告英国人九十九桩。"⑤ 正是因为中国的落后和衰弱，才导致不能阻止鸦片贸易，并由此给中国人民带来了严重的身心伤害。马克思引用英国人的话说道："可是鸦片贩子在腐蚀、败坏和毁灭了不幸的罪人的精神存在以后，还杀害他们的肉体；每时每刻都有新的牺牲者被献于永不知饱的摩洛赫（古腓尼基人所奉祀的火神，以人做祭品——引者注）之前，英国杀人者和中国自杀者竞相向摩洛赫的祭坛上供奉牺牲品。"⑥

封闭落后的中国也会举起反对侵略的大旗，中华民族将会迎来新的发展机遇。马克思指出："与此同时，在中国，压抑着的、鸦片战争时燃起

---

① 《马克思恩格斯文集》第2卷，人民出版社，2009，第221页。
② 《马克思恩格斯文集》第2卷，人民出版社，2009，第221页注①。
③ 《马克思恩格斯全集》第26卷，人民出版社，2014，第494页。
④ 参见中共中央 马克思恩格斯列宁斯大林著作编译局《马克思恩格斯论中国》，人民出版社，2018，第152、145、159、164、168、149页。
⑤ 《马克思恩格斯文集》第2卷，人民出版社，2009，第608、620页。
⑥ 《马克思恩格斯文集》第2卷，人民出版社，2009，第630页。

的仇英火种，爆发成了任何和平和友好的表示都未必能扑灭的愤怒烈火。"① 恩格斯指出："波斯被打得一败涂地，而绝望的、陷于半瓦解状态的中国，却找到了一种抵抗办法，这种办法实行起来，就不会再有第一次英国对华战争那种节节胜利的形势出现了。"② 中国革命有可能引发欧洲革命。马克思指出："中国革命将把火星抛到现今工业体系这个火药装得足而又足的地雷上，把酝酿已久的普遍危机引爆，这个普遍危机一扩展到国外，紧接而来的将是欧洲大陆的政治革命。这将是一个奇观：当西方列强用英、法、美等国的军舰把'秩序'送到上海、南京和运河口的时候，中国却把动乱送往西方世界。"③ 中国反抗英国侵略的战争是正义的、保家卫国的人民战争，中国人民的正义战争必将取得最终的胜利。马克思恩格斯对中国的前途寄予很大的希望。恩格斯指出："我们不要像道貌岸然的英国报刊那样从道德方面指责中国人的可怕暴行，最好承认这是'保卫社稷和家园'的战争，这是一场维护中华民族生存的人民战争。虽然你可以说，这场战争充满这个民族的目空一切的偏见、愚蠢的行动、饱学的愚昧和迂腐的野蛮，但它终究是人民战争。""过不了多少年，我们就会亲眼看到世界上最古老的帝国的垂死挣扎，看到整个亚洲新纪元的曙光。"④

（三）马克思关于中国社会矛盾的论述

从马克思的一系列论述中，最起码可以看出当时中国社会存在封闭与开放、传统与现代之间的矛盾。就封闭与开放的矛盾而言，在《德意志意识形态》中，马克思恩格斯就从世界历史的视角指出："如果在英国发明了一种机器，它夺走了印度和中国的无数劳动者的饭碗，并引起这些国家的整个生存形式的改变，那么，这个发明便成为一个世界历史性的事实。"⑤ 怎么理解这段话的深刻含义呢？根本在于"引起这些国家的整个生存形式的改变"。当时中国人是自己把自己封闭起来，并且傲慢自大，当国门被强行打开后，中国遭受了极其野蛮的掠夺和破坏，但是，中国也被动卷入世界现代文明潮流，然后逐渐摆脱民族局限和地域局限而转变为世

---

① 《马克思恩格斯文集》第 2 卷，人民出版社，2009，第 621 页。
② 《马克思恩格斯文集》第 2 卷，人民出版社，2009，第 622 页。
③ 《马克思恩格斯文集》第 2 卷，人民出版社，2009，第 612 页。
④ 《马克思恩格斯文集》第 2 卷，人民出版社，2009，第 626、628 页。
⑤ 《马克思恩格斯文集》第 1 卷，人民出版社，2009，第 541 页。

界历史的组成部分。就传统与现代之间的矛盾而言，马克思指出："历史好像是首先要麻醉这个国家的人民，然后才能把他们从世代相传的愚昧状态中唤醒似的。"① 这说明，鸦片战争是一场侵略的、野蛮的、掠夺的、麻醉中国人民的战争，给中国人民带来了巨大的灾难，但在一定程度上也使中国人民觉醒，推动中国人民深刻反思自己国家落后的根源，提升救国救亡的决心和勇气。总之，正如马克思在分析英国在印度的统治时所指出的那样，英国在印度造成的革命会充当"历史的不自觉的工具"②。

六　马克思东方社会理论的理论价值和实践价值

马克思东方社会理论具体探讨了俄国这样经济文化落后国家走社会主义道路的特殊性，着重揭示了俄国社会发展道路的特殊表现形式，有针对性地说明了人类社会发展道路多样性与特殊性的统一。这为中国社会的发展提供了理论指导和方法论启示，同时，中国特色社会主义又是对马克思东方社会理论的重大发展。

（一）　马克思东方社会理论的理论价值

马克思东方社会理论的理论价值需要从以下两个环节进行理解。第一，马克思东方社会理论对列宁探索新经济政策具有重要的指导意义。首先，俄国十月革命胜利之初，列宁曾设想通过直接过渡的方式建立社会主义制度，这说明这时列宁对俄国率先在经济文化落后基础上进行社会主义革命的特殊性认识是不充分的；但是，1918 年春至 1920 年底，俄国不得不应对国外反动势力联合国内反叛者发动的企图消灭新生的苏维埃政权的战争，这必然中断了"直接过渡"，在战争期间转而实行了战时共产主义政策；那么，战争结束之际，尽管由于战争，俄国经济社会遭受到极大破坏，导致物质生活资料极度匮乏、人民的生活水平极度低下等，人们对现实还是产生了不满，社会也出现了一些不稳定因素，从而从 1921 年初开始实行急迫解决这些重大现实问题、在比较深刻认识到当时俄国经济文化落后的状况基础上提出的具有重大创新意义的新经济政策。在这时，列宁针对俄国落后的状况发表了一系列重要观点。1921 年 4 月他在《论粮食税》

---

① 《马克思恩格斯文集》第 2 卷，人民出版社，2009，第 608 页。
② 《马克思恩格斯文集》第 2 卷，人民出版社，2009，第 683 页。

中写道："看一下俄罗斯联邦的地图吧。在沃洛格达以北、顿河畔罗斯托夫及萨拉托夫东南、奥伦堡和鄂木斯克以南、托木斯克以北有一片片一望无际的空旷地带，可以容下几十个文明大国。然而主宰这一片片空旷地带的却是宗法制度、半野蛮状态和十足的野蛮状态。那么在俄国所有其余的穷乡僻壤又是怎样的呢？乡村同铁路，即同那联结文明、联结资本主义、联结大工业、联结大城市的物质脉络往往相隔几十俄里，而只有羊肠小道可通，确切些说，是无路可通。到处都是这样。"① 正因如此，1921 年 10 月列宁在《十月革命四周年》中进一步指出，十月革命胜利后，"我们计划（说我们计划欠周地设想也许较确切）用无产阶级国家直接下命令的办法在一个小农国家里按共产主义原则来调整国家的产品生产和分配。现实生活说明我们错了"②。那么，错在哪里？问题究竟出在什么地方？列宁在 1923 年 1 月 2 日的《日记摘录》中明确指出："我们直到今天还没有摆脱半亚洲式的不文明状态。"③ 马克思恩格斯有时直接把印度、中国说成是亚洲的社会状态。比如，马克思论述英国在印度的殖民统治担负着双重的使命时，就是用"亚洲的社会状态"这一表达。而这样的社会正是广义的亚细亚社会。列宁是马克思主义的坚定捍卫者和继承者，因此，列宁这里所说的"半亚洲式的不文明状态"实质上就是"半亚细亚社会的不文明状态"。正因如此，"我们的文明程度也还够不上直接向社会主义过渡，虽然我们已经具有这样做的政治前提"④。严酷的事实使列宁重新站在俄国落后的半亚细亚国情基点上，反思自己的理论："向纯社会主义形式和纯社会主义分配直接过渡，是我们力所不及的，如果我们不能实行退却……那我们就有灭亡的危险。"⑤ 列宁在新的情况下，经过认真思考，决定放弃原来的主张，转而提出新经济政策，这是一条适合当时俄国情况的建设社会主义的正确道路。⑥ 其次，列宁还针对当时一些人对十月革命的质疑，根据马克思的革命辩证法，论证了经济文化落后的一国社会主义革命胜利的可能性，他指出："经济和政治发展的不平衡是资本主义的绝对规律。由此

① 《列宁全集》第 41 卷，人民出版社，2017，第 216 页。
② 《列宁全集》第 42 卷，人民出版社，2017，第 187 页。
③ 《列宁选集》第 4 卷，人民出版社，2012，第 763 页。
④ 《列宁全集》第 43 卷，人民出版社，2017，第 395 页。
⑤ 《列宁选集》第 4 卷，人民出版社，2012，第 720 页。
⑥ 参见张爱武《世界历史性社会主义研究》，社会科学文献出版社，2005，第 161~162 页。

就应得出结论：社会主义可能首先在少数甚至在单独一个资本主义国家内获得胜利。"① 列宁在此基础上提出了社会主义过渡理论、社会主义建设的一系列方针政策。最后，到 20 世纪初，尽管俄国因资本主义的发展而使村社有所破坏，但是，十月革命以后反而出现回潮，此前不少离乡的人又返乡加入村社，村社一时又成为农村居民的主要组织形式。② 尽管这满足了马克思提出的俄国不通过资本主义制度"卡夫丁峡谷"直接走上社会主义道路需要保存大量农村公社这一内部条件，但是，有先进资本主义国家已经走上了社会主义道路这一外部条件是肯定不具备的。正因如此，列宁对经济文化落后的俄国社会主义革命和建设的探索具有重大创新意义，实现了对马克思东方社会理论进而对科学社会主义理论的创新发展。

第二，俄国十月革命胜利和社会主义建设探索对中国革命、建设和改革具有直接启示意义。首先，十月革命的胜利对中国共产党的成立发挥了重要启示作用，十月革命一声炮响给我们送来了马克思列宁主义。中国共产党一成立就以马克思列宁主义为指导，就以实现社会主义、共产主义为奋斗目标。毛泽东认为，中国革命必须分两步走。毛泽东指出："中国革命不能不做两步走，第一步是新民主主义，第二步才是社会主义。"③ 他还把新民主主义革命和社会主义革命比喻为文章的上篇和下篇。"两篇文章，上篇与下篇，只有上篇做好，下篇才能做好。坚决地领导民主革命，是争取社会主义胜利的条件。"④ 这一结论既有科学社会主义、马克思东方社会理论、列宁社会主义理论的理论依据又符合中国实际，实际上蕴含着马克思东方社会理论对毛泽东提出中国革命理论具有的重要理论指导意义。其次，我国的社会主义建设初步探索取得了积极的理论成果和实践成就，但是，也走了很多的弯路和犯了严重错误。党的十一届三中全会总结经验教训，开启了中国特色社会主义建设新征程。中国共产党在重新确立和发展实事求是思想路线的指导下，对经济文化落后的国情有了深刻而又科学的认识，作出了我国处于并将长期处于社会主义初级阶段的重大判断。上文

---

① 《列宁选集》第 2 卷，人民出版社，2012，第 554 页。
② 参见郑异凡《新经济政策的俄国》，人民出版社，2013，第 82 页。
③ 《毛泽东选集》第 2 卷，人民出版社，1991，第 683～684 页。
④ 《毛泽东选集》第 1 卷，人民出版社，1991，第 276 页。

分析的马克思研究东方社会的维度、方法论、科学精神全部贯穿于中国特色社会主义建设过程之中，对中国特色社会主义理论体系的形成发挥了重要的指导作用。最后，中国特色社会主义理论体系实现了对马克思东方社会理论的重大发展。我国是在完全不具备以上分析的马克思关于经济文化落后的俄国不通过资本主义制度"卡夫丁峡谷"直接走上社会主义道路必须具备内外两个条件的情况下进行社会主义建设的。一是不具备像俄国那样大量存在农村公社的内部条件，二是不具备一些先进资本主义国家已经走上了社会主义道路的外部条件。上文指出的这两个条件，当时俄国只满足第一个条件而不具备第二个条件，因此，俄国社会主义革命和建设有很大的创新性；而我国是在两个条件都不具备的情况下进行中国特色社会主义建设的，中国特色社会主义建设取得巨大的实践成就证明了中国特色社会主义理论体系的正确性和对马克思东方社会理论的创新。

总之，马克思东方社会理论具有重要的理论价值。这其中具有分析维度、方法论、科学精神等方面的直接指导意义，也有列宁社会主义理论中相关理论成果蕴含的马克思东方社会理论的间接指导意义。

（二）马克思东方社会理论的实践价值

这主要体现在马克思研究东方社会的维度、方法论、科学精神对制定改革开放和中国特色社会主义建设的方针政策发挥了重要的指导作用，从而使我们取得了中国特色社会主义建设的重大实践成就。这可以从以下几点作具体的理解。第一，创造性地作出我国处于社会主义初级阶段的论断。改革开放之初，我们党就深刻指出"我们的社会主义制度还是处于初级的阶段"[1]。这是对我国国情作出的全新判断，用规范的、准确的科学社会主义话语定位了我国在社会主义历史进程中所处的发展阶段，是对"经济文化落后基础上的社会主义"更学理化的表述，是对科学社会主义理论的重大创新，从这一创新理论出发形成的对国情的正确判断构成了制定一系列方针政策的总依据。第二，把发展生产力确定为判断改革得失的根本标准。马克思主义关于生产力与生产关系的矛盾、经济基础与上层建筑的矛盾是社会发展的基本矛盾和根本动力的原理为改革开放提供了基本的理

---

[1]　中共中央文献研究室编《三中全会以来重要文献选编》（下），人民出版社，1982，第838页。

论遵循。生产力是人类社会发展的最终决定力量，是衡量社会进步的根本尺度。改革开放之初，邓小平就紧紧抓住这一唯物史观的基本原理指出："根据我们自己的经验，讲社会主义，首先就要使生产力发展，这是主要的。……这是压倒一切的标准。"① 后来又进一步提出："判断的标准，应该主要看是否有利于发展社会主义社会的生产力，是否有利于增强社会主义国家的综合国力，是否有利于提高人民的生活水平。"② 从而把真理标准与价值标准明确地统一起来。从这一基本原理出发，改革的内容就越来越清晰地呈现出来了，即改革生产关系和上层建筑中那些与生产力和经济基础发展不相适应的环节和方面，即一系列体制方面的内容。我国原来许多体制都脱离了生产力水平，通过改革使其与现实的生产力水平相适应，从而推动生产力的发展。这其中最基础的改革是经济体制改革。邓小平指出："要发展生产力，经济体制改革是必由之路。"③ 这其中最为重大的突破是提出"社会主义也可以搞市场经济"④。在这一改革进程中首先是实现理论的突破与创新，明确计划和市场都是经济手段，计划经济和市场经济都是资源配置方式，它们都没有任何制度的固有属性，都可以与不同的社会制度相结合，从而为建设和完善社会主义市场经济体制奠定坚实的理论基础。坚持社会主义市场经济改革方向，不仅成为我国经济体制改革的基本遵循，也成为其他一系列改革的重要依托，要求其他各方面体制改革朝着这一方向协同推进。这实际上解决了世界上其他社会主义国家长期没有解决的一个重大问题。第三，确认改革是一场革命。邓小平指出："改革是中国的第二次革命。"⑤ 中国共产党领导的第一次革命，把一个半殖民地半封建的旧中国变成了一个社会主义新中国；中国共产党领导的第二次革命，将把一个经济文化比较落后的社会主义中国变成一个现代化的社会主义国家。从一般意义上讲，革命是指一定时期一个社会发生的巨大变革。确认改革是一场革命就是强调改革将使我国发生广泛而深刻的变革，改革开放以来我国发生的翻天覆地的变化充分证明了这一重要论断，也充分说

① 《邓小平文选》第 2 卷，人民出版社，1994，第 314 页。
② 《邓小平文选》第 3 卷，人民出版社，1993，第 372 页。
③ 《邓小平文选》第 3 卷，人民出版社，1993，第 138 页。
④ 《邓小平文选》第 2 卷，人民出版社，1994，第 236 页。
⑤ 《邓小平文选》第 3 卷，人民出版社，1993，第 113 页。

明改革是社会主义发展的必由之路。第四，改革是社会主义制度的自我完善和发展。改革的根本目的是发展生产力，不是要改变社会主义制度，反而是要不断完善和发展社会主义制度。这是邓小平在我国改革开放过程中反复强调要坚持的基本原则之一。他认为原来社会主义没有建设好，并不是社会主义不好，而是对什么是社会主义、怎样建设社会主义这个问题没有搞清楚。可以说，我国社会主义在改革开放前所经历的曲折和失误，改革开放之初的一段时间中遇到的一些犹疑和困惑，归根到底都在于对这个问题没有完全搞清楚。因此，这一问题成为邓小平理论首要的基本理论问题，邓小平围绕这一问题反复思考，最终作出科学回答："社会主义的本质，是解放生产力，发展生产力，消灭剥削，消除两极分化，最终达到共同富裕。"[①] 用社会主义本质对这一基本理论问题作出回答，深刻揭示了社会主义社会存在和发展，以及区别于其他社会形态的根据。社会主义本质与社会主义制度的关系是：社会主义本质回答的是社会主义最深层次的、内在必然性的规定，具有稳定性；社会主义制度是社会主义本质在经济、政治、文化等方面属性、特征或外在表现，具有动态性；社会主义制度必须反映社会主义本质的要求，必须得到不断完善。社会主义经济、政治、文化等方面的制度与其对应的各方面的体制的关系是：制度与体制都属于生产关系、上层建筑等领域中的基本规定，制度反映的是处于主要地位的内涵，体制则属于一些具体的表现形式与运行方式，制度决定体制，体制对制度起反作用，体制改革后更能适应和促进生产力的发展，将反作用于制度使其得到进一步的完善。随着对社会主义制度和体制认识的深化，原来认为属于体制性的规定在认识到其更重要的地位和作用后可以上升为制度的规定。正因如此，党的十九届四中全会作出了社会主义市场经济体制是社会主义基本经济制度的新概括，实现了改革开放以来对社会主义市场经济认识最根本的突破。由于在制度与体制的关系中，制度更具有基础性的地位，因此，在改革开放过程中邓小平反复强调要坚持社会主义制度，他非常明确地说道："我们的改革要达到一个什么目的呢？总的目的是要有利于巩固社会主义制度，有利于巩固党的领导，有利于在党的领导和社

---

① 《邓小平文选》第 3 卷，人民出版社，1993，第 373 页。

会主义制度下发展生产力。"① 特别是 20 世纪后 20 年，国际形势波诡云谲，风云变幻，东欧剧变、苏联解体给中国特色社会主义建设带来了前所未有的挑战。在这样的情况下，中国共产党坚定信念、克服困难、顶住压力，矢志不渝地继续高举科学社会主义旗帜勇毅前行。1990 年 7 月 11 日，邓小平在会见加拿大前总理特鲁多时指出："东欧事件发生后，我跟美国人说，不要高兴得太早，问题还复杂得很。"② 1992 年 1 月 18 日至 2 月 21 日，也就是在苏联解体一个月后，邓小平发表南方谈话指出："不坚持社会主义，不改革开放，不发展经济，不改善人民生活，只能是死路一条。"③ "一些国家出现严重曲折，社会主义好像被削弱了，但人民经受锻炼，从中吸收教训，将促使社会主义向着更加健康的方向发展。"④ 在当时"历史终结论"甚嚣尘上的背景下，邓小平对社会主义的信念是何等的坚定?! 又显示出何等的胆识和魄力?! 中国共产党人对科学社会主义在坚守中探索，在探索中坚守，中国特色社会主义获得了持续不断的发展。

经过长期努力，中国特色社会主义进入新时代，这是我国发展的新的历史方位，它表明中国特色社会主义事业发展取得了历史性重大成就和发生了历史性重大变革，表明我国在经济文化落后基础上进行独创性的社会主义建设探索取得了历史性重大进展，更表明我国将毫不动摇地推进中国特色社会主义的发展。中国特色社会主义是社会主义而不是别的什么主义。习近平指出："历史和现实都告诉我们，只有社会主义才能救中国，只有中国特色社会主义才能发展中国，这是历史的结论、人民的选择。"⑤ 正因如此，党的十八大以来围绕新时代坚持和发展什么样的中国特色社会主义、怎样坚持和发展中国特色社会主义这个主题，中国共产党继续全面深化改革，领导实现了"全面建成小康社会"这第一个百年奋斗目标，并规划了"两步走"全面建成社会主义现代化强国的第二个百年奋斗目标。到那时，不仅中华民族将实现伟大复兴，而且社会主义也将以一种真实

---

① 《邓小平文选》第 3 卷，人民出版社，1993，第 241 页。
② 《邓小平文选》第 3 卷，人民出版社，1993，第 360 页。
③ 《邓小平文选》第 3 卷，人民出版社，1993，第 370 页。
④ 《邓小平文选》第 3 卷，人民出版社，1993，第 383 页。
⑤ 《习近平谈治国理政》，外文出版社，2014，第 22 页。

的、现实的、人类社会有史以来最美好的社会形态呈现在人们面前。

　　总之，改革开放以来，中国共产党坚定不移地坚持科学社会主义理论和中国实际相结合，成功开创了中国特色社会主义并推进到新时代，在经济文化落后基础上进行社会主义建设探索取得了重大成就，社会主义制度优势越来越得到彰显，从而进一步发展了马克思东方社会理论。

第七讲
马克思主义世界历史理论与全球化思想[*]

马克思认为，世界历史既指自有人类社会以来的发展史，体现了世界的历史性特征；又指由缺乏世界联系与交往的、彼此孤立的、地域性的历史转变为产生了世界联系与交往的人类社会发展史，体现了历史的世界性特征。本讲的世界历史主要是从后一层含义而言的，下文在不作特殊说明时，都是从这一视角阐述世界历史以及马克思主义世界历史理论的。马克思恩格斯是马克思主义世界历史理论的创立者，世界历史理论内容博大精深、丰富深刻，习近平给予了高度评价。在纪念马克思诞辰 200 周年大会上的讲话中，习近平将世界历史理论置于马克思关于人类社会发展规律，生产力和生产关系的关系，政治、文化、社会、生态、政党建设等重要思想同等的地位，对这些思想进行了单独的阐述。他直接指出："学习马克思，就要学习和实践马克思主义关于文化建设的思想。"① 毫无疑问，习近平特别强调了要以马克思的世界历史思想观察当今世界。

一 资本和市场对破除封建专制和使地域历史走向世界历史的历史意义

根据马克思主义的观点，自人类社会产生后，随着生产力的发展必然会产生商品生产和商品交换，大致在同一进程中也出现了阶级、私有制、国家。但是，只有到资本主义社会，商品生产和商品交换才能成为主要的

---

  * 本讲参见张爱武《世界历史性社会主义研究》，社会科学文献出版社，2005。

  ① 中共中央党史和文献研究院编《十九大以来重要文献选编》（上），中央文献出版社，2019，第 430 页。

生产方式，阶级分化后无产和有产的对立在"鄙俗的贪欲"① 的驱动下将必然发展到其极端状态——"劳动和资本的对立"②，即资本的产生具有历史必然性。对此，马克思在《资本论》中作了科学、透彻的分析和说明。当货币从作为一般等价物转变成充当资本家剥削雇佣劳动的手段，带来价值增殖时，即带来剩余价值时，货币即转变为资本。资本不是一般商品价值，也"不是一种物，而是一种以物为中介的人和人之间的社会关系"③。资本的增殖必然伴随劳动力的自由买卖、必然包含商品生产和流通、必然包含价值的生产和实现。因此，资本和市场必然并列同行，没有市场，资本增殖也是实现不了的。

（一）资本和市场是封建专制的根本否定性因素

封建专制以封建社会自然经济生产方式为经济基础，自给自足是其主要的特点，封建社会的商品生产和商品交换都不发达，统治者与被统治者、有产者和无产者之间存在明显的人身依附关系。资本主义生产方式的主要特征是在私有制基础上的以追求剩余价值为目的的商品生产和商品交换，当其产生后，资本为了实现增殖，就如马克思恩格斯在《共产党宣言》中指出的，资本驱使其人格化的"资产阶级在它已经取得了统治的地方把一切封建的、宗法的和田园诗般的关系都破坏了。它无情地斩断了把人们束缚于天然尊长的形形色色的封建羁绊，它使人和人之间除了赤裸裸的利害关系，除了冷酷无情的'现金交易'，就再也没有任何别的联系了。它把宗教虔诚、骑士热忱、小市民伤感这些情感的神圣发作，淹没在利己主义打算的冰水之中。它把人的尊严变成了交换价值，用一种没有良心的贸易自由代替了无数特许的和自力挣得的自由。总而言之，它用公开的、无耻的、直接的、露骨的剥削代替了由宗教幻想和政治幻想掩盖着的剥削"④。资本将人与人之间的关系完全变成了资本家与雇佣劳动者之间的关

---

① 恩格斯在《家庭、私有制和国家的起源》中指出："鄙俗的贪欲是文明时代从它存在的第一日起直至今日的起推动作用的灵魂。"（《马克思恩格斯文集》第4卷，人民出版社，2009，第196页。）

② 马克思在《1844年经济学哲学手稿》中指出："无产和有产的对立，只要还没有把它理解为劳动和资本的对立，它还是一种无关紧要的对立。"（《马克思恩格斯文集》第1卷，人民出版社，2009，第182页。）

③ 《马克思恩格斯文集》第5卷，人民出版社，2009，第877~878页。

④ 《马克思恩格斯文集》第2卷，人民出版社，2009，第33~34页。

系、纯粹的金钱关系。资本和市场对封建专制的否定具有彻底性和根本性。

(二) 资本和市场推动地域历史向世界历史转变

资本增殖的内在要求使资本主义生产规模具有无限扩大的趋势，而无限扩大的生产和有限的国内市场的矛盾，驱使资本家打破一切地域的界限，发展对外贸易，进而促进世界市场的形成。马克思指出："资产阶级社会的真正任务是建成世界市场（至少是一个轮廓）和确立以这种市场为基础的生产。"① "资本一方面具有创造越来越多的剩余劳动的趋势，同样，它也具有创造越来越多的交换地点的补充趋势；……从本质上来说，就是推广以资本为基础的生产或与资本相适应的生产方式。创造世界市场的趋势已经直接包含在资本的概念本身中。"② 同时，随着资本主义大工业的发生和发展，必然会促进资本主义全球扩张。机器大工业的产生，为建造远洋轮船、铁路运输和电话电报等交通通信设施提供了物质技术基础，同时随着大工业促进生产的发展和产品的增加，资产阶级为了不断扩大产品销路和不断寻求国外原料来源，他们奔走于世界各地，他们到处落户，到处开发，到处建立联系，从而建立了资本主义的世界市场体系。恩格斯指出："大工业便把世界各国人民互相联系起来，把所有地方性的小市场联合成为一个世界市场，到处为文明和进步作好了准备，使各文明国家里发生的一切必然影响到其余各国。"③ "大工业建立了由美洲的发现所准备好的世界市场。"④ 根据以上分析，正如资本积累是资本主义的一般规律一样，资本主义的全球扩张则是资本主义的内在逻辑，资本主义寻找一切有利的条件和手段进行全球扩张是资本主义社会经济制度的本性。正因如此，马克思恩格斯指出，为了实现资本的利润，资产阶级奔走于全球各地，进行全球扩张；他们对整个世界进行彻底的改造，并"按照自己的面貌为自己创造出一个世界"⑤。人类的地域历史也就逐步转化为世界历史。

世界市场的形成和发展必然使世界上各个民族、国家之间经济联系和

---

① 《马克思恩格斯文集》第 10 卷，人民出版社，2009，第 166 页。
② 《马克思恩格斯选集》第 2 卷，人民出版社，2012，第 713 页。
③ 《马克思恩格斯文集》第 1 卷，人民出版社，2009，第 680 页。
④ 《马克思恩格斯文集》第 2 卷，人民出版社，2009，第 32 页。
⑤ 《马克思恩格斯文集》第 2 卷，人民出版社，2009，第 36 页。

交往越来越密切，在这样的基础上，也必然加深世界各国之间政治、文化等诸方面的联系和交往。各国资产阶级具有共同的阶级利益，这种同质性决定了他们要在政治上进行联合以维护其共同的阶级利益。马克思恩格斯指出："资产阶级……使财产聚集在少数人的手里。由此必然产生的结果就是政治的集中。各自独立的、几乎只有同盟关系的、各有不同利益、不同法律、不同政府、不同关税的各个地区，现在已经结合为一个拥有统一的政府、统一的法律、统一的民族阶级利益和统一的关税的统一的民族。"① 同时，随着经济、政治之间联系和交往的不断加深，各国之间的文化交往也必然会日益密切起来，使民族的、地区的文学走向世界成为世界文学。也就是说，在世界市场形成中产生的世界交往包括世界经济、政治、文化等方面的普遍的全方位的交往与联系。

二　唯物史观与世界历史理论

（一）唯物史观的提出及其基本原理

马克思从学校走向工作之初，在《莱茵报》时期遇到了要对物质利益发表看法的难事，由此引起了他对一直认同和崇尚的黑格尔哲学的怀疑，并开始对黑格尔法哲学进行批判性分析，随着研究的深入，促发了他从唯心主义向唯物主义、革命民主主义向共产主义的根本转变。在同一时期，恩格斯的世界观和政治立场也实现了"两个转变"。随着马克思恩格斯思想的发展，马克思后来回忆说："当1845年春他（恩格斯——引者注）也住在布鲁塞尔时，我们决定共同阐明我们的见解与德国哲学的意识形态的见解的对立，实际上是把我们从前的哲学信仰清算一下。这个心愿是以批判黑格尔以后的哲学的形式来实现的。两厚册八开本的原稿早已送到威斯特伐利亚的出版所，后来我们才接到通知说，由于情况改变，不能付印。既然我们已经达到了我们的主要目的——自己弄清问题，我们就情愿让原稿留给老鼠的牙齿去批判了。"② 因此，马克思恩格斯共同写作了标志唯物史观正式诞生的《德意志意识形态》。马克思恩格斯在表达他们的观点时特别强调他们看待人类社会发展的历史前提"是一些现实的个人，是他们

---

① 《马克思恩格斯文集》第2卷，人民出版社，2009，第36页。
② 《马克思恩格斯文集》第2卷，人民出版社，2009，第593页。

的活动和他们的物质生活条件，包括他们已有的和由他们自己的活动创造出来的物质生活条件。因此，这些前提可以用纯粹经验的方法来确认"①。他们进而指出："全部人类历史的第一个前提无疑是有生命的个人的存在。因此，第一个需要确认的事实就是这些个人的肉体组织以及由此产生的个人对其他自然的关系。当然，我们在这里既不能深入研究人们自身的生理特性，也不能深入研究人们所处的各种自然条件——地质条件、山岳水文地理条件、气候条件以及其他条件。任何历史记载都应当从这些自然基础以及它们在历史进程中由于人们的活动而发生的变更出发。"② 因此，马克思恩格斯认为，认识人类社会及其发展，必须从现实的个人的活动及其物质生活条件这些感性的、用纯粹经验可以确认的社会存在出发。具体地看，以上引文中包含的社会存在的构成要素主要包括地理环境、人口因素及其物质资料生产方式。而对于被唯心史观夸大了的、颠倒了与社会存在关系的社会意识，马克思恩格斯指出："意识〔das Bewußtsein〕在任何时候都只能是被意识到了的存在〔das bewußteSein〕，而人们的存在就是他们的现实生活过程。"③ "不是意识决定生活，而是生活决定意识。"④ 这里的意识讲的主要是社会意识。这实际上表明了社会存在与社会意识之间的决定与被决定的关系，表达了唯物史观最底层的、产生决定性作用的基本原理。

（二）唯物史观包含着世界历史理论

唯物史观认为生产力是人类社会发展的最终决定力量，而"人们的世界历史性的而不是地域性的存在同时已经是经验的存在了"⑤，"历史向世界历史的转变，不是'自我意识'、世界精神或者某个形而上学幽灵的某种纯粹的抽象行动，而是完全物质的、可以通过经验证明的行动，每一个过着实际生活的、需要吃、喝、穿的个人都可以证明这种行动"⑥。在这里，作为"历史的世界性"的世界历史被合乎逻辑地提了出来。也就是

---

① 《马克思恩格斯文集》第1卷，人民出版社，2009，第519页。
② 《马克思恩格斯文集》第1卷，人民出版社，2009，第519页。
③ 《马克思恩格斯文集》第1卷，人民出版社，2009，第525页。
④ 《马克思恩格斯文集》第1卷，人民出版社，2009，第525页。
⑤ 《马克思恩格斯文集》第1卷，人民出版社，2009，第538页。
⑥ 《马克思恩格斯文集》第1卷，人民出版社，2009，第541页。

说，历史转变为世界历史是可以通过感性感受到的经验的事实，也是一种社会存在，从而成为论证社会存在先决性、论证唯物史观的重要依据。随着历史转变为世界历史，这种社会存在的变化，决定了人的社会意识也随之拓展和延伸，从而促使人们形成观察世界的世界眼光和世界意识。由此，马克思恩格斯提出了独具特色、科学严谨、影响深远的世界历史理论。由此可知，马克思主义世界历史理论是作为论证其新历史观的重要论据而提出来的，包含于唯物史观之中，是根据唯物史观看待世界历史的科学理论。

三　马克思视野中的世界历史的内涵及其实质和意义

（一）马克思视野中的世界历史的内涵

关于世界历史的内涵，马克思有两个重要观点。一是指人类社会产生以来的总体历史。马克思在《1844 年经济学哲学手稿》中指出，"整个所谓世界历史不外是人通过人的劳动而诞生的过程，是自然界对人来说的生成过程"①。在马克思看来，一部继往开来的人类历史，不是历史现象的杂乱堆积，而是具有内在逻辑联系和客观发展规律的有机序列，是人类产生以来的具有内在发展规律的自然历史进程，体现了世界的历史性特征。二是指世界上各民族、国家在横向上进入世界性普遍联系和交往之后的人类社会发展史，体现了历史的世界性特征。从人类社会发展史来看，在世界上各民族、国家进入普遍的联系和交往之前，由于生产力、地理条件、交通工具等方面的限制，其相互之间的联系和交往是非常有限的，体现出以下几个方面的特点：其一，从地域看，只限于邻近地区和国家；其二，从时间上看，断断续续，或长或短；其三，从形式上看，战争和移民占主导地位，经济和文化往来比较薄弱或几乎没有；其四，从后果上看，一般对相关国家的正常发展的影响不大。②在人类社会的这一发展过程中，各个民族和国家实际上在很大程度上处于自给自足和相互隔绝状态，从而形成了各具特色的民族发展图景。随着生产力、分工的发展，地理大发现，尤其是资本主义生产方式的形成、发展，各民族、各国家在经济、政治、文

①　《马克思恩格斯文集》第 1 卷，人民出版社，2009，第 196 页。
②　参见江丹林《马克思的晚年反思》，北京出版社，1992，第 105 页。

化等方面的联系和交往不断扩大和加深，历史逐步转变为世界历史。马克思恩格斯指出："各个相互影响的活动范围在这个发展进程中越是扩大，各民族的原始封闭状态由于日益完善的生产方式、交往以及因交往而自然形成的不同民族之间的分工消灭得越是彻底，历史也就越是成为世界历史。"① 这是世界最终突破民族、国家的地域限制而在经济、政治、文化方面形成有机整体以来的历史。马克思根据世界历史的这一层含义形成的世界历史理论，成为其分析资本主义社会形态、国际共产主义运动和设想未来共产主义的理论前提和方法论基础。

（二）马克思视野中的世界历史的实质

马克思视野中的世界历史的实质是指资本主义和共产主义的世界历史时代，世界历史开启于资本主义世界历史时代，最终指向的是共产主义世界历史时代。首先，关于世界历史是指资本主义世界历史时代，马克思恩格斯在《德意志意识形态》和《共产党宣言》中分别有一段经典的表述。资本主义大工业"首次开创了世界历史，因为它使每个文明国家以及这些国家中的每一个人的需要的满足都依赖于整个世界，因为它消灭了各国以往自然形成的闭关自守的状态"②。"不断扩大产品销路的需要，驱使资产阶级奔走于全球各地。它必须到处落户，到处开发，到处建立联系。资产阶级，由于开拓了世界市场，使一切国家的生产和消费都成为世界性的了。……过去那种地方的和民族的自给自足和闭关自守状态，被各民族的各方面的互相往来和各方面的互相依赖所代替了。物质的生产是如此，精神的生产也是如此。各民族的精神产品成了公共的财产。民族的片面性和局限性日益成为不可能，于是由许多种民族的和地方的文学形成了一种世界的文学。"③ 综合以上两段论述我们可以看到：资本主义生产方式极大地促进了世界历史的发展；资本追求利润的本性是促进世界历史形成的重要因素；世界市场的形成促进了世界各民族、国家经济、政治、文化等方面的普遍联系和交往。在人类社会发展的这一历史时期，资本主义生产方式在世界历史范围内占主要地位，决定了这一历史时期的资本主义性质。由此，马克思将这一历史时期称为资本主义世界历史时代。同时，可以得出

---

① 《马克思恩格斯文集》第 1 卷，人民出版社，2009，第 540~541 页。
② 《马克思恩格斯文集》第 1 卷，人民出版社，2009，第 566 页。
③ 《马克思恩格斯文集》第 2 卷，人民出版社，2009，第 35 页。

一个确定无疑的结论：在世界历史发展的一个相当长的时期内，资本主义是人类社会发展过程中占主要地位的社会形态。其次，关于世界历史是指共产主义世界历史时代，世界历史发展的最终指向是共产主义社会。对此，马克思恩格斯在《德意志意识形态》中也有两段经典的论述。"只有随着生产力的这种普遍发展，人们的普遍交往才能建立起来；普遍交往，一方面，可以产生一切民族中同时都存在着'没有财产的'群众这一现象（普遍竞争），使每一民族都依赖于其他民族的变革；最后，地域性的个人为世界历史性的、经验上普遍的个人所代替。不这样（1）共产主义就只能作为某种地域性的东西而存在；（2）交往的力量本身就不可能发展成为一种普遍的因而是不堪忍受的力量：它们会依然处于地方的、笼罩着迷信气氛的'状态'；（3）交往的任何扩大都会消灭地域性的共产主义。共产主义只有作为占统治地位的各民族'一下子'同时发生的行动，在经验上才是可能的，而这是以生产力的普遍发展和与此相联系的世界交往为前提的。"[①] "无产阶级只有在世界历史意义上才能存在，就像共产主义——它的事业——只有作为'世界历史性的'存在才有可能实现一样。而各个人的世界历史性的存在，也就是与世界历史直接相联系的各个人的存在。"[②] 综合以上两段论述我们可以看到：共产主义是建立在生产力的高度发达以及由此而建立的世界性普遍联系和交往基础上的；无产阶级是世界历史性阶级；共产主义是世界历史性事业；共产主义世界历史时代是由无产阶级开辟的人类社会发展的新的世界历史时期。在这一历史时期，共产主义生产方式在世界历史范围内占主要地位，决定了这一历史时期的共产主义性质。由此，马克思将这一历史时期称为共产主义世界历史时代。同时，可以得出一个确定无疑的结论：共产主义是世界历史发展的必然趋势，实现共产主义是马克思主义世界历史理论的题中应有之义。

（三）马克思视野中的世界历史的意义

马克思视野中的世界历史的意义蕴含于马克思根据对世界历史的分析和阐述形成的世界历史理论之中，体现为审视世界历史的方法论原则。恩格斯指出："马克思的整个世界观不是教义，而是方法。它提供的不是现

---

① 《马克思恩格斯文集》第 1 卷，人民出版社，2009，第 538~539 页。
② 《马克思恩格斯文集》第 1 卷，人民出版社，2009，第 539 页。

成的教条，而是进一步研究的出发点和供这种研究使用的方法。"① 马克思主义世界历史理论所体现的方法从总体上说就是以宽广的世界历史眼界观察人类社会的发展。最重要的是把握两个方面。一是世界历史整体和部分关系所体现的方法论，要正确处理好世界历史整体和各个民族、国家的关系。在世界历史时代，人类社会已经紧密联系为一个相互关联的整体，任何一个国家、民族都不能置于这个整体之外孤立地发展，否则就是自我封闭、作茧自缚。马克思对西欧革命的考察、对资本主义和共产主义世界历史时代的分析、对俄国社会"不通过论"设想的提出等都是以其世界历史理论所提供的方法论为基础的。二是世界历史纵向发展进程所体现的方法论，必须坚定"两个必然"的信念。除了唯物史观这一最为深刻的理论基石之外，蕴含于其中的世界历史理论也是揭示"两个必然"的理论基础。首先，资本主义所开创的文明对于历史发展而言，确实具有重大意义。但是，这丝毫不能掩饰其最终必然灭亡的命运。在世界历史条件下，尽管世界市场促进了世界经济、政治、文化之间越来越紧密的联系，促进了历史向世界历史的转变。但是，世界市场的形成和发展也造成了世界性的阶级对抗和冲突，从而决定了世界历史的发展趋势。随着世界市场的形成和发展，以及生产规模的不断扩大，劳动资料日益转化为只能共同使用的劳动资料，各国人民日益被卷入世界市场网，从而资本主义制度日益具有国际的性质。在这个国际资本主义制度下，生产力迅速发展、生产资料不断集中、劳动的社会化程度越来越高，资产阶级的财富不断增加，与此相应的是无产阶级受压迫和剥削的程度不断加深，无产阶级的队伍不断壮大，联合和组织起来的无产阶级的反抗也不断增长。而生产资料的集中和劳动的社会化，一旦达到了同它们的资本主义外壳不能相容的地步，这个外壳就要炸毁了。资本主义私有制的丧钟就要被敲响了，剥夺者就要被剥夺了。这是资本主义发展和无产阶级反抗的必然结果。在人类社会进入 21 世纪之际，由于资本主义的意识形态与新技术变化因无法匹配以及资本主义无法获得社会新的生产力而出现的矛盾等，资本主义正面临前所未有的危机。因此，资本主义生产方式不是绝对的生产方式，而只是一种历史的、与物质生产条件的某个有限的发展时期相适应的生产方式，当生产力发展到更

---

① 《马克思恩格斯文集》第 10 卷，人民出版社，2009，第 691 页。

高水平的时候，它就要被新的生产方式所代替。世界历史的形成和发展，必然会导致世界性的阶级对抗和冲突，最终导致资本主义的灭亡。其次，马克思主义世界历史理论深刻揭示了社会主义最终取得胜利的历史必然性。这使我们在社会主义运动的低潮时期认清了世界历史发展的方向。东欧剧变、苏联解体后，世界社会主义运动陷入严重低潮，"历史终结论"一度甚嚣尘上。然而，21世纪以来，西方发达资本主义制度危机愈发严重，世界社会主义的复兴成为大势所趋。

四　经济全球化的实质及其与西方全球化理论的关系

（一）经济全球化的实质

把握经济全球化的实质首先必须认识和理解全球化。全球化是当今时代的重要特征。全球化是西方学者提出的一个概念，马克思主义世界历史理论在今天受到极大的关注，实际上是在回答全球化的理论和实践问题的过程中引发的。全球化（globalization）在20世纪最后5年才成为人们社会生活各个领域的流行话语，然而，西方全球化理论在20世纪60年代已经形成，西方理论界在围绕全球化问题进行的广泛而热烈的讨论中，形成了多种多样的概念。对全球化下一个确切的定义是困难的，然而，概念的界定是讨论问题的前提。通过对历史和现实的反思，我们认为，全球化的内涵可以从以下三个方面来把握。第一，全球化是一个综合范畴。从这个意义上说，全球化是指世界上各个民族、国家、地区、组织等全球化主体在经济、政治、文化、科技等方面的相互影响、相互作用。因此，可以将全球化分为经济全球化、政治全球化、文化全球化、科技全球化、人才全球化、危机全球化等。但是，这里所述的任何一种全球化，事实上都不可能作为单一的体系而形成和发展，它都要受到其他体系或者要素的影响和制约。而且，由于世界范围内各种要素的互动，全球化仅仅表现在一个或者几个方面也几乎是不可能的。第二，全球化是一个整体范畴。从这个意义上说，全球化是其主体在空间上突破地域界限扩大到全球范围的联系和交往，以世界市场和世界交往的形成为标志；在时间上世界性联系和交往不断加快；在程度上世界性联系和交往不断密切；在影响上世界性联系和交往越来越深的过程、状态及趋势。第三，全球化是一个动态范畴。从这个意义上说，全球化是人类社会在生产力发展的基础上，在世界市场和世界交往基础上的人类历史发展的新进程。经济全球化在全球化进程中，起着主要的推动作用。没有经济的全球化，政治意义上的、文化意义上的乃至其他方面要实现真正的全球化是不可能的。所以，生产力水平高度发展基础上的经济全球化是全球化形成和发展的物质基础。

在全球化所涉及的领域中，经济全球化是全球化的基础，没有全球经济联系与交往的日益加深，促进人类经济、科技的发展，为人类的交往提供工具及各种条件，政治、文化之间的联系与交往也必然显得无能为力。从人类历史进程的实际情况看，经济全球化也表现得最为典型，人们所说的全球化也常常指经济全球化。对于经济全球化的实质，可以从西方全球化理论与马克思主义世界历史理论的比较中加以认识。

（二）西方全球化理论对马克思主义世界历史理论的认同

第一，对世界历史开始时间的认同。马克思主义世界历史理论把 15 世纪末地理大发现之初哥伦布发现美洲新大陆作为世界历史的开始时间。对于地理大发现带来的结果，恩格斯指出："世界一下子大了差不多十倍；现在展现在西欧人眼前的，已不是一个半球的四分之一，而是整个地球了，他们正忙着去占据其余的七个四分之一。传统的中世纪思想方式的千年藩篱，同旧日的狭隘的故乡藩篱一样崩溃了。在人的外在的眼睛和内心的眼睛前面，都展开了无比广大的视野。"① 总体来说，西方全球化理论认同马克思主义世界历史理论提出的世界历史的开始时间，并认为世界历史或全球化都经过了孕育、巩固、加强的发展过程。

第二，对世界历史背景下各民族和国家之间联系与交往机制的认同。马克思主义世界历史理论认为，世界市场和世界交往是世界历史形成和发展的中介，即历史通过世界市场和世界交往这两个中介环节转变为世界历史，其链条关系为历史—世界市场—世界交往—世界历史。世界各民族、国家之间经济、政治、文化等方面的联系和交往通过这一机制而不断加强和发展。马克思指出："资产阶级……使财产聚集在少数人的手里。由此必然产生的结果就是政治的集中。各自独立的、几乎只有同盟关系的、各有不同利益、不同法律、不同政府、不同关税的各个地区，现在已经结合为一个拥有统一的政府、统一的法律、统一的民族阶级利益和统一的关税

---

① 《马克思恩格斯选集》第 4 卷，人民出版社，2012，第 92 页。

的统一的民族。"①　"物质的生产是如此，精神的生产也是如此。各民族的精神产品成了公共的财产。民族的片面性和局限性日益成为不可能，于是由许多种民族的和地方的文学形成了一种世界的文学。"②　西方全球化理论认同马克思主义世界历史理论提出的交往机制，同时认为世界历史或全球化条件下经济、政治、文化的交往将向着更为紧密的方向发展。

　　第三，对世界历史结构的认同。根据各个民族、国家在世界历史进程中发展不平衡的客观事实，马克思主义世界历史理论将这一客观事实描绘为"中心—外围"的结构。马克思在《资本论》中把世界分为两个部分："主要从事农业的生产地区"和"主要从事工业的生产地区"。③　恩格斯也指出，19世纪上半叶"英国是农业世界的伟大的工业中心，是工业太阳，日益增多的生产谷物和棉花的卫星都围绕着它运转"④。这实际上揭示了世界历史的结构。在这一结构中，中心区必然是"原生的生产关系，第一级的生产关系"，外围区是"第二级的和第三级的东西，总之，派生的、转移来的、非原生的生产关系"⑤。这一结构模式在不同时期有不同的表现。在旧殖民主义时代，资本主义强国实行侵略政策，对落后国家进行殖民扩张，经过几个世纪的演变，到19世纪末20世纪初，世界领土被帝国主义列强瓜分完毕，整个世界被区分为进行压迫的帝国主义国家和处于殖民地半殖民地附属状态的被压迫国家。马克思主义世界历史理论认为，在这一历史时期，"中心—外围"的结构模式体现为宗主国—殖民地之间的关系。当前，这一结构模式体现为发达国家—不发达国家之间的关系。20世纪60年代初开始形成于拉丁美洲和美国，尔后发展到其他地区和国家的"依附论"，主要从宏观方面探讨了全球化背景下第三世界的不发达问题，强调第三世界不发达的根源主要在于它受到来自美国等西方大国的控制和剥削，认为资本主义世界体系是"中心—外围"结构。这不仅是对马克思主义世界历史理论的认同，而且体现了"依附论"与马克思恩格斯对落后国

---

① 《马克思恩格斯文集》第2卷，人民出版社，2009，第36页。
② 《马克思恩格斯文集》第2卷，人民出版社，2009，第35页。
③ 《马克思恩格斯全集》第42卷，人民出版社，2016，第466页。
④ 《马克思恩格斯选集》第1卷，人民出版社，2012，第72页。
⑤ 《马克思恩格斯全集》第30卷，人民出版社，1995，第51页。

家资本主义发展的分析渊源关系。① 形成于 20 世纪 70 年代的现代世界体系理论在解释资本主义全球扩张的现象上作了典型分析，提出"中心—半边缘—边缘"的现代世界体系结构。这一结构在"中心"与"边缘"之间增加了"半边缘"地区，表明了分析程度的细化，是对"依附论"的发展，在本质上是相同的。"依附论"和现代世界体系理论都认同世界历史进程中不同民族、国家发展的不平衡性以及由此而带来的不平等的地位。

（三）马克思主义世界历史理论与西方全球化理论的差异性

1. 研究问题原则的区别

马克思主义理论是批判的理论，作为马克思主义理论组成部分的世界历史理论也具有批判性，深刻指出资本主义世界历史时代终将被共产主义世界历史时代所代替。然而，如果西方全球化理论也具有批判性的话，那也是在不触及资本主义制度前提下对某些现象的描绘。比如在对全球化阐释中具有"权威性、代表性"的《竞争的极限：经济全球化与人类未来》② 一书，把全球化带来的全球性"两极分化"只归咎于不同国家间过度的竞争，而不从当代发达资本主义国家的制度中去寻找根本原因。更有的西方全球化理论抹煞矛盾，认为西方资本主义国家主导的全球化最终将主导全人类的发展。从事实来看，这些理论掩盖了全球化发展过程中的内在矛盾，更对当今世界发展中国家有被西方发达国家后殖民化的倾向置之不理，充分暴露其掩盖矛盾的原则。

2. 对"外围"国家发展途径认识上的区别

马克思主义世界历史理论认为处于"外围"地位的民族和国家的发展：一方面，必须通过加强与处于"中心"地位的民族和国家的联系与交往，使生产力从"中心"区向"外围"区进行横向移植，吸取人类社会创造的一切优秀文明成果，以促进自身的跨越式发展，这是马克思主义世界历史理论的内在逻辑；另一方面，要走自主发展的道路，摆脱对"中心"国家的依赖关系。马克思恩格斯从来没有认为哪一个国家发展模式是另一个国家可以照搬照抄的蓝本，任何一个国家的发展随时随地都要根据这个

---

① 参见〔巴西〕特奥托尼奥·多斯桑托斯《帝国主义与依附》，毛金里、白凤森、杨衍永等译，社会科学文献出版社，1999，第 5 页。

② 〔美〕里斯本小组：《竞争的极限：经济全球化与人类未来》，张世鹏译，中央编译出版社，2000。

国家的实际情况而定。对全球化探讨的"依附论"揭示了全球化结构中资本主义发达国家对发展中国家的剥削和垄断的实质，指出"外围"国家的发展只能是"不发达的发展"，不可能出现成熟的、自主的资本主义前景。西方全球化理论实际上认为世界"中心—外围"结构具有全球性和永恒性，"外围"国家只能长期受制于"中心"的发达国家。

3. 历史观的区别

马克思主义世界历史理论主要包括以下三层含义。一是在世界历史条件下必须树立世界历史整体观，正确处理好世界历史整体与部分的关系，以世界眼光观察世界。二是世界历史的形成和发展是一个自然历史的进程。三是在世界历史指向上，它开始于资本主义，最终指向共产主义。西方全球化理论对全球化进程的总体看法被称为全球史观。这种观点可以分为三大类：夸大论（全球主义）、过程论（变革论）以及怀疑论。① 其中影响最大的是夸大论（全球主义），新自由主义者弗朗西斯·福山的观点具有重要影响。

全球史观亦包括三层含义。一是与马克思主义世界历史理论一样，也要求以全球整体观观察世界。在这个问题上并没有太多的争论。二是在全球化进程的动力方面，有的论者认为生产力尤其是知识的积累普及、技术的发展是全球化进程的根本动力，这也是与马克思主义世界历史理论一致的。但新自由主义的重要代表弗朗西斯·福山则把历史看成精神或意识的自我展现和实现的过程，历史的动力是人获得认可的欲望，或者是为获得认可而进行的斗争。福山根据黑格尔的观点指出，历史的发展"正是由于这种战斗的目的不是由生物学来决定的，黑格尔才从中看到了人类自由的曙光"②。三是在全球化发展的最终指向上，福山认为当代全球化标志着一个新时代，在这个时代里，包括民族国家在内的各种旧的制度在全球化面前或者完全过时或者正在失去存在的基础。人类社会的发展，从经济方面看，市场正成为决定和解决所有问题的唯一力量，在政治领域则是

---

① 参见杨雪冬《全球化：西方理论前沿》，社会科学文献出版社，2002，第47页；〔英〕戴维·赫尔德、安东尼·麦克格鲁、戴维·戈尔德布莱特等《全球大变革——全球化时代的政治、经济与文化》，杨雪冬、周红云、陈家刚等译，社会科学文献出版社，2001，第3页。

② 〔美〕弗朗西斯·福山：《历史的终结及最后之人》，黄胜强、许铭原译，中国社会科学出版社，2003，第7页。

自由主义统一全球。历史将终结于美国式的自由资本主义制度，这就是所谓的"历史终结论"。21世纪以来，尽管"历史终结论"已经不攻自破，福山本人也在进行深刻反思，但是，这一论调在西方仍然有很大的话语权。

因此，必须以马克思主义世界历史理论为方法论基础，辩证看待西方全球化理论，深刻批判"历史终结论"，正确把握全球化的发展趋势。

五　世界历史同人类命运共同体以及共产主义的关系

（一）从人的共同体性质变迁角度看马克思的人类社会发展阶段

人是一种社会存在物，社会性是人与动物的基本区别，这种社会性决定了自从人这个物种在地球上产生后就是在规模大小不同的共同体中生活的，孤立的个人是无法生活。马克思主义具有丰富的关于人的共同体思想，人类社会的发展将经历从"原始共同体"到私有制基础上的"虚幻的共同体"再到共产主义社会的"真正的共同体"的历程。人类命运共同体是对马克思共同体思想的发展。人类命运共同体与共产主义社会"真正的共同体"都是世界历史进程中的共同体状态。马克思的唯物史观揭示了人类社会发展规律，人类社会形态的演进有"五形态论"和"三形态论"。所谓"五形态论"即主要从生产力与生产关系之间的相互关系在人类社会发展不同时期的特点角度看，把人类社会发展划分为原始社会、奴隶社会、封建社会、资本主义社会和共产主义社会五种形态。所谓"三形态论"即从人的发展角度看，把人类社会发展划分为最初的人对人的依赖阶段，这一阶段相对"五形态论"中的原始社会、奴隶社会、封建社会阶段；人对物的依赖阶段，相对于"五形态论"中的资本主义社会阶段；人的全面发展阶段，相对于"五形态论"中的共产主义阶段。

从人的共同体性质变迁角度看，马克思恩格斯又把人类社会发展划分为"共产制共同体""虚幻的共同体""真正的共同体"三个阶段，人类社会是依次按这三个阶段向前演进的。关于人类最初的"共产制共同体"，恩格斯在《家庭、私有制和国家的起源》中深刻批判了当时流行的私有制是人类社会产生以来就存在的从而是永恒的观点，深刻论证了人类社会早期经过了原始共产制时期。恩格斯指出："先前的一切社会发展阶段上的生产在本质上是共同的生产，同样，消费也是在较大或较小的共产制共同体内部直接分配产品。"① 其中的"先前"按上下文语义是指文明时代之前的原始社会,在原始社会氏族是最基本的单位,氏族内部实行共产制,哪怕这一时期已经形成的家庭经济也都是共有的。按照恩格斯的考察,家庭是从最初的杂乱的性关系状态发展而来的,家庭形成后又经历了血缘家庭、普那路亚家庭、对偶制家庭、专偶制家庭等形式和发展阶段。血缘家庭、普那路亚家庭属于群婚制家庭。血缘家庭是家庭的第一个阶段,是指人类开始从蒙昧中走出来,从没有任何禁忌的杂乱的性关系中走出来,但是,"这一家庭形式中,仅仅排斥了祖先和子孙之间、双亲和子女之间互为夫妻的权利和义务(用现代的说法)"②。这一家庭形式阶段,兄弟姐妹之间仍可以互为夫妻。在第二个家庭阶段即普那路亚家庭阶段,"如果说家庭组织上的第一个进步在于排除了父母和子女之间相互的性关系,那么,第二个进步就在于对于姊妹和兄弟也排除了这种关系"③。"这一进步的影响有多大,可以由氏族的建立来证明,氏族就是由这一进步直接引起的,而且远远超出了最初的目的,它构成地球上即使不是所有的也是大多数野蛮民族的社会制度的基础,并且在希腊和罗马我们还由氏族直接进入了文明时代。"④ 也就是说,氏族在家庭的第二个阶段才开始形成起来,如果说氏族是这一时期社会的基本单位,但是,早期的家庭当然是群婚制的家庭也已经形成了。以上的这些分析旨在更好地理解恩格斯这一段话:"家户经济是共产制的,包括几个、往往是许多个家庭。凡是共同制作和使用的东西,都是共同财产:如房屋、园圃、小船。"⑤ 这段话中的"家户"即指家庭,这种共产制的家户经济就是共产制的氏族社会经济。因此,人类社会早期是"共产制共同体"阶段,有时人们将其称为原始共同体。

　　随着人类社会的发展,出现了社会大分工,生产力水平不断得到提升。恩格斯指出:"第一次社会大分工,在使劳动生产率提高,从而使财富增加并且使生产领域扩大的同时,在既定的总的历史条件下,必然地带

---

① 《马克思恩格斯文集》第4卷,人民出版社,2009,第193页。
② 《马克思恩格斯文集》第4卷,人民出版社,2009,第48页。
③ 《马克思恩格斯文集》第4卷,人民出版社,2009,第49页。
④ 《马克思恩格斯文集》第4卷,人民出版社,2009,第49页。
⑤ 《马克思恩格斯文集》第4卷,人民出版社,2009,第178页。

来了奴隶制。从第一次社会大分工中，也就产生了第一次社会大分裂，分裂为两个阶级：主人和奴隶、剥削者和被剥削者。"① 这样实际上私有制就产生了。随着社会的不断分化和分裂，人口流动的增加，社会矛盾的激化越来越严重，这时氏族就再也不能解决这些问题了，这样国家就产生了。国家按区域划分国民，设立公共权力机关以维护社会秩序，官吏掌握着公共权力并凌驾于社会之上。恩格斯指出："由于国家是从控制阶级对立的需要中产生的，由于它同时又是在这些阶级的冲突中产生的，所以，它照例是最强大的、在经济上占统治地位的阶级的国家，这个阶级借助于国家而在政治上也成为占统治地位的阶级，因而获得了镇压和剥削被压迫阶级的新手段。"② 国家是阶级矛盾不可调和的产物，是阶级社会中统治阶级维护统治的工具。所有的统治阶级为了保持自身统治的稳定性，总是要把他们所维护的只是统治阶级的利益一定要说成是代表着所有人的利益，这样的国家是代表着所有人利益的国家，但是，真实的情况并不是代表着所有人的利益，只是代表着统治者的利益。马克思恩格斯将这样的国家所表现的共同体称为"虚幻的共同体"。他们指出："由于这种共同体是一个阶级反对另一个阶级的联合，因此对于被统治的阶级来说，它不仅是完全虚幻的共同体，而且是新的桎梏。"③ 由此可见，马克思恩格斯认为，从原始社会进入私有制社会以后，以私有制为基础的国家是一种"虚幻的共同体"，人类社会也从原始的"共产制共同体"进入"虚幻的共同体"阶段。

这种"虚幻的共同体"本身也在演进，会从奴隶社会到封建社会再到资本主义社会，当到了资本主义社会时，有产与无产之间的对立将表现为劳动与资本之间的对立，这是一种不可调和的矛盾。在这样的矛盾中，无产阶级为了生存将会组织起来发动对付资产阶级的革命，推翻资本主义社会，终结"虚幻的共同体"，建立共产主义社会。共产主义社会以高度发达的生产力水平为基础，阶级、国家都将消亡，社会的每一个成员既是所有者又是劳动者，即实行社会所有制。同时，每一个人都将得到自由、全面、充分的发展。共产主义社会是代表全体人民利益的"真正的共同体"。马克思恩格斯指出："在真正的共同体的条件下，各个人在自己的联合中

① 《马克思恩格斯文集》第4卷，人民出版社，2009，第180页。
② 《马克思恩格斯文集》第4卷，人民出版社，2009，第191页。
③ 《马克思恩格斯文集》第1卷，人民出版社，2009，第571页。

并通过这种联合获得自己的自由。"① 这样，人类社会将从"虚幻的共同体"进入"真正的共同体"，也就是人类社会最终又将进入"共产制共同体"，但是，这是一种更高级的"共产制共同体"，是人类社会经过了漫长的发展，生产力水平得到极大的提高后在生产资料占有方面的高级回归。

（二）人类命运共同体的历史方位

马克思恩格斯关于人类社会"共产制共同体""虚幻的共同体""真正的共同体"依次更替进程的分析是依据唯物史观揭示的人类社会发展规律，指明了人类社会发展方向。但是，这并不是说世界上所有的民族、国家、地区的发展都是齐步走，都是在同一年同一月同一日从一种共同体向另一种共同体过渡，这恰恰是违背人类社会发展规律的。尤其是，马克思还特别指出过："无论哪一个社会形态，在它所能容纳的全部生产力发挥出来以前，是决不会灭亡的；而新的更高的生产关系，在它的物质存在条件在旧社会的胎胞里成熟以前，是决不会出现的。"② 这其中包含着这样一种情况，统治阶级为了维护自身的统治，也总是在一定程度上竭力地调整生产关系和上层建筑，使其尽可能地与生产力和经济基础相适应，从而延长其统治的时间，延长这种社会形态的寿命，尽管这种以私有制为基础的社会形态最终是必然灭亡的。

以私有制为基础的国家是"虚幻的共同体"，其在本国内实际上只是代表少数统治者的利益。同时，由于其统治者仅仅从狭隘的自私本质出发处理一切事务，包括国家与国家之间的关系，这就必然会导致国家与国家的利益纷争，甚至引发战争。马克思恩格斯所提出的"真正的共同体"是共产主义社会，而共产主义是一项全人类的事业，是一项世界历史性事业，共产主义社会的阶级和国家都已经消亡，因此，这种"真正的共同体"本身就是突破了原来地域的界限，也就是"真正的人类命运共同体"，"真正的共同体"与"真正的人类命运共同体"是同一的。而所谓"真正的人类命运共同体"也就是"人类命运共同体"，它们也是同一的，这里为了将其与习近平提出的"人类命运共同体"区别开来，从而在"人类命运共同体"前加上"真正的"三个字。

---

① 《马克思恩格斯文集》第 1 卷，人民出版社，2009，第 571 页。
② 《马克思恩格斯文集》第 2 卷，人民出版社，2009，第 592 页。

因此，"人类命运共同体"处于什么样的历史方位呢？毫无疑问，它包含着作为共产主义形态存在的"真正的人类命运共同体"，或者说，"人类命运共同体"的发展方向最终是作为共产主义形态存在的"真正的人类命运共同体"。但是，在人类进入21世纪20年代的当下，在资本主义与社会主义"两制共存"的时代背景下，在这种"两制共存"资本主义仍然处于强势地位——当然仍然属于资本主义向共产主义过渡的背景下，就提出了人类命运共同体理念。因此，"人类命运共同体"开始的起点远远早于马克思恩格斯所提出的作为共产主义形态存在的"真正的共同体"开始的起点，但是，它们的目标是一致的。本讲论述的"人类命运共同体"是指在阶级和国家还没有消亡的共产主义"真正的共同体"实现之前，尤其是"两制共存"背景下就倡导建构的包括全人类在内的共同体。这样的人类命运共同体需要突破传统的固有观念，突出合作共赢的新理念，更加妥当地处理好不同国家、社会制度之间的关系，共同面对机遇和挑战，达到共赢发展的应然状态。

有学者对"人类命运共同体"与共产主义"真正的共同体"的关系作了独到且深刻的分析。认为"人类命运共同体"与"真正的共同体"这对范畴，其内涵既有联系和一致的方面，也存在较大的差异，总体来说"异大于同"，以"小同大异"界说二者关系较为准确。"人类命运共同体"主要指一种社会状态，而非社会形态；"真正的共同体"则主要用来指未来理想的社会形态。"人类命运共同体"作为一种社会状态，其基本特征是全球私有制主导、两制国家并存基础上的和而不同；"真正的共同体"，作为未来理想社会，其首要特征是天下归一、世界大同。"人类命运共同体"超越了民族主义的窠臼，彰显了世界主义立场；"真正的共同体"则超越了原子个体主义，体现了集体主义原则和国际主义立场。"人类命运共同体"的基本行为主体是主权国家，直接解决的是国家命运问题，本质是不同国家和平发展、合作共赢；"真正的共同体"的基本行为主体是个人，直接解决的是个体命运问题，本质是每个人自由全面发展。构建"人类命运共同体"是世界历史进程中的阶段性目标，是全人类的最低纲领；实现"真正的共同体"是世界历史进程中的最终目标，是全人类的终极纲领。世界各国团结起来，就是"人类命运共同体"；沿着"人类命运共同体"的道路接力下去，终将通往"真正的共同体"。①

六 思考问题的世界眼光和战略思维

（一）思考问题的世界眼光

这是从历史的世界性视角把握马克思主义世界历史理论的方法论。世界历史的形成和发展要求我们处理好世界历史整体和部分的关系，以宽广的世界历史眼界观察世界。马克思主义唯物史观蕴含着深刻的世界历史理论，要求我们在考察人类社会发展进程，揭示世界历史的共同本质及普遍规律的时候，要从对世界历史整体的研究出发。因为，在马克思看来，只有通过对整体的研究，才能发现客观事物的总的特征和总的规律，才能建立起总的概念。而整体中的任何一个部分、要素、方面，即使是很重要的部分，都不能提供关于整体的总的概念。对于世界历史的整体，马克思恩格斯把它看作一个有机的整体、活的整体，完全不同于无机界的整体。对于有机的整体而言，它的最显著的特征就是组成整体和各个部分、各个要素之间的相互联系、相互作用的普遍存在。马克思明确指出："不同要素之间存在着相互作用。每一个有机整体都是这样。"② 恩格斯也曾指出："当我们通过思维来考察自然界或人类历史或我们自己的精神活动的时候，首先呈现在我们眼前的，是一幅由种种联系和相互作用无穷无尽地交织起来的画面。"③ 可见，部分之间的普遍联系是普遍存在的，并且部分也因此而构成了有机整体，这就要求我们能够抓住事物的整体。如果我们抓不住整体的联系，就会纠缠在一个接一个的矛盾之中。

（二）思考问题的战略思维

这是从世界的历史性视角把握马克思主义世界历史理论的方法论。战略即长远的规划，把握世界历史进程必然要树立战略思维，强调思维的整体性、全局性、长期性，旨在谋求长远的生存与发展，马克思主义世界历史理论内在地规定了人们必须站在时代前沿和战略全局的高度观察、思考和处理问题。我们今天在实现中华民族伟大复兴新征程中，立足中华民族

---

① 陈曙光：《人类命运共同体与"真正的共同体"关系再辨》，《马克思主义与现实》2022年第1期。

② 《马克思恩格斯选集》第2卷，人民出版社，2012，第699页。

③ 《马克思恩格斯选集》第3卷，人民出版社，2012，第790页。

伟大复兴战略全局和世界百年未有之大变局，放眼世界，放眼未来，不断开阔视野，培养博大胸襟，紧跟时代前进步伐，学会站在战略和全局的高度观察和处理问题，透过纷繁复杂的表面现象把握事物的本质和发展的规律，既立足当前又放眼长远，既熟悉国情又把握世情，在时代风云变幻中保持战略定力，在解决突出问题中实现战略突破，在把握战略全局中推进各项工作，处处鲜明体现了战略思维。

第八讲
马克思主义关于人与自然关系思想

在马克思主义的经典著作中蕴含着丰富的人与自然关系思想，这些思想无疑对当代的生态文明建设具有极强的指导意义。但是，目前学界对马克思主义关于人与自然关系思想的诠释既有共识，也有分歧：一种路径是从新陈代谢的角度来梳理马克思主义关于人与自然关系思想，如刘仁胜指出，马克思主义的自然概念涵盖"自在自然"和"人化自然"两大领域，新陈代谢运动的内部断裂是造成生态环境遭受严重破坏的导火线，而共产主义运动与循环经济设想是让新陈代谢运动回归常态的必然路径；① 另一种路径是从劳动实践的角度展开论述，如胡军认为，人类自身是一种自然存在物，人类的劳动实践构成人与自然相处的中介环节，人类绝不能无止境地陶醉于自己征服自然的胜利；② 还有一种路径是以自然规律为视角切入，如侯书和指出，马克思主义关于人与自然关系思想涵盖了若干个重要方面，包括人类社会是自然界的一个组成部分、人类既需要改造自然也必须服从自然、根据获得的自然规律做事等。③ 马克思主义经典作家思考生态问题的思路和观点究竟是怎样的呢？这必须回到经典原著，以文本解读为基础，从历史性与当代性相结合的视角诠释与重构马克思主义关于人与自然关系思想。

一 马克思恩格斯考察人与自然关系的哲学基础

以文本解读为基础，从历史性与当代性相结合的视角诠释马克思主义

---

① 刘仁胜：《马克思和恩格斯与生态学》，《马克思主义与现实》2007年第3期，第92页。

② 胡军：《马克思恩格斯关于生态问题的思考》，《中国特色社会主义研究》2006年第3期，第29页。

③ 侯书和：《论马克思恩格斯的生态观》，《中州学刊》2005年第6期，第138页。

关于人与自然关系思想可以发现：人与自然分别构成生态文明建设的主体与客体、诠释人与自然关系的前提是现实的个人、生产物质生活资料的实践对人与自然的关系具有决定作用、合理的人类实践活动可以推动人与自然的和谐统一。

（一）人与自然分别构成生态文明建设的主体与客体

人是生态文明建设的主体。在人与自然"何为主体，何为客体"的问题上，"人类中心主义"与"非人类中心主义"存在根本分歧，但是二者都失之偏颇，前者过分强调了人的主体性地位，而后者则完全抛弃了人的主体性地位。马克思主义认为，在生态文明建设中，人是主体，自然是客体。马克思说："甚至大多数被看作自然产物的东西，如植物和动物，它们现在被人类利用，并处于重新生产的形式，也是经过许多世代、在人的控制下、借助人的劳动不断使它们的形式和实体发生变化的结果。"① 在马克思那里，即使通常被认为是与人类毫无关系的自然事物，也常常被打上人的烙印。这些自然事物的更新换代，是在人类实践活动的参与下进行的，它们的面貌并不仍是人类出现以前的那样，而是经历了人类世世代代的劳动改造，最后呈现出今天的模样。

在资本主义社会，人的主体性地位较以往更为凸显，但资产阶级没能把握好这样的主体能力，他们"任意妄为"，在加重人的异化的同时，造成了生态的恶化。关于这一点，列宁有深刻阐释，他认为，从资产阶级理解自然与生态的方法论来看，他们有的时候将人类社会的各个形式的组织以及设施都看作自然和生态的产物，并且还是同"人的天性"相适应的；有的时候则将自然看作纯粹偶然性或是人的主观意愿的产品，因而人类可以根据自身的目的，用人为的和强制的手段来征服它们。与此"相反，社会民主党把它们看做人类社会发展的自然产物……资产阶级观点和社会主义观点的对立性在于：那里——一方面由于自然本身的原因而不可改变，同时又任意妄为"②。列宁主张合理发挥人的主体作用，把现时代的自然看作人类长期发展演变的历史性产物，规范人的主体行为，在保护自然生态的前提下实现人自身的自由全面发展。

---

① 《马克思恩格斯全集》第 47 卷，人民出版社，1979，第 58 页。
② 《列宁全集》第 59 卷，人民出版社，2017，第 356~357 页。

自然是生态文明建设的客体。自然作为生态文明建设的物质基础，与人相比，它处于客体地位。人的历史同时也是认识和改造自然环境的历史，在马克思看来，自然资源的优劣和多寡在一定程度上决定着这个国家或地区改造自然条件、生产物质生活资料的效率，他说："很明显，如果一个国家拥有天然肥沃的土地、丰富的鱼类资源、富饶的煤矿（总之燃料）、金属矿山等等，那么这个国家同劳动生产率的这些自然条件较少的另一些国家相比，只需要用较少的时间来生产必要的生活资料。"[①] 所以，在一个资源富庶的国家或地区，人们更容易用自己的劳动为别人提供剩余价值，在这里，资本家通常榨取工人剩余劳动的生产效率要比处于较为不利的国度中的自然条件下更高。

在土地的耕作当中，地租的攫取也同自然资源，尤其是同土地的肥力息息相关，人口、水文地理等条件构成人类向自然索取食物的自然前提。马克思说："地租以及利润，简言之，剩余价值和剩余产品，以土地的肥力为基础，即以能生产出多于工人绝对必需的生活资料的劳动的自然生产率为基础，这种自然生产率当然以它的——土地等等的——无机自然界性质为基础。"[②] 可以说，保护生态就是保护人类自身，当人类赖以生存的物质基础遭受破坏的时候，人类往往会遭受大自然的报复和压迫，人与自然的紧张关系由此愈发加剧，二者的和谐统一就无从谈起。而要做到这一点，必须从主体入手，也就是从具有能动作用的人本身入手，建构合理的生产方式和健康的生活方式，主动规避生态环境恶化的潜在风险，用科学的手段预测与控制人类的实践活动，用制度和政策遏制各种违反自然规律、破坏生态平衡的做法。

（二）诠释人与自然关系的前提是现实的个人

德国古典哲学没有找到诠释人与自然关系的前提。德国古典哲学内涵丰富，可谓集西方哲学之大成，但它没能找到诠释人与自然关系的科学前提。黑格尔的《逻辑学》力图用抽象的概念形式反映客观世界，在这里，概念的自我运动有一个开端或前提，那就是"无"或曰"纯有"。这个前提的合理之处在于，"无"是一个绝对性的事物；但与此同时，

---

① 《马克思恩格斯全集》第 32 卷，人民出版社，1998，第 285～286 页。
② 《马克思恩格斯全集》第 37 卷，人民出版社，2019，第 355 页。

不合理之处也暴露出来，"无"没有任何内容，是一个抽象性范畴，更确切地说，是"虚无"。正是因为这个缘故，恩格斯说："我们对黑格尔的哲学进行了很多辩论，他当时发现，黑格尔的逻辑学是从一个错误开始的：存在作为无表现出来，因而同自身发生对立，它不可能是本原。"① 黑格尔哲学无法理解人的现实性，他用"自我意识"作为"人"的代名词，于是，丰富多彩、个性十足的人类社会便被乔装打扮成了"自我意识"的抽象形式。

费尔巴哈不满足于黑格尔对前提的界定，他力图用"类""人"等更加世俗化的范畴作为诠释人与自然辩证运动的前提。但是，费尔巴哈所使用的"类"概念，错误地理解了人的本质，他只是将一定数量的个人用外部联系的方式串联起来，找出他们的共性。马克思在《1844年经济学哲学手稿》中过高地评价了费尔巴哈的理论贡献，但在《关于费尔巴哈的提纲》中对其进行了科学的批判。费尔巴哈想扛起唯物主义的大旗，走出黑格尔抽象性的迷雾，但却将自身的哲学创造局限于纯粹的直观。"人"在费尔巴哈的头脑中，并不具有现实性和历史性，充其量只是一些"一般人"，一旦需要探讨人的具体性和历史性的时候，费尔巴哈就得搬出诸如"最高的直观"或者"类的平等化"等抽象概念。换句话说，当他试图走出黑格尔玩弄抽象概念的唯心主义泥潭时，又恰恰在社会历史领域重新陷入了这个泥潭。因此，费尔巴哈和黑格尔一样，始终未能找到诠释人与自然关系的真正前提，这个任务是由马克思完成的。

马克思将现实的个人作为诠释人与自然关系的前提。马克思对前提的寻找是从批判德国古典哲学开始的，他认为，所谓"前提"，不能是教条，也不能是想象，而应当是基于现实的。在施蒂纳的哲学土壤中，马克思把这个前提"培育"出来。在他看来，施蒂纳的"唯一者"事实上是存在于现实世界之中的，并处于一定历史阶段的、具体的、可以感觉得到的具有肉体性的"个人"。马克思将这样的"个人"范畴发掘出来，界定为"现实的个人"。施蒂纳哲学的合理之处便是对"现实的个人"的隐约预见，但他不可能以此作为前提，因为这时的"现实的个人"只不过是唯心主义先验设定的结果，没有经过唯物史观的科学改造，当然无法成为科学诠释

---

① 《马克思恩格斯全集》第37卷，人民出版社，1971，第286页。

人与自然关系的前提。这个任务是由马克思完成的。在《论犹太人问题》中，马克思将对"现实的个人"的探讨延伸到对"人的解放"的探讨。他认为："只有当现实的个人把抽象的公民复归于自身……只有当人认识到自身'固有的力量'是社会力量，并把这种力量组织起来因而不再把社会力量以政治力量的形式同自身分离的时候，只有到了那个时候，人的解放才能完成。"① 由此可见，"现实的个人"并不是那种"抽象的公民"，而事实上是"自身的复归"，他具有社会性，是由社会的内在关系联结起来的。在《德意志意识形态》中，马克思和恩格斯进一步界定了"现实的个人"，他们说："这是一些现实的个人，是他们的活动和他们的物质生活条件，包括他们已有的和由他们自己的活动创造出来的物质生活条件。"② 马克思和恩格斯把"现实的个人"作为他们活动及其物质生活条件的同义语，这在唯物史观的创立过程中具有划时代的意义。与旧唯物主义的理解不同，"现实的个人"具有改造自身和外在世界的主观能动性，因而他可以将自身作为前提。个人运用自身的能动性，可以将自然界作为实践活动的对象，通过对自在自然的改造，造就人化自然，实现人与自然的共同发展。

（三）生产物质生活资料的实践对人与自然关系具有决定作用

物质生活资料构成人与自然共同发展的基础。人要生存，首先要拥有各种物质生活资料，如食物、衣服、住房等，以满足其吃、穿、用等基本需求。人类只有在获取了必要的物质生活资料的前提下，才有可能进一步开展理论研究、文化艺术等精神性的活动。从这个意义上来说，物质生活资料是人与自然共同发展的基础。人与自然要实现共同发展，必须通过人的劳动实践。人的劳动不仅要求人自身具有劳动能力，还需要拥有一定的劳动工具和劳动对象，而这二者的物质基础便是自然界。马克思说："自然界一方面在这样的意义上给劳动提供生活资料，即没有劳动加工的对象，劳动就不能存在，另一方面，也在更狭隘的意义上提供生活资料，即维持工人本身的肉体生存的手段。"③ 自然界可以直接向人类提供生存所需的食物以及水源，这些物质生活资料同人的发展息息相关，把人与自然紧

① 《马克思恩格斯文集》第 1 卷，人民出版社，2009，第 46 页。
② 《马克思恩格斯文集》第 1 卷，人民出版社，2009，第 519 页。
③ 《马克思恩格斯文集》第 1 卷，人民出版社，2009，第 158 页。

密地联系在一起。马克思曾用生活资料的优劣与多寡来直接衡量人的劳动能力，他说："如果构成工人主要生活资料的较高级和较贵重的商品，被较低级的商品所代替，例如，谷物、小麦代替了肉，或者马铃薯代替了小麦和黑麦，那么，劳动能力的价值水平自然要降低，因为他的需要水平降低了。"① 尽管人的发展不仅是身体的强健和劳动能力的提升，也包括精神世界的丰富，但是，身体的强健是人的全面发展的重要标志。正因如此，西方哲学的发源地——古希腊，同样也是国际奥林匹克运动的始祖。那么，以马铃薯为食物，还是以谷物和小麦为食物，或是以肉为食物，这对人的主体能力的提升具有相当大的影响力。在这里，物质生活资料在人与自然共同发展中的基础性地位可见一斑，马克思对此十分重视。在明确政治经济学的学科定位时，马克思甚至将探索人类社会生产、交换物质生活资料的规律作为该学科的研究使命，可以推断，马克思下定决心要对经济问题做系统研究，这种观点在一定程度上也应当起过推动作用。

生产物质生活资料的实践决定着人与自然的关系。如果说物质生活资料构成了人与自然共同发展的基础，那么生产物质生活资料的实践则对人与自然的关系具有决定作用。人类特有的物质生产力保证了其自身能够有效获得各种生存所需的生活资料，在古代社会中，人类的生产力水平处在较低的水平，这时，人类改造自然的能力比较弱，但同时也造就了人与自然的最初和谐，自然环境在对比人类的绝对优势中得以持续发展。在工业革命以后，资本的力量激发起生产力的极度飞跃，人类能动性的增强反而破坏了人与自然的最初平衡，从而使得生态系统的平衡遭到破坏，自然环境逐步恶化。因此，考察近代科学技术对人与自然关系的影响，必须以唯物史观为理论基础，从人类实践的历史发展中寻找答案，正如马克思在批判青年黑格尔派时所说的："难道批判的批判以为，只要它把人对自然界的理论关系和实践关系，把自然科学和工业排除在历史运动之外，它就能达到，哪怕只是初步达到对历史现实的认识吗？"② 由此可见，马克思主义生态思想的一个突出特征，便是把人与自然的对立与统一放到历史的、具体的社会实践过程中来考察，这是十分明智而科学的。

① 《马克思恩格斯全集》第32卷，人民出版社，1998，第50页。
② 《马克思恩格斯文集》第1卷，人民出版社，2009，第350页。

关于这一点同以往生态思想，尤其是有神论生态思想的区别，马克思曾作过理论概括，他说："人对人来说作为自然界的存在以及自然界对人来说作为人的存在，已经成为实际的、可以通过感觉直观的，所以关于某种异己的存在物、关于凌驾于自然界和人之上的存在物的问题，即包含着对自然界的和人的非实在性的承认的问题，实际上已经成为不可能的了。"① 甚至在这时，以往与有神论相对立的无神论，也由于其是作为有神论的否定，业已不再具有现实的意义和价值，因为无神论只是从有神论通往唯物主义学说的一个中介，而由于有神论的倾倒，人们就不必再需要这个中介事物了。

（四）合理的人类实践活动可以推动人与自然的和谐统一

防止人的主体性极度膨胀。人的主体性是人的本质特征之一，它既能给人类的延续繁衍创造客观的物质条件，也能在极度膨胀的前提下使人类发展误入歧途。人的异化不仅会造成人自身的奴役与压迫，也会殃及自然生态系统。马克思说："随着人类愈益控制自然，个人却似乎愈益成为别人的奴隶或自身的卑劣行为的奴隶。"② 事实上，人的主体性必须借助自然环境这个对象性存在而得以发挥。生产资料，包括劳动工具与劳动对象，无不以自然资源为最初原料，这一点从原始社会，特别是石器时代的考古发现中就可以得到实证。马克思曾这样说："最初，自然界本身就是一座贮藏库，在这座贮藏库中，人类（也是自然的产品，也已经作为前提存在了）发现了供消费的现成的自然产品，正如人类发现自己身体的器官是占有这种产品的最初的生产资料一样。"③ 在生产力水平较低的时期，由于人的主体性孱弱，人的实践对象也处于初级甚至原始的状态，这时，人类可以从自然的"贮藏库"中提取自身需要的"现成"的生活资料，而人的身体器官则成为这种实践活动的生产工具。而在生产力水平较高的当代社会，人的主体性得到极大加强甚至是膨胀，那么，他对自然的深层加工也是前所未有的，此时人与自然和谐统一问题就成了一个不得不考虑的生态问题。

要防止人的主体性极度膨胀，实现人与自然的和谐统一，必须从以下

① 《马克思恩格斯文集》第 1 卷，人民出版社，2009，第 196~197 页。
② 《马克思恩格斯文集》第 2 卷，人民出版社，2009，第 580 页。
③ 《马克思恩格斯全集》第 32 卷，人民出版社，1998，第 72 页。

几个方面同时入手：一是要建立生态风险评估与预报机制，通过生态风险数据的日常采集、日常报送和日常分析，得出实时的监测数据和评估结论，并对未来一定时期的生态状况作出前瞻性预测；二是要探索与市场经济体制相适应的生态保护体制，在实践中化解二者的冲突与对立，实现它们的辩证统一；三是建立生态文明建设的思想智库，在政府机关的协调和领导下，以相关领域的专家学者为核心，整合人民群众的集体智慧，为实现人与自然和谐统一提供针对性、实效性较强的政策建议。

将自然的承受能力作为生产物质生活资料的前提。人类在进入资本主义社会以后，生产物质生活资料的能力空前增强，对自然资源的索取欲望也愈发强烈。这种不顾自然承受能力的强烈索取，造成自然界再生能力的退化，自然环境的恶化反过来又阻碍人类物质生活资料生产的实践进程。西方后现代主义者把这种危机归结为"现代性"的恶果，如乔·霍兰德就详尽批判了以工业文明为表征的现代性问题，他不但针对该问题进行事实分析，也从后现代主义出发对这一问题作出价值判断。在乔·霍兰德看来，当人类社会走到 20 世纪末期之时，人类对大自然的破坏程度也达到了现代人想象力的极限。这种超过自然承受能力的现代性尽管从解放人类的美好愿景出发，但却以对人与自然造成毁灭性打击的结局而收场。毫无疑问，这是现代性给自身勾画出来的一个自我终结的圆圈。

后现代主义对现代生态危机的批判可谓深刻，但在实践性上却不如马克思主义关于人与自然关系思想。在马克思主义那里，要实现人与自然的和谐统一，必须从物质生活资料的生产实践入手，寻求人类物质生产与自然界可持续发展的辩证统一。马克思在分析前资本主义社会的物质生产时说："在农业中，在其资本主义前的形式中，人类劳动只不过表现为它所不能控制的自然过程的助手。"① 这时作为"自然过程的助手"的人类当然难以超越自然界的承受能力，但是科学技术的普及与运用改变了这一状况，这种力量的极大发展是一把"双刃剑"，它不仅是人的解放的物质准备，也是人的异化的重要推手。马克思说："然而，自然科学却通过工业日益在实践上进入人的生活，改造人的生活，并为人的解放作准备，尽管

---

① 《马克思恩格斯文集》第 8 卷，人民出版社，2009，第 356 页。

它不得不直接地使非人化充分发展。"① 这种状况的出现，要求人类重构主体性，用人与自然和谐统一的原则规范物质生产的速度、规模与范围，在保护生态的同时保护人类自身。如果人类能够破解生态危机的谜题，消除近代以来工业文明造成的种种困境，那就可以迎来人与自然协调发展、良性互动的崭新时代，超越后现代主义者所说的"现代性"。此时，社会就会像恩格斯所说的那样："人们就越是不仅再次地感觉到，而且也认识到自身和自然界的一体性，那种关于精神和物质、人类和自然、灵魂和肉体之间的对立的荒谬的、反自然的观点，也就越不可能成立了。"②

明确生态文明建设中各利益主体的主要责任。以合理的人类实践活动推动人与自然和谐统一，还必须明确生态文明建设中各利益主体的主要责任。关于责任问题，列宁在论述政治民主问题时曾有阐释，他反对那种想要逃避自身责任的做法，列宁说："不逃避责任，不把一大堆多余的问题不必要地推给小人民委员会解决，而是自己解决问题，自己承担责任，或者按照一般程序由两个或两个以上的人民委员部协商解决。"③ 这一点对于当代生态文明建设也颇为重要，因为企业是现代经济的细胞，所以企业的生态责任深受社会关注。在国内学者许冬香和李志强看来，现代企业组织在生产巨大物质财富的同时，却日益逼近全球生态环境承载能力的极限，因此，树立健全的企业生态道德责任观念，这"不仅是构建和谐社会的内在需要，而且也是增强企业核心竞争力的关键因素。面对时代的要求，企业应主动认识到其生态道德责任，这就必然要求企业协调好经济与环境的关系，使他们达到和谐"④。各级政府要创造有力的政策导向，引领各种所有制形式的企业组织树立"生态优先"的观念和意识，让注重保护生态环境的企业获得更好的扶植政策，进一步注入发展壮大的活力与动力；同时，将漠视生态保护的个别企业纳入"生态黑名单"，用行政和经济手段迫使其改变自身的错误做法，走上企业与生态和谐发展的正确道路。

除了行政与经济手段，法律手段也是明确生态文明建设责任的有效措

① 《马克思恩格斯文集》第 1 卷，人民出版社，2009，第 193 页。
② 《马克思恩格斯选集》第 3 卷，人民出版社，2012，第 999 页。
③ 《列宁全集》第 42 卷，人民出版社，2017，第 403~404 页。
④ 许冬香、李志强：《新形势下对企业生态道德责任的挑战及对策研究》，《中南林业科技大学学报》（社会科学版）2009 年第 4 期。

施。蒋兰香认为，在中国社会积极推进生态文明建设的当代，刑法可以成为这项建设行之有效的一种保障手段，当务之急是从理论上与实践中对此进行进一步的研究。在理论探讨中，"环境刑法学作为一门新兴的学科方向正日趋成熟，环境刑法的立法模式已经引起学者们的反思"[1]。在国内学界对环境刑法与环境犯罪理论的研究里，诸如严格责任理论、因果关系证明学说、生态环境法益理论以及环境伦理道德观等新出现的理论样式不断引起人们的热议。总之，以经济、法律、行政手段为主要抓手，可以有效确立生态文明建设中各个主体的责任与分工，促进人与自然和谐统一的实现。

二 资本主义条件下生态问题的根源

在资本主义条件下，"全球生态治理"存在二律背反，即"全球生态治理践行生态正义"和"全球生态治理推行生态霸权"的两难冲突。"全球生态治理"既践行着"生态正义"，也推行着"生态霸权"，这种二律背反的生成逻辑体现在：它以"人类应对生态危机的正义行为"出场，然后逐渐演变为资本主义国家推行国际霸权的工具。要破解这种二律背反，可以建构生态领域的"利益共同体"、"命运共同体"和"责任共同体"，由此形成"共商、共建、共享"的"全球生态治理"新秩序。

（一）"全球生态治理"的二律背反：践行"生态正义"抑或推行"生态霸权"

"全球生态治理"是当代的一个热门话题，这个话题伴随"有机马克思主义""普世价值"等理论话语不断引发各种学术探讨与争鸣，从而成为一个学术热点。同时，这也是一个重大的战略任务，需要对此进行研究。习近平在《在哲学社会科学工作座谈会上的讲话》中指出："我国哲学社会科学应该……加强对发展社会主义市场经济、民主政治、先进文化、和谐社会、生态文明以及党的执政能力建设等领域的分析研究。"[2] 从国内学界相关研究的学术史来看，在研究的第一个阶段（2000 年至 2013

---

[1] 蒋兰香：《生态文明视野下刑事法学理论的新发展》，《中南林业科技大学学报》（社会科学版）2011 年第 5 期。

[2] 中共中央党史和文献研究院编《十八大以来重要文献选编》（下），中央文献出版社，2018，第 327 页。

年），较多学者力图以"主权国家"为视角阐述这一问题，如魏海青和吴桐明确指出了"全球生态治理"与"国家主权"之间的矛盾冲突，认为这种冲突必须得到有效化解。① 但在研究的第二个阶段（2014 年至 2015 年），若干学者不满足于这样的分析视角，他们构建了基于全球视角的分析框架，如朱忠孝和张庆芳从这种分析框架出发探讨了"全球生态治理"的问题成因与可能解法，认为"公地悲剧"是治理进程的典型逻辑，而"国际生态意识形态"的重新树立与"国际生态实践机制"的重新建构将成为这一问题的解决路径。② 在此基础上，在研究的第三个阶段（2016 年至今），有些学者还致力于"治理效果"的客观评估，如张劲松认为全球化进程中的国际生态治理事实上导致了一种所谓的"非生态性"，也就是"治本"的"治理"演化为"治标"的"转嫁"，各种高碳产业纷纷从发达资本主义国家转移至发展中国家，从而导致了这些国家的生态灾难。③从国内学术史的梳理可知，尽管"全球生态治理"研究的时间不长，但已经积累了较为丰富的研究成果，美中不足之处在于，现有研究大多只看到了"全球生态治理"本身所具有的"二重性"当中的"一个属性"，而没有洞悉整个"全球生态治理"的"二律背反"，亦即践行"生态正义"与推行"生态霸权"的两难冲突。对此，应展开更为深入的分析。

一方面，"全球生态治理"践行"生态正义"。作为 2015 年的一个国际生态大事件，在"气候变化巴黎大会"上，来自全球的近 200 个国家缔结了《巴黎协定》，从而成为"全球生态治理"的一个里程碑。"全球生态治理"源自"全球治理"概念，是"全球治理"的生态领域。"全球治理是以人类整体论和共同利益论为价值导向的多元行为体的平等对话、协商合作，以共同应对全球变革和全球问题挑战的一种新的管理人类公共事务的规则机制、方法和活动。"④ 因为生态问题早已成为一个全球热点问题，所以"全球生态治理"也就成了"全球治理"的一个重要方面。

"生态正义"是"正义"的一个类型，当前学界对其存在三个层面的

---

① 魏海青、吴桐：《浅议全球生态治理与国家主权调适》，《北京林业大学学报》（社会科学版）2004 年第 3 期。

② 朱忠孝、张庆芳：《全球生态治理的困境与出路》，《岭南学刊》2014 年第 4 期。

③ 张劲松：《全球化体系下全球生态治理的非生态性》，《江汉论坛》2016 年第 2 期。

④ 谢雪华：《关于全球治理的几个问题》，《湖湘论坛》2009 年第 2 期。

不同理解：人与人关系层面、人与自然关系层面以及将前两个层面综合起来理解的层面。无论从哪一个层面理解，"生态正义"都涉及生态主体的利益、命运与责任，以及这些要素如何在各个主体之间进行合理的"分配"。马克思在关注这一问题时，并不是就"分配"来论述"分配"，而是从"生产"着眼，从"生产"来论述"分配"。马克思将"物质生活资料的生产活动"看作"生态正义"的基石，这一活动是人作用于自然的生产行为，同时在这一行为当中，不但生产出人生存所必需的各种物质生活资料，还生产出人与他人、人与自然界的各种生态关系，而这些关系的正义程度就表征着"生态正义"的实现程度。

从今天的视角来看，"全球生态治理"的本来目的是对"生态正义"的践行。这种治理的基本原则是全球生态保护与全球经济发展的统筹协调，通过敦促世界各国签订一系列生态协议，分配彼此之间的利益与责任，从而推动"生态正义"的实现。马克思说："在工业中向来就有那个很著名的'人和自然的统一'，而且这种统一在每一个时代都随着工业或慢或快的发展而不断改变。"① "全球生态治理"之所以大力协调国与国之间的相互关系，为的是实现全人类与整个自然界的和谐相处，达到一种共生、融合的状态，走出过去那种不断掠夺自然，最终遭到自然界报复的窘境。因此，"全球生态治理"是一项正义的事业，代表着全人类的共同利益；并且，通过这种治理，可以将世界各国普遍关注生态问题的积极态度转变为一个主动建构真正"公平正义"的国际生态秩序的实践过程。无疑，就这个视角而言，"全球生态治理"是一个积极、正面的创举。

另一方面，"全球生态治理"推行"生态霸权"。尽管我们从各种国际生态问题协调会议的基本理念出发，可以认为"全球生态治理"是对"生态正义"的践行，但是，也有较多学者指出，"全球生态治理"是国际"生态霸权"的推行工具。这种观点事实上可以从列宁等经典作家的论述里找到些许影子，体现在两个彼此相关的方面。一方面，列宁认为垄断资本主义会给世界人民带来深重的灾难，那就是世界霸权的推行与争夺，他说："帝国主义的（即侵略的、掠夺的、强盗的）战争，都是为了瓜分世

---

① 《马克思恩格斯文集》第 1 卷，人民出版社，2009，第 529 页。

界，为了瓜分和重新瓜分殖民地、金融资本的'势力范围'等等而进行的战争。"① 战争是资本主义国家推行霸权的一个典型"工具"，这一工具在20世纪体现得尤为明显。另一方面，"战争得来的霸权"并非霸权的"唯一"类型，在列宁看来，还有另外两种类型：一是"经济扩张得来的霸权"，二是"政治扩张得来的霸权"。就前者而言，资本主义国家通过不合理的国际经济分工，让经济相对落后国家的各领域产业都成为它的一个生产部门或是一个生产车间，从而沦为它的"经济学意义上的殖民地"或"经济学意义上的附属国"；就后者而言，资本主义国家通过"经济合作的政治附加条件"和"意识形态入侵"，让相对落后国家成为它的"政治学意义上的殖民地"或"政治学意义上的附属国"。在资本主义国家推行世界霸权的过程中，"经济学意义上的附属国"意味着它被"财政"霸权所压制，"政治学意义上的附属国"意味着它被"外交"霸权所压制。正如列宁所说："这个时代的典型的国家形式不仅有两大类国家，即殖民地占有国和殖民地，而且有各种形式的附属国，它们在政治上、形式上是独立的，实际上却被金融和外交方面的依附关系的罗网缠绕着。"②

但是，在资本主义国家推行世界霸权的过程中，除了经济霸权、政治霸权以外，还存在生态霸权。所谓"生态霸权"，是指发达资本主义国家以"全球生态治理"为工具，操控与压制发展中国家的非正义权力。西方学者福斯特曾激烈抨击这种非正义的"生态霸权"，他将其称为"生态帝国主义"。这种帝国主义形式是资本主义演化到一定历史时期的时代产物，而资本的深度蔓延与膨胀则助推了这一进程。那么，当代的资本主义社会就不再像过去一样是经济或政治上的帝国主义，而是生态意义上的帝国主义，由此成为资本主义演化史上的一种当代形态。这种形态的霸权表现在两个方面：一是生态污染的转嫁，比如发达资本主义国家把自身工业运行中产生的废气、废料、废水想方设法作为"私货"塞给发展中国家；二是对发展中国家生态资源的过度剥夺，让其在成为经济附属国的基础上日益成为生态附属国。③ 由此可见，"全球生态治理"已经面临一个不折不扣的"二律背反"，这个二律背反的正题是"全球生态治理践行生态正义"，而

①　《列宁专题文集·论资本主义》，人民出版社，2009，第101页。
②　《列宁专题文集·论资本主义》，人民出版社，2009，第172页。
③　郇庆治：《"碳政治"的生态帝国主义逻辑批判及其超越》，《中国社会科学》2016年第3期。

反题则是"全球生态治理推行生态霸权",两个命题同时成立。如何破解这个二律背反,需要进行详尽分析。

(二)"全球生态治理"二律背反的生成逻辑

"全球生态治理"以"人类应对生态危机的正义行为"出场。"二律背反"一词来自康德的代表作《纯粹理性批判》,因而康德破解二律背反的方法对于我们破解"全球生态治理"二律背反具有一定启示作用。在康德那里,要破解一个二律背反,可以沿着这样一条思路:第一步,将世界划分为两个不同的层面,一个层面是现象世界,另一个层面是"自在之物";第二步,将二律背反中的正题与反题分开,一个对应于现象世界,另一个对应于"自在之物";第三步,论证对应于"自在之物"的正题或反题并非是认识本身的构成,而是认识的引领物。于是,正题与反题得以共存、并行、互不干涉,从而二律背反得以破解。这种破解方法本质上凭借的是"超感性的理性概念",对此,康德说:"只有这主观原理,即在我们内心里那超感性的不规定的观念,能够作为解释这对我们隐藏着它的源泉的机能的谜的钥匙。而我们无从再进一步去理解它了。"①

但是,在"全球生态治理"二律背反的破解中,笔者并不完全赞同康德的破解方法,因为如果让这个二律背反的正题和反题最终得以共存、并行、互不干涉,便意味着"正义"与"霸权"并行不悖,显然这种破解方法不尽合理。笔者的方法是梳理出"全球生态治理"二律背反的生成逻辑,洞悉其产生"两难"的内核,最终形成破解路径。

从逻辑线索上看,"全球生态治理"首先是以"人类应对生态危机的正义行为"出场的。如果我们将目光回溯至 2009 年,会看到国际社会应对生态危机的一次重大努力——召开"哥本哈根气候大会"。会议的目标是以协议的方式控制世界各国的温室气体排放,具体的做法是让发达国家大规模降低碳排放,而发展中国家也根据自身的实际情况约束碳排放,前者对后者提供一定资金上的支持。可事实上,这种资金支持是难以实现的,因而此次会议的协议在实施过程中打了折扣。之后,到了 2010 年,国际社会又召开了"坎昆世界气候大会"。会议试图重振人类应对生态危机的信心,让生态共识超越国家私利。但是,美国在会议讨论中抛出"降排

---

① 〔德〕康德:《判断力批判》上卷,宗白华译,商务印书馆,1964,第188页。

透明度"的议题，从而让此次会议也没有达到预期目标。人类在前两次国际会议上没能看到走出危机的希望，于是联合国又选择在 2011 年召开了新的气候大会，即地点位于南非的著名海滨城市德班的"德班气候大会"。此后，2012 年召开的"多哈"会议、2013 年召开的"华沙"会议以及 2015 年召开的"巴黎"会议，都是人类应对生态危机的积极行动，具有正义性质。

"全球生态治理"逐渐沦为资本主义国家推行国际霸权的工具。在人类召开历次气候大会的历史进程中，我们既可以看到"人类应对生态危机的正义行为"，也可以看到"全球生态治理逐渐沦为资本主义国家推行国际霸权的工具"这一事实的演进。原因在于，发达资本主义国家力图在"全球生态治理"的过程中，通过"低碳经济""低碳生活"等新概念的话语输出，强迫发展中国家认同这些概念，从而甘于臣服在有利于发达资本主义国家的国际经济政治秩序之中。发达资本主义国家在"全球生态治理"的过程中经历了"换汤不换药"的转变，由位于产业链高端的国家转变为所谓"低碳国家"，而发展中国家则由产业链低端国家转变为"高碳国家"，其国际竞争劣势不仅没能扭转，甚至在"道义"上也低人一等。由此可见，发达资本主义国家已将"全球生态治理"作为其推行国际霸权的话语工具和政治工具。

对此，生态学马克思主义的相关理论有相当大的解释力。福斯特认为，"殖民"特征向来是资本主义社会难以抹去的固有基因，赚钱的动机驱使着资产阶级将资本的触角极大地延伸开来，远远超出自身的物质和精神需求，极度膨胀的生产与极度膨胀的消费形成鲜明的对应关系。由此，必然造成对经济落后国家的非正义掠夺。而在奥康纳看来，在发达资本主义国家中，资产阶级试图实现的"生态正义""一方面是环境利益（如风景、有河流灌溉的农场土地）的平等分配，另一方面则是环境危害、风险与成本（如靠近有毒废弃物的倾倒场所，受到侵蚀的土壤）的平等分配"①。但是，这种看似正义的理念事实上只存在于其国内的生态治理中，对于国际生态治理而言，发达资本主义国家对发展中国家造成了巨大的生

---

① 〔美〕詹姆斯·奥康纳：《自然的理由——生态学马克思主义研究》，唐正东、臧佩洪译，南京大学出版社，2003，第 535 页。

态灾难，发达资本主义"低碳国家"的建成是以经济相对落后地区"高碳国家"的客观生成为代价的。应当说，让发展中国家成为发达资本主义国家的"生态殖民地"，在"道义"上显然是"非正义"的，但发达资本主义国家却通过"全球生态治理"的实践，打着"让发展中国家成为低碳国家"的幌子，试图让这种"生态殖民地""生态附属国"的理念常态化、固化，最终成为一种虚假的"正义"。因此，发达资本主义国家主导下的"全球生态治理"必然会演变为维护"旧的国际生态秩序"的霸权工具。由此可见，争夺"全球生态治理"的"主导权"是决定其"正义"或"非正义"性质的关键因素。

"全球生态治理"二律背反的最终形成。"全球生态治理"二律背反在发达资本主义国家与发展中国家对于"主导权"的争夺中逐步生成。"谁掌握着主导权"是"全球生态治理"是否存在二律背反的关键因素。如果发达资本主义国家掌握着主导权，那么"全球生态治理"就会走向"生态正义"的反面——"生态霸权"；如果发展中国家掌握着主导权，那么"全球生态治理"就会回归到它的"生态正义"本性。但是，发达资本主义国家不可能自动放弃业已形成的"旧的生态游戏规则"，于是，"全球生态治理"二律背反得以最终形成。

马克思曾从殖民主义的角度分析过资本主义国家推行国际霸权的动机，他指出："殖民制度宣布，赚钱是人类最终的和唯一的目的。"① 的确，发达资本主义国家之所以要主导"全球生态治理"，目的是掠夺更多的财富与金钱，这事实上从一个侧面反映了资本的贪婪本性。在马克思那里，资本作为一种纽带，把所有事物都同金钱捆绑在一起，不仅人与人的关系表现为一种金钱关系，而且人与自然的关系也通过金钱维系。资本家剥削工人是把人作为赚钱的工具，而资本家毁坏自然界，则是把"自然"变成了赚钱的工具。由此推之，发达资本主义国家试图主导"全球生态治理"，无非是把发展中国家变成了赚钱的工具，在拒绝给他们经济援助的同时，强迫他们大量购买发达资本主义国家的"低碳产品""低碳技术"，从而不断巩固非正义的国际经济政治旧秩序。

列宁在其关于"帝国主义"的相关论断中，曾天才地提出预测：随着

---

① 《马克思恩格斯文集》第 5 卷，人民出版社，2009，第 864 页。

垄断资本主义的不断演变，它的存在形式必然由"私人垄断"逐步过渡至"国家垄断"，然后再由这种存在形式转变为真正的"国际垄断"。"全球生态治理"中的"生态霸权"就是"国际垄断"资本主义在当代社会延续其影响与作用的一种体现，正如列宁所说："帝国主义最深厚的经济基础就是垄断。"① 正是基于发达资本主义国家在"全球生态治理"中的非正义表现，若干西方左翼学者将发达资本主义国家的做法怒斥为"生态帝国主义"，从而将列宁的"帝国主义"概念明确引入生态领域。例如，西方学者布兰德力图通过重新阐述历史唯物主义，构建所谓"帝国式生活方式"范畴，用以形容发达资本主义国家在全球经济交往、生产协作与废弃物分配上的"整体优势"。更为可悲的是，很多发展中国家的学者和领导人已将这种非正义的生活方式作为国家发展的目标来看待，从而加剧了"全球生态治理"的二律背反。

（三）"全球生态治理"二律背反的破解：建构生态领域的"利益、命运、责任"共同体

通过梳理"全球生态治理"二律背反的生成逻辑，我们清楚地认识到，发达资本主义国家与发展中国家对"全球生态治理"的"主导权"的争夺是症结所在。于是，破解这个二律背反，就可以从这一症结入手。在笔者看来，要超越"全球生态治理"的"主导权"之争，必须建构国际生态领域的"利益、命运、责任"共同体。

建构国际生态领域的利益共同体。"利益"是人类处理生态问题、应对生态危机的基础。马克思曾明确指出："人们为之奋斗的一切，都同他们的利益有关。"② "生态正义"本质上是一种"生态问题上的意识形态"，它由人类在生态领域的"经济基础"，尤其是"利益基础"所决定。如果撇开"利益"，任何"正义"都只是一句空话。事实上，人类之所以提出国际"生态正义"的口号，出发点便是调节国与国之间在生态问题上的利益关系。而发达资本主义国家与发展中国家在"全球生态治理"中的冲突，也主要是"利益冲突"。因此，建构国际生态领域的利益共同体有助于化解"全球生态治理"的"主导权"之争，进而破解"全球生态治理"

---

① 《列宁专题文集·论资本主义》，人民出版社，2009，第185页。
② 《马克思恩格斯全集》第1卷，人民出版社，1995，第187页。

的二律背反。

那么，应当如何建构这样的利益共同体呢？主要是扩大利益交汇点，拓展共同利益。一方面，减少世界各国生态利益的排他性。对于利益的排他性，黑格尔在对其国家学说进行论证时，将立足点建立在排他性利益的减弱上，带有明显的特殊利益与普遍利益相结合的影子。他说："普遍物是同特殊性的完全自由和私人福利相结合的，所以家庭和市民社会的利益必须集中于国家。"① 尽管这样的国家学说是建立在唯心主义哲学基础之上的，但是如果我们从特殊利益与普遍利益相结合的路径延伸下去，在处理国家与国家、国家与国际社会之间关系时，也应当减少各国生态利益的排他性，拓展共同生态利益，从而为国际生态领域利益共同体的构建奠定基础。另一方面，传播"从人类共同利益出发处理生态问题"的思想观念，从而最大限度地减少部分国家在"全球生态治理"中夹杂的"私货"，增加其中的"公益"成分。对于中国政府而言，这种传播的主要路径是建构中国特色的国际生态价值观，并生成相应的对外话语体系，通过国际会议、融媒体等路径在国际社会争取获得最大限度、最广范围的认同。由此，逐步从利益与观念的双重视角达成利益共识，形成覆盖全球的人类生态利益共同体，推动"全球生态治理"二律背反的破解。

建构国际生态领域的命运共同体。建构国际生态领域的命运共同体是破解"全球生态治理"二律背反的又一个举措。首先，应避免重走"新旧世界霸主"全球争霸的老路。生态问题的国家间争议，并非"社会制度"争议，而主要在于这样一个选择题：是构建发展中国家所设想的未来世界生态秩序，还是构建发达资本主义国家设想的未来世界生态秩序？因此，应当在一种新型的国际关系前提下解决这种争议，而不是玩所谓的"零和游戏"，争夺世界霸权。根据"有机马克思主义"的相关论述，其认为生态危机的深层诱因不是"社会制度"的优劣，而是所谓"现代性"，主要是这种特性中蕴藏的无限推动生产力发展的内在冲动。如果这种冲动不能得到有效遏制，那么人类就无法走出"生态危机"。格里芬说："现代性的持续危及我们星球上的每一位幸存者。"② 尽管我们不能把有机马克思主义

---

① 〔德〕黑格尔：《法哲学原理》，范扬、张企泰译，商务印书馆，1961，第261页。

② 〔美〕大卫·雷·格里芬编《后现代科学》，马季方译，中央编译出版社，2004，第23页。

的观点看作对"现代性"的最终宣判，但是其中揭示的困境与危机的确入木三分。由此可见，"社会制度的差异"不应成为国家间争霸的导火线，各国应当求同存异，共同应对日益严重的生态问题。

其次，既然当代生态问题的国家间争议焦点是"未来世界生态秩序的选择"，那么，人类应选择怎样的生态秩序呢？笔者认为，一定是国际生态领域的命运共同体。回顾五百年来的国际经济政治秩序，主要是一种"以西方为中心"的非正义秩序，正如马克思所说："大工业发达的国家也影响着那些或多或少是非工业性质的国家，因为那些国家由于世界交往而被卷入普遍竞争的斗争中。"① 可以说，整个经济全球化的过程是由西方发达资本主义国家持续推动的，这些国家一直是世界历史进程的主导力量，世界生态秩序也无法逃脱这种状况。但是，旧的世界生态秩序是不合理的，因为大部分发展中国家被拒斥在"规则制定者"之外，随着其在整个世界经济中的比重不断提升，其话语权、决策权也应得到合理体现，于是，一种以"命运共同体"为主要特征的新型世界生态秩序必将逐步生成，成为"全球生态治理"二律背反破解的希望。事实上，这种秩序的更替在政治领域早已发端。在 20 世纪的世界历史中，每次大的战争或是大的革命都会不同程度地撬动世界秩序的杠杆，其主流发展趋势是全球政治权力的中心不断从"西方"向"非西方"转移，由此构成人类政治发展史的一条实践线索。

建构国际生态领域的责任共同体。除了建构利益、命运共同体，建构国际生态领域的责任共同体也是破解"全球生态治理"二律背反的重要方面。《奥本海国际法》将一个国家的"责任"看作这个国家实施了有关其他国家的非法行为之后，它所应当承担的道德义务："不遵守一项国际义务即构成国家的国际不法行为，引起该国的国际责任。"② 但是，如果从人类共同体的角度出发，"责任"的内涵就不止于此，还包括构建平等、公正的新型国际关系，反对国际极端势力、国际恐怖主义等义务。因此，建构国际生态领域的责任共同体也包含着丰富的内容，总结起来，主要有三个方面。

---

① 《马克思恩格斯文集》第 1 卷，人民出版社，2009，第 567 页。

② 《奥本海国际法》第 1 卷第 1 分册，〔英〕詹宁斯、瓦茨修订，王铁崖、陈公绰、汤宗舜等译，中国大百科全书出版社，1995，第 401 页。

其一，规避"责任陷阱"。国际生态领域的"责任"由谁来分配？这是一个十分现实的问题。发达资本主义国家往往掌握着"责任分配"的话语权，试图让发展中国家承担超出自身能力的生态责任，从而为发展中国家设置了一个"责任陷阱"。在"道义"面前，如果发展中国家走进这个陷阱，就会面临国家利益的损失；而如果不走进去，便会面临道义上的谴责，被认为是"不负责任的国家"。所以，在构建责任共同体的过程中，各利益相关方必须形成"话语均势"，通过民主协商的方式达成"责任分配"的国际共识，从而不至于让有关国家跌入"责任陷阱"。

其二，不断优化各国承担生态责任的"成本产出比例"。"责任"是一个道德概念，而"成本产出比例"主要是一个经济概念，但二者并不是截然分离的。"成本产出比例"直接关系着一个国家履行生态责任的积极性与实效性。马克思恩格斯指出："既不拿利己主义来反对自我牺牲，也不拿自我牺牲来反对利己主义。"① 要让一个国家积极参与到责任共同体的建构中来，必须优化其承担生态责任的"成本产出比例"，尽可能地增进这个国家的"获得感"，而减少这个国家的"失去感"，只有这样才能使国际生态领域的责任共同体常态化、稳定化。在这里，最为重要的是让一个国家的生态责任与这个国家的综合实力相匹配，而不是强行"压担子"或是强行"卸包袱"。

其三，以共同风险的规避推进国际生态领域责任共同体的建构。正如"全球共同利益"会促成国家间的普遍联合，"全球共同风险"也会推动国家间的普遍合作。对此，巴雷特早有论断："如果地球将被一个小星星击中，我们可以相当肯定，世界上将会有近 200 多个国家团结起来努力使之转移。"② 有利可以不图，但事关生存的"风险"却不得不予以规避。趋利避害不仅是一种个体角度的价值取向，也是一种国家层面的价值取向。只有在拓展共同利益的同时，扩大共同防范风险的国家间"朋友圈"，才有可能加速国际生态领域责任共同体的建构。

---

① 《马克思恩格斯全集》第 3 卷，人民出版社，1960，第 275 页。
② 〔美〕斯科特·巴雷特：《合作的动力——为何提供全球公共产品》，黄智虎译，上海人民出版社，2012，第 216 页。

三　西方生态理论及生态学马克思主义评析

西方生态理论的各类流派纷繁复杂。其中，在乌尔里希·贝克眼中，包括生态风险在内的社会风险是后工业社会到来的一个附属物。在这样的社会发展阶段中，以往的集体生活方式、社会控制能力、自然资源开发等要素正在被全球化、个体化、生态危机和金融风暴等新生事物所代替；以往简洁和线性的发展模式正在被无法预测的复杂性发展模式所代替。用他的话来说，就是"在第一现代性中最基本的关于可控制性、确定性或者安全性的想法土崩瓦解了。一种与社会发展的早期阶段有所区别的新的资本主义、新的经济、新的全球秩序、新的社会和新的个人生活正在形成"①。因此，从社会风险的视角来看待整个社会是对以往各种现代社会理论的批判与超越。这些社会理论将现代社会描述为官僚统治或专家治国的牢狱，而人口占多数的普通民众只是庞大国家机器里的一个齿轮。与此不同，现代生态理论更加注重现代社会中偶然性和矛盾性的描述，并进一步表达了进行社会重建的愿望。

（一）利奥波德、布克金与泰勒的生态理论

利奥波德、布克金与泰勒的生态理论是西方生态理论流派的典型代表。

其一，利奥波德大地伦理生态主义。利奥波德试图定义环境保护，在他看来，环境保护是人与地球之间的和谐状态。在现代社会，公众普遍需要更好的环保教育。然而，公众对于这种教育的数量和内容是有争议的。在20世纪40年代后期，利奥波德将当前环境教育的要点概括为：遵守法律、构建组织、以营利为基础保护环境。他强烈批评这个"公式"。他认为，这样的环境教育首先是为了个人经济利益，而没有意识的义务就没有意义，因此，社会面临的问题是如何激发人们对于自然的社会意识。在现代社会，环境保护已经降到最低限度，并且没有任何哲学或宗教意义上的进步。所以，利奥波德指出了其中的道德问题和教育挑战，尤其是威斯康星州西南部的耕地问题。1933年，某公司向那些进行了五年土地恢复行动

---

① 〔德〕乌尔里希·贝克：《世界风险社会》，吴英姿、孙淑敏译，南京大学出版社，2004，第2~3页。

的农民提供若干帮助。但是，农民只愿意继续开展那些能够为他们提供个人经济利益的活动，而不开展仅仅对社区有利的活动。1937 年，威斯康星州立法机关通过了一项法律，允许农民在他们的土地上管理自己的农业生产。但是，即使有免费技术服务提供的额外激励措施，以及租用专业机械的可能性，农民仍然继续无视有利于整个社区的活动，在这方面毫无进展。

其二，布克金生态有机主义。布克金是美国无政府主义者、政治和社会哲学家、演说家、作家，是生态运动先驱，开创了自由主义的社会生态运动。他激进地反对资本主义，在著作中提倡自由主义的自治制度，强调基层民主，积极组建影响力较强的绿色运动和反资本主义的直接行动小组。布克金对绿党的批评导致了 20 世纪 90 年代美国绿色运动的分裂。他虽然是一个反资本主义者，但经常会见自由主义思想家默里·罗斯巴德，偶尔参加自由主义党（美国）大会，在 1976 年支持他们的总统候选人罗杰·麦克布赖德。布克金的思想影响了被俘的库尔德激进分子阿卜杜拉·奥贾兰，他放弃了暴力，希望和平解决库尔德自治问题。布克金是第一个使用"自由意志自治制度"来描述自由意志的直接民主系统的学者，他主张设立自由直辖市。

其三，泰勒生物中心主义。泰勒于 1943 年至 1946 年在美国海军陆战队服役，退役后获得普林斯顿大学哲学学士学位（1947 年）和哲学博士学位（1950 年）。1949 年至 1950 年，他还在普林斯顿大学任教。他职业生涯的其他时间是担任纽约城市大学布鲁克林学院哲学系的教员。1990 年，他成为该系的名誉教授。在尊重自然方面，泰勒支持环境伦理中以生物为中心的观点。生物中心主义通常优先考虑自然界中的个体，包括人类，但并不赋予人类更高的优先级。尊重自然是环境哲学的一大观点，这是主流哲学家在构建新的分支学科时提出的，泰勒用之来概述他的生物中心主义理论。泰勒理论的一个关键优势是，它使用人类伦理中普遍理解的规范来建立环境伦理的基础。他认为，人类是地球生命共同体的成员，地球生态系统是一个由相互关联的元素组成的复杂网络。每个生物体，就像每个人一样，都是自主选择的目的论中心，因而每个生物体都是目的本身。此外，正如德国哲学家伊曼纽尔·康德假定每个人都具有内在价值一样，泰勒假定每个个体有机体都具有内在价值，值得平等的道德考虑。他认为，人类就其本性而言，仅仅因为他们是理性的生命形式就优于其他生物的说法是毫无根据的。然而，他承认人类有道德责任（由于他们独特的决策能力）以其他形式生命的最佳利益行事。泰勒认为，生物中心主义要求人类遵守如下原则：非恶意（不对自然环境中具有内在价值的任何实体造成伤害的责任）、不干涉（不对个人自由施加限制以及避免干扰生态系统和生物群落的功能）、保真度［保持人与野生动物之间信任的义务（因为野生动物可以被人类欺骗并因此被人类利用）］，以及恢复性正义（通过人类活动恢复被冤枉的人与动物之间的道德和伦理平衡的义务）。

（二）罗尔斯顿、卡普拉与克利考特的生态理论

罗尔斯顿、卡普拉与克利考特的生态理论也是典型的西方生态理论流派。

首先，罗尔斯顿自然生态主义。罗尔斯顿是美国功利主义哲学家和神学家，是环境伦理学和环境哲学领域的先驱。罗尔斯顿是长老会牧师的后代，在研究生涯中，他加入了科罗拉多州立大学哲学系，并于 1992 年成为该大学的特聘教授。罗尔斯顿的文章《有生态伦理吗?》（Is There an Ecological Ethic?）在 1975 年 *Ethics* 杂志上发表，其提出，挑战自然是无价值的，所有价值观都源于人类观点。之后，环境伦理学成了哲学探究的一个分支。四年后，罗尔斯顿创办了《环境伦理学》杂志。他在著作《科学与宗教》中认为，科学将继续存在，今天与科学脱节的宗教明天将不会留给后代。罗尔斯顿的其他著作还有《环境伦理学》、《狂野哲学》和《基因、创世纪与上帝》。与此同时，罗尔斯顿还是一位博物学家，他在大峡谷、西伯利亚、亚马孙盆地、尼泊尔和黄石国家公园等地进行了实地考察。在 2000 年访问南极期间，他成为唯一一位在七大洲讲学的环境哲学家。2003 年，他因关于精神现实的研究获得了邓普顿奖。

其次，卡普拉有机系统生态主义。卡普拉的有机系统生态主义是在 20 世纪生态性危机逐渐于全球范围内蔓延的背景下形成的，18 世纪英国的工业革命革新了生产力，生产力的进一步发展巩固了人类社会的物质基础，大幅提升了物质财富，但这种社会高速发展是以生态环境以及发展的可持续性遭到破坏为代价的，它造成了诸如人口急剧增长、大气层被严重污染、水资源匮乏以及濒危物种增多的问题，卡普拉认为环境危机的根本原因是笛卡尔、牛顿机械论的思想理论所导致的观念危机，他指出："人们试图把一个过时的观点——笛卡尔、牛顿体系的机械主义观点，运用到现

实社会中，这显然不合时宜，我们生活在一个紧密联系的世界，所有生物的、心理的、社会的和环境的因素都不可分割。要恰当地来描述这一切，我们需要一种生态学的洞察力，这是牛顿的世界观所不能及的。"① 这种机械论世界观倡导的是二元论以及割裂的还原论，将有机体视为机器，加剧了生态性危机，通过对这种观念的批判，结合其自身对于道家思想的理解，卡普拉提出其有机系统生态主义思想，认为一切现象之间都具有相互依赖的关系，宇宙是有机的、相互联系不可分割的统一整体，人与自然是相互作用的，要将经济活动放到生态系统的有机联系之中来看，人类只是生态网络中的一环而并非中心，要将割裂的还原论转向系统的整体论，由注重静态结果转向注重动态过程，解决生态性危机的根本不是技术方式的创新，而是要从根本观念上有所转变，生态性危机实质上是一种文化危机。卡普拉的有机系统生态主义是西方科学理论与东方哲学思想相融合的体现，为解决当前人类面临的生态性危机提供了不同的视角，对解决生态危机问题、开展现实工作有着重要的意义，有助于培养人们的生态意识，使人们认识到经济技术与生态环境应处于协调发展的状态，其局限性在于卡普拉对于东方哲学思想的认识不尽全面，过分夸大了精神对物质的能动作用。

最后，克利考特生态伦理主义。20 世纪 70 年代，人们逐渐意识到了生态环境问题的重要性，生态问题切实影响着人类的生存与社会的可持续发展，在此背景下，克利考特提出了非人类中心的整体主义的环境伦理。② 克利考特认为"环境伦理"只是扩大了传统"社会伦理"的对象，将规范人与人、人与社会之间关系的自由拓展到规范人与自然界这个整体之间关系的自由，使人们对于环境的态度从功利层面转向道德层面。其生态伦理主义思想是在对利奥波德大地伦理生态主义的继承和发展中所形成的，利奥波德将土壤、水、大气层以及动植物等看作大地共同体，人是共同体中的成员而非统治者，倡导人们履行对大地共同体的责任与义务，倡导人类与自然环境和谐发展。利奥波德的大地伦理生态主义是以整体主义为取向的伦理观，反对者质疑这一学说忽视了个体的权利，共同体中不同要素的

① Fritjof Capra, *The Turning Point: Science, Society, and the Rising Culture*, New York: Bantam, 1982, pp. 15—16.

② 参见佟立主编《当代西方生态哲学思潮》，天津人民出版社，2017，第 211 页。

价值也没有明确的衡量标准。克利考特据此补充提出了"二阶原则",认为共同体成员应优先考虑对更为亲密的共同体成员的责任或较大的利益,二者产生冲突时应依次考虑,但以后者为主,这一对于优先性的界定解决了个体主义与整体主义之间的争论。克利考特认为对于自然本身的内在价值这一问题不是人类中心主义与自然中心主义的对立,而是人类中心主义、动物解放论以及伦理整体主义三足鼎立,动物解放论与伦理整体主义虽同是自然中心主义,但也有所区别,动物解放论更强调个体主义,两者之间有所联系,但并非是不可缓和的,而在这之中,伦理整体主义是最可行的选项。另外,克利考特也提出要设立"生物多样性保护区",为濒危或对生存环境有着更高要求的物种提供良好的生存空间,以此保证生态系统的运行。克利考特的生态伦理主义思想克服了个体主义孤立地看待问题的缺陷,超越了以人类利益为根本尺度的狭隘观念,但其观点同时也存在削弱人的主体性、能动性的趋向,以及对人与生态系统之间的关系定位还不够清晰准确的问题。

(三) 克莱顿、麦茜特、基尔与高德的生态理论

克莱顿、麦茜特、基尔与高德的生态理论是富有特色的西方生态理论流派。

其一,克莱顿心灵生态主义。20 世纪,科学技术飞速发展,提高了人们生活、生产的水平,但同时也导致过度开发自然、生存环境遭到破坏的后果,资本主义的固有矛盾凸显,人不断被异化,各种不良思潮涌现出来,克莱顿的心灵生态主义思想应运而生。克莱顿的心灵生态主义思想继承了怀特海的"过程哲学",认为物质与精神是不可分割的一个整体,世界中的每一事物都处于动态发展之中,认为解决生态性危机不仅仅是物质层面的问题,而是要将科学与宗教相结合,形成新型的合作关系,从精神层面消除人内心的异化,使心灵得到健康的发展,再使其与周围环境相互作用,进而解决人与自然之间的矛盾。在克莱顿看来,科学与宗教二者不是绝对对立的,现代科学注重对客观规律的研究,但却忽视了客观规律与主观价值之间的联系,科学与价值的分离引发了科学危机,以现代科学的知识为标尺,宗教信仰没有充分的理论支撑,因此出现了宗教危机,面对这两种危机,应用联系与发展的过程视角去探寻两者融合前进的道路,为科学和宗教架起一座桥梁,通过科学、宗教、生态与社会的相互作用实现

和谐的生态文明。同时，克莱顿发展了万有在神论的观点，将泛神论中尊重自然的观点与有神论中对神的信仰相融合，认为宇宙中的一切都处于相互联系之中，低层级的事物通过"突现"不断发展为具有新特点的高层级事物，强调身体与精神之间相互作用的关系，提出要用动态、联系、融合的眼光去解决全球的生态性危机，为建设和谐的生态文明提供了新的视角。其局限性在于在这一思想中克莱顿没有将人当作实在的人，没有将其放在社会历史发展的过程中来看待，没有意识到资本主义的根本矛盾才是造成人性异化的核心原因。

其二，麦茜特生态女性主义。麦茜特的思想为生态女性主义提供了新的方向，也为解决生态性危机提供了全新的指导，通过分析女性与自然之间的关系，将生态危机与女性解放这两个问题联系起来，将女性主义与生态主义有机结合起来。麦茜特认为自然是一个活着的有机的整体，自然孕育了多种多样的生命形式，同母亲一样是一个孕育者的角色，因此女性更能深切体会到自然正在遭受的迫害，自然与女性应当受到人们的尊重、尊敬，对自然、对女性的压迫是与人类道德相违背的，女性的解放应同对自然的保护一般得到人们的重视，但过于强调女性与自然之间的特殊联系本身就是父权制压迫的一种体现，是从父权制出发而形成的观点，于是麦茜特放弃了这一概念，深入批判机械论与二元论。机械论使女性与自然被控制、被压迫，在机械论的理论学说中，自然与女性则是被支配的客体，新的科学理论的出现将机械论的弊端暴露了出来，机械论的消解代表着其支配、压迫自然与女性的合理性也应被消解。另外，麦茜特指出了二元论的误区，她认为二元论的盛行导致了等级制价值观的形成，使得父权制社会对自然与女性进行统治和压迫，"在西方世界传统的理性主义中，二元论的思维将人与自然、男性与女性、理智与感情、心灵与肉体、客观与主观、自我与他者等二分割裂开来，并且在此基础上认为男权优越于女权、理智优于情感、人类凌驾于自然"[1]，应彻底批判这种二元论及父权制的价值观，将对女性被压迫的批判与对自然被破坏的批判结合起来去解决生态环境问题，建立起人与人、人与自然之间的和谐关系。其思想的局限性在

---

[1] Carolyn Merchant, *Radical Ecology: The Search for a Livable World*, New York: Routledge, 1992, p. 298.

于女性与生态联系并不紧密，没有说明人与人之间的平等关系如何实现、如何衡量，没有将不同国家与民族的文化差异考虑进去，导致这一思想有理想化的倾向。

其三，基尔生态女性主义。基尔认为生态女性主义不仅是一种思潮，而且是一种生活方式，其汇集了各个领域的理论，提倡建立一种人与人之间、人与自然之间新型的和谐共生关系，当前生态遭到破坏与女性被压迫这些问题根源就是父权制占据了主导地位，女性在整个社会中被边缘化，地位降低，这与自然仅仅被视为工具、被贬低、被人们肆意破坏是有相同之处的，生态危机与性别压迫是这一切问题的根源所在，批判、解构父权制，使自然与女性从压迫中解放出来，使男性与女性、人类与自然处于新型的和谐关系中是解决生态性危机的根本。基尔指出在父权制社会男人总是被视为理性的、文化的，而女性则被看作主观的、自然的，被归于生育世界中，同自然一样被视为被动的东西，造成这种压迫的原因就是隐喻式思维方式，起初将自然比喻为一位母亲，但随着科学以及商业的发展，自然又被视为失控的、必须征服的对象，女性的形象也随之被贬低，压迫女性的不仅是这种转变了的观念，更是这种思维方式本身。基尔的生态女性主义不仅是批判，也在积极地为现存问题寻找解决的出路，她认为对于女性与自然被压迫的问题要究其根源，再找出其解决办法，生态女性主义并不是一种单一的学说，应追求的隐喻理论是一种被状物式的，是可以持续编织、发展的。另外，基尔还提出要关注动物个体，认为人们不能以保护物种为由去伤害某些动物个体。她对整体论进行了批判与重构，认为人们不能因为整体性这一目标去牺牲个体利益，在重视整体的同时不能忽视个体，这两者是密不可分的，要用动态的眼光去考虑两者之间的关系。其局限性在于面对已经根深蒂固的父权制，还需要更完备的理论去解构男权中心主义，另外，基尔的生态女性主义思想的出发点仍是整体的情境，与她所提倡的个体与整体同等重要是相悖的。

其四，高德生态女性主义。高德对于生态女性主义的发展首先体现在其素食主义的生态女性主义思想中，高德认为生态女性主义的生命力不在于批判他人，而在于怜悯其他动物，她提出有怜悯之心的人是可以体会动物正在经受伤害这一事实的，逐利者为了自身利益作出了利用动物进行实验、将动物用于食用或商用等违背动物生命本能的行为，破坏了本应和谐的生态环境，逐渐失去了怜悯之心并鄙视他人的这种情感，想要解决这种生态性危机就要摆脱这种意识形态在机械化社会对人类情感的压迫，摆脱人类中心主义，由此，高德提出要摆脱压迫就要了解各种压迫的实质以及受压迫群体之间的联系，跨领域、跨文化地探索发展生态女性主义，消除等级划分，消解人类的主体性。高德反对二元对立，认为对立的两端也是存在联系、相互依存的，这种对立不是绝对的对立，而是一个动态的、变化的过程。她也反对自然的女性化，认为自然的女性化会使文化被贴上男性的标签，女性与男性应是构成文化与自然的两个平等的部分。此外，高德也用生态女性主义的视角对同性恋与生殖正义作出了解读，认为自然与女性的解放与同性恋的自由是存在相似之处的，将同性恋置于违反自然法则的境地中，认为同性恋性行为是"非自然"的这种观点是从生殖这一目的出发的，实质上是父权制对于同性恋者的压迫手段，同性恋者与受到压迫的女性、自然有着相同的处境，成为母亲、繁育后代不应是女性的首要经济社会价值。关于生殖正义，高德认为良好的生态环境与安全的生殖技术才能使女性的生育权得到真正的保障，同时也要将动物纳入这一范围中，这对生态性危机的解决有着重要意义。高德这一思想的局限性是其试图消解人类的主体性，认为其他事物同人类一样具有价值，但价值是在主体与客体的相互作用之下产生的，离不开人类的主体性，自然无法单纯地凌驾于人类之上，压迫的消除与生态环境的保护也需要人类发挥自身的主观能动性，同时其跨领域的研究方法虽提供了不同的视角，但没有提出具体的实现方案。

（四）奥康纳生态马克思主义

20 世纪 90 年代，西方一些发达资本主义国家为了自身发展对落后发展中国家进行自然资源的掠夺，并将那些环境污染危害大的产业转移到了落后发展中国家，使生态危机进一步扩张成了全球性的问题。解决这一问题则需要一条新的生态发展道路来改善现状，马克思主义便成了指导这一实践的理论工具。学者们试图通过将马克思主义与生态学相结合，从马克思主义理论中寻找应对生态危机的办法，奥康纳的生态马克思主义思想便是在此背景下产生的。他认为人与自然是一个需要辩证看待的统一体，人与自然相互作用又相互制约，有一个良好的生态环境的先决条件是坚持人与自然的和谐统一。由此奥康纳从社会劳动这一中心范畴出发，对资本主义进行了批判，认为造成当前全球生态危机的根源就是资本主义制度。奥康纳首先对传统的历史唯物主义进行了重构，他认为传统的历史唯物主义缺少对于自然与文化的体现，忽视了自然与文化在人类历史中的重要作用，应从自然与文化这两个角度对生产力与生产关系进行重新解读。他对自然这一概念给出了新的解释：一是自然有其自主运作性，人类在改造客观世界时自然本身的结构也在不断变化，主动影响着人类的生产生活，改造自然这一活动是由自然与人类共同完成的；二是自然有其主观目的性，即存在，自然不仅仅是被开发的客观对象。同时，"文化"这一概念也应被引入历史唯物主义，他认为马克思仅仅关注劳动关系、生产技术以及分工问题，轻视了文化的作用，文化不只是上层建筑的一部分，人类生产劳动是受到文化因素干预的。另外，奥康纳还提出资本主义有其第二重矛盾，即生产关系与生产条件之间的矛盾，并以此对资本主义制度进行了批判，认为其在生态上有着不可持续性，解决这一问题就需要建立社会主义制度，生态危机问题在社会主义制度下并非是不可调和的，与社会主义的经济机构关系不大，其优越性在于其生产目的是满足人们的生活需要，分配方式更加公平，生产资料的公有减少了资源的掠夺，集体消费避免了资源浪费，利于建立和谐的生态关系。奥康纳的生态马克思主义也有其局限性，马克思并非不重视自然，也曾多次提起人对自然的依赖性以及人类和自然界的异化问题，且马克思所处的时代生态性危机也不是当时社会的核心问题，这就决定了其有关生态的理论只能处于从属地位；奥康纳也夸大了资本主义第二重矛盾的地位，夸大了人与自然的矛盾，占主导地位的矛盾一定是由社会性质所决定的。

四　社会主义条件下的生态问题及解决前景

在资本主义制度下，生态性危机是不可避免的，这是由于在资本主义社会中生产的目的在于追求剩余价值，资本主义的根本矛盾无法得到解决，导致了对自然资源无节制地开发、掠夺，带来了众多不良的生态后果。而在社会主义制度下，这种生态性危机是由发展的特定历史原因所引起的，例如，为实现经济快速增长而采取粗放式的工业化模式、因全球化趋势逐渐成为主流而遭到资本主义国家生态性危机的波及，虽是能加以解决的矛盾，但也需要妥善处理，不可忽视。

（一）社会主义条件下现存生态问题的具体表现

我国现存的生态问题主要是三种类型。一是空气污染。21世纪以来，"我国城市空气污染物流动已经突破小范围的局部城市边界，其扩散范围正在逐渐变大，广域性空气污染越来越突出，甚至还对相邻国家和地区的空气质量产生影响，造成'跨境污染'的现象。近年来，空气污染逐渐呈现为一些区域性的整体威胁，在京津冀、长三角、珠三角、汾河平原等区域表现得相对突出"[①]，尽管我国为改善空气质量作出许多努力，但空气污染形势依然严峻，我国部分地区的空气质量指数仍存在偏高的情况，人长期处于受污染的大气环境中会对其身体健康产生严重的影响。二是水污染。"我国是一个资源型和水质型缺水的国家。联合国规定，地区年人均水资源量小于1700立方米，称为资源型缺水。我国的人均水资源量已不足世界人均水平的1/4，是一个资源型缺水的国家。同时，因为水源的水质达不到国家规定的饮用水水质标准，我国还是一个水质型缺水的国家。"[②]三是土壤污染。"全国土壤环境状况总体不容乐观，从污染分布情况看，南方土壤污染重于北方；长江三角洲、珠江三角洲、东北老工业基地等部分区域土壤污染问题较为突出，西南、中南地区土壤重金属超标范围较大，耕地土壤环境质量堪忧，工矿业废弃地土壤环境问题突出。"[③]

除此以外，环境污染与食品安全风险不断加剧。随着中国工业化和城市化进程不断推进，在经济社会快速发展的同时，环境污染的风险正在加剧，而由环境污染所导致的食品安全风险也同时进入了人们的视线。

中国是自然灾害频发的国家，全国70%以上的城市与50%以上的人口分布在气象地质灾害严重的地域，其中2/3以上的国土面临洪灾威胁，全部省份都发生过5级以上地震，东部沿海地区常年保持年均7个热带气旋登陆的气象状况。[④] 我国是世界上自然灾害最为严重的国家之一，灾害种类多，分布地域广，发生频率高，造成损失重。地震、洪涝、台风、干

---

① 范叶超、刘梦薇：《中国城市空气污染的演变与治理——以环境社会学为视角》，《中央民族大学学报》（哲学社会科学版）2020年第5期。

② 江曙光：《中国水污染现状及防治对策》，《水产科技情报》2010年第4期。

③ 庄国泰：《我国土壤污染现状与防控策略》，《中国科学院院刊》2015年第4期。

④ 池子华、郭进萍等：《红十字：文化传播危机管理与能力建设》，合肥工业大学出版社，2014，第126页。

旱、风雹、雷电、高温热浪、沙尘暴、地质灾害、风暴潮、赤潮、森林草原火灾、植物森林病虫害等灾害在我国都有发生。于是，防范自然灾害引起的社会公共风险就成为政府的使命之一。在论述了民族关系在社会公共风险防范中的作用之后，我们要进一步推进改革发展，不断增强我国的综合国力和抵御风险能力。抗震救灾斗争以一种特殊的方式全面检阅和展示了我国改革开放 40 余年的伟大成就。改革开放以来我国综合国力大幅跃升，社会繁荣进步，为抗震救灾提供了坚实物质保障和社会基础。正是改革开放造就的物质成果推动了抗震救灾斗争的胜利。在物质基础雄厚的基础上，政府部门还需要本着"标本兼治"的原则，建构防灾减灾机制，进一步提高防范自然灾害的能力。我们要进一步加强防灾减灾工作，显著提高防灾减灾能力。提高防灾减灾能力是保护人民生命财产安全、保卫改革开放和社会主义现代化建设成果的必然要求。要坚持兴利除害结合、防灾减灾并重、治标治本兼顾、政府社会协同，全面提高全社会对自然灾害的综合防范和抵御能力。要防范自然灾害引发的社会公共风险，还必须前瞻性地建构完善的城乡防灾机制，强化城乡防灾能力建设，提升防灾减灾科技水平，增强灾害监测预警能力，加强防灾减灾基础设施建设，健全对各类灾害的风险监控、应急处置、灾害救助、恢复重建等防灾减灾措施。

在经济建设的过程中，难免出现各种自然灾害。于是，防范各种自然灾害引发的社会公共风险成为社会主义建设新时期所要解决的问题。因此，必须用科技创新的方法防范自然灾害引起的社会风险。要加快遥感、地理信息系统、全球定位系统、网络通信技术的应用以及防灾减灾高技术成果转化和综合集成，建立国家综合减灾和风险管理信息共享平台，完善国家和地方灾情监测、预警、评估、应急救助指挥体系。通过防灾科学技术的发展进步，建构信息化、体系化的风险管理机制，形成一整套风险预警、防范、化解措施。

（二）社会主义条件下现存生态问题的成因

从理论层面上看，当前社会主义国家正处在发展阶段，对发展的速度、效率有着很高的追求。在生产观念上，由于受传统工业生产价值观、生态观的影响，现行的生产方式下包含着资本主义市场经济的成分，这就使得社会生产存在追逐利益最大化的倾向，以生态环境遭到破坏为代价换取更高的生产速度、生产效率的观念仍然存在，过于强调以人类利益为中心，仅仅将自然当作被利用的工具，没有真正将人与自然作为一个整体，人与自然和谐共生、可持续发展的观念还没有深入人心，这种生产下的升级发展会带来严重的生态危机，生态危机又会反过来阻碍社会的发展，这种负反馈产生的原因就是追求发展而对自然无节制索取的生产观念还没有转变过来，要以经济建设为中心，但并非唯一中心；在生产方式上，生产主体为获取局部的、现时的经济利益而降低生产成本、扩大生产规模，用更低廉但却会使生态遭到破坏的手段不断从自然中攫取原材料，透支环境与资源，一些生产主体也会为了减少成本而选择对生态环境造成污染的方式来处理生产过程中产生的废料、废水；在科学技术上，实用性与功能性是主流取向，人们利用发达的科学技术高效率地不断对自然进行改造、开发，而非利用其对生态环境进行保护，忽略了其负面影响以及其目的的合理性与价值性，过于依赖科学技术带来的便利致使自然丧失了其生态价值，把自然放在了单纯为人类而存在的位置，赋予科学技术的价值不够多元化导致了生态危机的出现；在消费行为上，部分人为了满足欲望的扩张而对自然资源进行非必要的消耗，以证明自己的主体地位，消费可以满足人在物质层面与精神层面上的需求，但人无止境的欲望演化出了消费异化，消费逐渐变得不再是为了满足人生存和发展的需要，消费影响着生产，合理消费、绿色消费意识的淡薄导致了资源的浪费，打破了自然生态的平衡与和谐。此外，我国实行以公有制为主体，多种所有制经济共同发展的经济制度，从私有经济这一角度看，生态文明建设在与所有制之间的关系的处理上仍有不足之处，这会导致部分人为了个人利益而牺牲生态环境，仍存在人的生产关系被异化成物的关系的现象，对物质商品的过度依赖显示出了"拜物教"的倾向，这种崇拜也会导致人们将自然资源仅仅当作生产资料，忽视人与自然应保持一种平等和谐的状态。

从现实层面上看，在生态领域治理的问题上，治理难度大、力度小，资金投入后见效慢、治理周期长致使资金投入不充足，生态治理主体没有形成合力；在经济发展方式的问题上，社会主义条件下，发展是第一要务，这就给高能耗高污染的发展方式提供了生存土壤，这种不可持续的发展方式因其创收快的优势被人们所青睐，不愿因生态环境的保护问题而失去这些既得利益；在技术条件的问题上，有关环境治理的技术水平不够高，设备不够完善，智能技术在生态治理领域的应用仍需要一段时间来发展成熟；在环保观念教育的问题上，人民生态文明素养普遍偏低、教育渠道窄以及缺乏反馈机制都是社会主义条件下生态问题产生的诱因。

在历年抗击自然灾害的社会实践中，中国化马克思主义对此有深刻理解。由于自然灾害同样可以给人民生命财产和社会公共秩序造成威胁，所以它可以蔓延至经济、政治和公共领域，引发全面的社会风险。要深入研究各种自然灾害之间、灾害和生态环境、灾害和经济社会发展的关系，开展全国自然灾害风险综合评估，加强防灾减灾关键技术研发，强化应对各类自然灾害预案的编制。自然灾害如果不能得到有效治理，就会严重影响经济和政治生活，进而威胁公共领域的安全，所以必须加大与防灾减灾相关的科学研究，编制各种防灾预案，在必要时付诸实施。

在众多社会风险中，核泄漏可谓极为可怕的一种。2011 年 3 月 11 日由地震引发的日本核泄漏危机就是一系列人为错误造成的大灾难。正是由于这个原因，要大力加强核安全，切实减少核风险。各国应该严格遵守核安全领域各项国际法律文书，采取切实措施，确保其核设施和核材料安全。从保护生态环境，进而防范社会公共风险的角度来看，积极推动经济发展方式转型是重要的破解之道。走新型工业化道路，调整经济结构，转变经济增长方式，缓解能源资源和环境的瓶颈制约，加快产业优化升级，促进人口健康和保障公共安全，维护国家安全和战略利益。这就把防范生态问题引起的公共风险提升到了国家战略层面。

中国生态问题的重要特征是内生性风险与外源性风险并存。中国生态问题的内生性风险主要是由社会基本矛盾等内部因素所催生的风险现象，如由利益矛盾引发的群体性冲突风险，人员和物资的频繁流动造成的交通事故风险，冰灾和洪灾等自然灾害可能造成供水、供电、通信等公共设施事故风险，等等。就利益矛盾引发的群体性冲突而言，这是内生性风险的主要形式。利益在社会关系的存在与发展中具有基础性作用。马克思和恩格斯认为："'思想'一旦离开'利益'，就一定会使自己出丑。"[①] 那么，外源性风险是什么呢？它是从社会外部输入的风险因素，如国外的疾病传染风险、核辐射的输入性风险、恐怖袭击风险等。日本在 2011 年 3 月 11 日发生大地震之后，福岛核电站随即发生了核泄漏，其泄漏的核辐射具有

---

① 《马克思恩格斯文集》第 1 卷，人民出版社，2009，第 286 页。

伴随各种流动人员和物资侵入中国内地的可能性。因此，中国政府迅速启动了应急预案，阻断了辐射传输的路径，有效防范了这一外源性风险。随着中国改革开放的继续深化，社会关系与社会结构的大幅度调整会引发诸多内源性风险，而开放程度的提升与开放领域的扩大，则会诱发大量外源性风险。这样，中国生态问题就形成了内生性风险与外源性风险并存的局面。

（三）社会主义条件下现存生态问题的解决前景

总的来说，解决生态问题就要走一条人与自然和谐共生的绿色道路。

在发展层面上，"'十四五'时期是我国实现碳达峰的关键期，我们要努力推动碳达峰目标任务的稳步实现，力争在 2030 年前实现碳达峰，在 2060 年前实现碳中和"[①]；要采用绿色、低碳、可循环的发展方式，实现资源的节约与高效利用，力求低排放、零排放；要加速改变传统的生产模式，运用新能源等低碳能源以及绿色的低碳技术着力调整产业结构，淘汰高能耗高污染的产业，发展绿色生态产业；从注重规模、产量转变到注重效益、质量，加大废物再利用技术的开发，以达到可持续发展的目的，不断改善生态环境质量，以良好的生态环境助推经济发展，最终达到反哺的目的。

在观念层面上，要倡导大众树立正确的生态观，鼓励全民朝着低碳生活的方向前进，倡导低碳出行的方式，倡导低碳产品的使用，使大众深刻认识到自然资源并非是取之不竭、用之不尽的，过度开发自然资源得到的利益是暂时的，是在透支国家未来的发展潜力，是不可持续的发展；同时也要以社会主义核心价值观为指导引导大众树立绿色的消费观念，自觉抵制消费主义思潮的侵蚀，理性消费，减少浪费；也要利用新媒体这一手段，辅以大众化的语言表达，宣传我国基本的生态政策，在宣传的深度与广度上下功夫，以增强大众的环保参与意识、生态文明意识，实现全员参与、全员行动。

在技术层面上，要实现治理技术的现代化，运用"互联网+生态治理"跨越时空障碍，对生态治理领域的实践活动进行宏观把控，促进生态治理网络全覆盖，扩大监测范围，及时发现并惩处破坏生态环境的违规违法行

---

① 欧阳康、郭永珍：《论新时代中国生态治理现代化》，《江苏社会科学》2021 年第 6 期。

为；利用大数据技术对污染情况、治理成效相关的数据进行收集整理，提升监测、预警能力，做到动态跟踪、实时反馈；另外，还要创新生态治理方式，融合人工智能技术，凝聚生态治理合力。

在制度层面上，要"坚持和完善生态文明制度体系，促进人与自然和谐共生"①。一是建立健全的监管机制，促进中央督查与地方监管相结合，确保环保专项资金的合理合规利用与生态职责的落实。二是建立健全的责任追究制，约束企业与政府部门，完善党内法规，明确划定各级责任主体的职责，保证各级责任主体承担起应承担的责任，避免出现责任交叉、职责不明等情况。

在法律层面上，要明确以生态文明理念为指导思想，完善环境保护相关的立法体系，加强法律体系的协调性，增强其可操作性，鼓励地方根据自身条件与情况制定地方性法规与行政条例，制定单行性专门环境立法，实现有法可依，也要加大执法力度，实现有法必依、执法必严，保障环境保护相关法律法规的权威，成立专门的环保执法机构，确保执法权的落实，对于破坏生态环境的违规违法行为给予严厉打击，对破坏生态的乱象"零容忍"。

---

① 中共中央党史和文献研究院编《十九大以来重要文献选编》（中），中央文献出版社，2021，第289页。

第九讲
当代中国马克思主义和 21 世纪马克思主义

　　马克思主义是时代的产物，是不断发展的学说，具有与时俱进的理论品质。马克思主义指导中国革命、建设和改革形成了一系列中国化的理论成果。在中国特色社会主义进入新时代的新征程中，以习近平同志为主要代表的中国共产党人，坚持把马克思主义基本原理同中国具体实际相结合、同中华优秀传统文化相结合，坚持毛泽东思想、邓小平理论、"三个代表"重要思想、科学发展观，深刻总结并充分运用党成立以来的历史经验，从新的实际出发，继续推进马克思主义中国化，不断开辟马克思主义中国化新境界，创立了习近平新时代中国特色社会主义思想。习近平指出："新时代中国特色社会主义思想，是对马克思列宁主义、毛泽东思想、邓小平理论、'三个代表'重要思想、科学发展观的继承和发展，是马克思主义中国化最新成果，是党和人民实践经验和集体智慧的结晶，是中国特色社会主义理论体系的重要组成部分，是全党全国人民为实现中华民族伟大复兴而奋斗的行动指南，必须长期坚持并不断发展。"① 作为当代中国马克思主义和 21 世纪马克思主义的习近平新时代中国特色社会主义思想不仅是实现中华民族伟大复兴的行动指南，也是建设美好世界的中国智慧和中国方案。

一　中国特色社会主义形成和发展的历史逻辑、理论逻辑、实践逻辑

　　习近平新时代中国特色社会主义思想是中国特色社会主义理论体系的

---

① 习近平：《论党的宣传思想工作》，中央文献出版社，2020，第 3 页。

重要组成部分。就中国特色社会主义而言，其建构可以从历史逻辑、理论逻辑和实践逻辑三个方面进行探究。历史逻辑是对历史发展规律的总结和原则概括，理论逻辑是理论特质和内在发展规律的具体体现，实践逻辑是对时代问题的现实解答。三者相互联系、相互支撑，共同构成习近平新时代中国特色社会主义思想的理论建构逻辑。

（一）中国特色社会主义形成和发展的历史逻辑

历史逻辑是对历史经验的原则总结和凝练，表现为历史发展的必然性。中国特色社会主义形成和发展的历史逻辑就是世界社会主义和近代以来中国人民孜孜以求民族复兴和现代化的历史延续。在中国革命、建设和改革的过程中，马克思主义不断形塑自身的理论样态和叙事构架，构成了中国近代以来历史发展的总体场景。"一个国家实行什么样的主义，关键要看这个主义能否解决这个国家面临的历史性课题。"[①] 中国共产党在革命、建设和改革的探索过程中，科学把握历史主体和历史事件的规定性和规律性，不断推进和发展中国化的马克思主义，是将马克思主义的基本原理同中国社会不同时期的主题和国情有机结合的逻辑必然。因此，要从社会主义发展史、中国共产党史、新中国史、改革开放史的历史视角认识和理解，要从世界社会主义 500 余年发展历程、中国共产党领导中国人民100 余年的伟大社会历史变革、新中国成立 70 余年的艰辛探索历程、改革开放 40 余年的伟大实践中去考察。这也是把握习近平新时代中国特色社会主义思想形成和发展历史逻辑的必然要求。

首先，世界社会主义 500 余年的曲折发展历程蕴含着形成和发展中国特色社会主义的内在规定。社会主义作为一种对资本主义批判和对未来社会理想追求的理论与实践的思想，自 16 世纪初期空想社会主义产生至今已历时500 余年。在这一长期的历史进程中，社会主义经历了从空想到科学、从理论到实践、从一国实践到多国发展实践、从一种模式到多种模式的飞跃，历经坎坷却坚毅前行，展现出了强大的生命力，为人类社会的发展指明了前进的方向。只有从世界社会主义 500 余年的历史大视野考察，才可以厘清习近平新时代中国特色社会主义思想的历史本源和发展脉络。苏俄社会主义制度的建立，标志着人类社会进入社会主义与资本主义两种制度和两种意识形态共

---

① 《习近平谈治国理政》，外文出版社，2014，第 22 页。

存，并相互竞争、相互较量的时代。但是，东欧剧变、苏联解体使某些人认为社会主义已经失败，也使世界社会主义事业遭遇重大挫折，"历史终结论"一度甚嚣尘上。然而，21世纪以来，随着"9·11"事件、国际金融危机、欧洲债务危机、新兴市场国家异军突起等"强硬的事实"的出现，学界普遍认为，西方发达资本主义正经历严重的制度危机，世界社会主义的复兴成为大势所趋，尤其是对未来世界社会主义发展趋势的认识有了重大突破。2020年以来，我国抗击新冠疫情取得重大成效，更增强了人们对社会主义前途的向往和社会主义胜利的信心，进一步增强了"两个必然"的坚定信念，强化了中国特色社会主义"四个自信"。社会主义终将取代资本主义仍然是历史发展的总趋势。作为科学社会主义的中国样本和中国实践，中国特色社会主义检验、丰富并发展了科学社会主义，为世界社会主义发展注入新的活力。

其次，中国共产党领导革命、建设、改革100余年的伟大社会变革的奋斗目标就是实现社会主义。近代以来，实现中华民族的繁荣富强和现代化是无数中国先进分子的夙愿，汇聚成了中华民族复兴的伟大梦想。为实现这一奋斗目标，在经过多种选择，尝试了不同方案，品尝了无数次失败的苦果之后，中国人民选择了中国共产党，选择了社会主义道路。资本主义解决不了中国问题，改良主义、自由主义等形形色色的其他主义也解决不了中国问题，封建地主阶级中的维新派和洋务派、资产阶级等都不能够带领中国走出困境，只有坚持中国共产党的领导和马克思主义的指导，才能使近代中国走出民族危亡、国家贫弱的状态，走上繁荣富强的康庄大道。这是近代中国历史发展的必然结论。《中共中央关于党的百年奋斗重大成就和历史经验的决议》开篇指出："中国共产党自一九二一年成立以来，始终把为中国人民谋幸福、为中华民族谋复兴作为自己的初心使命，始终坚持共产主义理想和社会主义信念，团结带领全国各族人民为争取民族独立、人民解放和实现国家富强、人民幸福而不懈奋斗，已经走过一百年光辉历程。"① 其中"始终坚持共产主义理想和社会主义信念"即指共产主义是中国共产党奋斗的根本目标，为中国共产党走过百余年光辉历程提

① 本书编写组编著《〈中共中央关于党的百年奋斗重大成就和历史经验的决议〉辅导读本》，人民出版社，2021，第3页。

供了强大的精神动力。在"中国共产党百年奋斗的历史意义"中还说道："马克思主义中国化时代化不断取得成功，使马克思主义以崭新形象展现在世界上，使世界范围内社会主义和资本主义两种意识形态、两种社会制度的历史演进及其较量发生了有利于社会主义的重大转变。"① 必须强调的是，这种转变是在东欧剧变、苏联解体后世界社会主义事业陷入严重低潮、"历史终结论""社会主义失败论"大行其道的背景下，我国仍然坚定不移地坚持和发展中国特色社会主义获得的，不仅进一步彰显了马克思主义的科学性和科学社会主义的规律性，而且更加说明了中国特色社会主义形成和发展的历史必然性。

再次，新中国成立 70 余年的艰辛探索就是为了建立一个符合中国国情的社会主义现代化国家。新中国成立后，中国共产党领导中国人民恢复和发展了国民经济，完成了社会主义改造这一巨大的社会变革，并进行了社会主义建设的初步探索。改革开放以后，中国以经济建设为中心，以勇于变革的坚定信念破除了发展过程中的各种思想和体制障碍，取得了前所未有的成就，探索出富有创新意义的中国特色社会主义道路。历史证明，始终坚持党的领导，我们才能取得世所罕见的经济快速发展奇迹和社会长期稳定的奇迹。如何在中国这样一个经济文化落后的东方大国建设和巩固社会主义，这是新中国成立后面临的一个崭新课题。开始时主要是学习苏联经验，这在当时是必要的，也取得了一定的成效。但是，完全照抄照搬苏联经验是不符合中国国情的，仍需要实行马克思主义与中国实际的"第二次结合"，走符合中国国情的社会主义建设道路。尤其是，"苏联模式"存在的问题也及时被中国共产党人所察觉。1956 年 4 月和 5 月，毛泽东先后在中央政治局扩大会议和最高国务会议上作了《论十大关系》的报告，初步总结了我国社会主义建设的经验，明确提出要以苏为鉴，独立自主地探索适合中国国情的社会主义建设道路。他说："特别值得注意的是，最近苏联方面暴露了他们在建设社会主义过程中的一些缺点和错误，他们走过的弯路，你还想走？过去我们就是鉴于他们的经验教训，少走了一些弯路，现在当然更要引以为戒。"② 这就明确了建设社会主义必须根据本国国

---

① 本书编写组编著《〈中共中央关于党的百年奋斗重大成就和历史经验的决议〉辅导读本》，人民出版社，2021，第 72~73 页。

② 《毛泽东文集》第 7 卷，人民出版社，1999，第 23 页。

情走自己的道路这一根本思想。在社会主义建设道路初步探索的过程中，形成了调动一切积极因素为社会主义事业服务、正确认识和处理社会主义社会矛盾、走中国工业化道路等新的理论成果，同时也取得了重大的实践成就，当然也走了不少的弯路。《中共中央关于党的百年奋斗重大成就和历史经验的决议》指出，从新中国成立到改革开放前夕，党领导人民完成社会主义革命，进行社会主义建设探索，"在探索过程中，虽然经历了严重曲折，但党在社会主义革命和建设中取得的独创性理论成果和巨大成就，为在新的历史时期开创中国特色社会主义提供了宝贵经验、理论准备、物质基础"[①]。中国特色社会主义正是在总结我国社会主义建设初步探索经验教训的基础上形成和发展起来的。

最后，改革开放40余年的伟大实践和社会主义现代化建设的伟大实践形成和发展了中国特色社会主义。改革开放是对新中国成立后历史经验深刻反思的结果，也是实现中华民族伟大复兴的客观要求。改革开放40余年来，我们积累了宝贵的经验，为进一步推动党和国家事业的发展提供了强大的理论支撑。党的十八大以来，中国特色社会主义进入新时代，这是"我们党领导人民进行伟大社会革命的继续"[②]，是改革开放和社会主义现代化建设基本经验的总结和升华，是连接历史与未来的理论桥梁，是历史规律性的全面演绎和历史必然性的充分体现，必须一以贯之进行下去。我国的社会主义建设初步探索遭遇了严重曲折。但是，沿着社会主义方向发展是符合人类社会发展规律的正确选择，走社会主义道路是中国共产党成立时的庄严承诺，是中国共产党践行初心使命的必由之路，因此，无论前行道路多么艰难我们都要推进社会主义的发展。党的十一届三中全会重新确立并发展了党的实事求是的思想路线，强调要解放思想、实事求是，通过改革开放推进我国社会主义的发展和现代化建设。在改革开放的历史进程中，继续推进马克思主义中国化，逐渐形成了包括邓小平理论、"三个代表"重要思想、科学发展观、习近平新时代中国特色社会主义思想在内的中国特色社会主义理论体系，并运用这些创新理论成果指导中国特色社会主义建设实践。党的十九大报告指出，经过长期努力，中国特色社会主

---

① 本书编写组编著《〈中共中央关于党的百年奋斗重大成就和历史经验的决议〉辅导读本》，人民出版社，2021，第27页。

② 《习近平谈治国理政》第3卷，外文出版社，2020，第69~70页。

义进入新时代，这是我国发展新的历史方位。它表明中国特色社会主义事业发展取得了历史性重大成就和发生了历史性重大变革，表明我国在经济文化落后基础上进行独创性的社会主义建设探索取得了历史性重大进展，更表明我国将毫不动摇地推进中国特色社会主义的发展。中国特色社会主义是社会主义而不是别的什么主义。习近平指出："历史和现实都告诉我们，只有社会主义才能救中国，只有中国特色社会主义才能发展中国，这是历史的结论、人民的选择。"[①] 总之，改革开放以来，中国共产党坚定不移地将科学社会主义基本原则和中国实际相结合，成功开创了中国特色社会主义并推进到新时代，在经济文化落后基础上进行社会主义建设探索取得了重大成就，社会主义制度优势越来越得到彰显。

（二）中国特色社会主义形成和发展的理论逻辑

马克思主义基本原理和科学社会主义基本原则在当代中国的具体运用是中国特色社会主义形成和发展的理论逻辑。

首先，理论基础是马克思列宁主义。坚持马克思主义的基本立场、观点和方法，根本是坚持其活的灵魂。解放思想、实事求是、与时俱进，是马克思主义活的灵魂。中国共产党始终坚持这一活的灵魂，坚持用马克思主义的立场、观点和方法分析不断变化着的社会实际，并在马克思主义基本原理与中国具体实际、中华优秀传统文化的结合中与时俱进地发展着马克思主义，以中国特色社会主义实践和经验不断丰富着马克思主义的理论宝库。从毛泽东思想的产生，到邓小平理论、"三个代表"重要思想和科学发展观的提出，再到习近平新时代中国特色社会主义思想的形成，我们党坚持马克思主义指导的立场一直没有变，运用马克思主义观点和方法的态度一直没有变，丰富和发展马克思主义进而形成中国马克思主义的信念一直没有变。

其二，直接思想来源是毛泽东思想。毛泽东思想作为马克思主义中国化第一次伟大飞跃的理论成果，在探索社会主义建设问题时的一系列有益思考，包括十大关系的思考、如何正确处理人民内部矛盾、社会主义现代化两步走理论等，为中国特色社会主义提供了直接的思想借鉴。从四个现代化到当下的社会主义建设的"五位一体"的总体布局，从 60 年代的

---

① 《习近平谈治国理政》，外文出版社，2014，第 22 页。

"两步走"到当下全面建成社会主义现代化强国的总的战略安排"两步走",从马克思主义和中国实际"第二次结合"的提出到当下中国式现代化的提出,从发展是硬道理、发展是执政兴国的第一要务、科学发展观到社会主义新时代新发展理念的提出,等等,这些思想无不体现着一种传承与创新。中国共产党历代领导人正是在以往理论创新的基础之上,不断强化问题意识,运用马克思主义的基本原理回答不同时代提出的不同重大课题,总结实践中的新鲜经验,实现了理论创新的一次又一次飞跃。

其三,文化渊源是中华优秀传统文化。不论是毛泽东思想还是中国特色社会主义理论体系,之所以具有"中国气派""中国风格",正是因为历代中国共产党领导人在把马克思主义与中国实际相结合的过程中,还坚持了与中华优秀传统文化相结合。习近平总书记在党的二十大报告中指出:"只有植根本国、本民族历史文化沃土,马克思主义真理之树才能根深叶茂。中华优秀传统文化源远流长、博大精深,是中华文明的智慧结晶,其中蕴含的天下为公、民为邦本、为政以德、革故鼎新、任人唯贤、天人合一、自强不息、厚德载物、讲信修睦、亲仁善邻等,是中国人民在长期生产生活中积累的宇宙观、天下观、社会观、道德观的重要体现,同科学社会主义价值观主张具有高度契合性。"① 而中国特色社会主义的推进正是充分传承了中华优秀传统文化,例如邓小平同志提出的小康社会就是来源于《诗经·大雅·民劳》中的"民亦劳止,汔可小康",邓小平根据古代人民的美好愿景,汲取其中的优秀成分,将其运用于改革开放初期的社会建设,同时围绕建设小康社会,邓小平又根据马克思主义的社会生产理论,提出一系列的战略目标,阐述中国式现代化的战略任务。小康的提出,正是马克思主义基本原理贯通中华优秀传统文化的文脉而取得的理论创新成果。习近平基于中华优秀传统文化中的"和为贵""天下大同"的思想,创造性地提出了人类命运共同体理念,在新的高度上实现了马克思主义与中华优秀传统文化的结合。

其四,理论内核是为人民谋幸福、为民族谋复兴、为世界谋大同。实现全人类的解放,是马克思主义的根本任务。把理论的落脚点放在人民立

---

① 习近平:《高举中国特色社会主义伟大旗帜 为全面建设社会主义现代化国家而团结奋斗——在中国共产党第二十次全国代表大会上的报告》,人民出版社,2022,第18页。

场之上，是马克思主义的基本原理。作为马克思主义政党的中国共产党正是把全心全意为人民服务作为根本宗旨，把为人民谋幸福、为民族谋复兴作为理论内核，习近平新时代中国特色社会主义思想才能在改革发展的实践中迸发出巨大的理论力量，才能在面对各种复杂多变的局面时发挥出理论的指导作用，使社会主义现代化建设事业不断向前推进。

其五，理论主题是坚持和发展中国特色社会主义。中国特色社会主义是基于中国特殊国情进行改革开放实践经验的总结，是马克思主义的普遍真理性在中国实践中的生动体现，从本质上讲，它是根植于中国大地的科学社会主义。我们党坚持马克思主义的指导，但不拘泥于马克思主义经典作家的个别结论，不仅专注于中国当代的基本国情，而且着眼于中华民族的长远发展，着力建设和发展中国特色社会主义。习近平新时代中国特色社会主义思想的提出，正是历代中国共产党领导以深邃的历史眼光和宽广的理论视野，将中国特色社会主义推进到了一个新的高度，完成了包括道路、理论、制度、文化的一整套的理论构建，形成了一个科学的理论体系。

（三）中国特色社会主义形成和发展的实践逻辑

中国特色社会主义形成和发展的实践逻辑是面对时代主题的变化，立足于中国特色社会主义生动实践，回应时代诉求，直面社会发展过程中出现的新矛盾、新变局和新问题而产生的，既是对实践经验的总结，也在对实践要求的回答中不断发展完善。

首先，是对不同时期实践经验的新总结。党的十一届三中全会以来，在解放思想、实事求是的思想路线指引下，我国亿万人民进行的改革开放和现代化建设的实践，我国改革从农村到城市、从经济到政治、教育和文化等各个领域全面展开；对外开放从沿海到内地，以及社会主义市场经济的确立……使我国的生产力得到了新的解放和巨大发展，人民生活发生了翻天覆地的变化。新时代我国社会的主要矛盾已经转变为"人民日益增长的美好生活需要和不平衡不充分的发展之间的矛盾"[①]。当前，发展的不平衡不充分成为影响我国经济社会发展的一个焦点问题；人民群众的需要也发生了重大转变，对物质文化生活的需要上升为对美好生活的需要。社会主要矛盾的转化必然对我国经济社会发展提出更高的要求。社会主要矛盾

---

① 《习近平谈治国理政》第 3 卷，外文出版社，2020，第 9 页。

的转变并不意味着我国已经不是处于社会主义初级阶段，也不能够改变我国仍是最大发展中国家的事实，而是要适应时代的发展变化，在社会主要矛盾变化的基础上制定正确的方针、政策，将中国特色社会主义建设得更好。由此观之，实践逻辑的展开建立在对我国新的历史方位的精准把握和对社会主要矛盾历史性变化精准研判的基础之上，是对整个经济社会发展态势的总体思考，进而实现对实践探索的新的经验的科学总结。

其次，是应对世界百年未有之大变局的新探索。早在 20 世纪 80 年代邓小平就明确提出和平与发展是当今时代的主题，这一主题发展到今天没有变，而且随着世界政治多极化、经济全球化、文化多样化、社会信息化的持续推进，世界各国之间的关联越来越紧密，人类越来越形成一个利益攸关的共同体。面对这一时代主题，中国共产党人始终将为人类作出更大贡献作为自己的使命。例如，20 世纪 80 年代末和 90 年代初的东欧剧变、苏联解体，导致冷战的结束，从而使世界政治格局发生了重大的偏斜。以美国为首的少数西方资本主义大国强行主宰国际事务，安排决定弱小国家民族的命运，企图把西方文明及其政治统治和经济剥削强加给世界。江泽民以政治家的深邃眼光，在回溯和总结历史中得出结论：尽管霸权主义和强权政治有新的发展，但是并没有也不可能从根本上改变世界历史发展的总趋势。世界总体和平、稳定，局部紧张、动荡、战乱，仍然是当前和今后一个时期国际局势的基本特点。进入 21 世纪后，我国面临的仍是一个总体上有利于我国发展，但不利因素也可能增多的环境。抓住机遇、应对挑战、加快发展，就要把中国的发展放在世界的大局中来思考，发挥比较优势，把握有利条件，扬长避短，趋利避害，努力取得发展的主动权。当今世界正处于百年未有之大变局，不稳定性和不确定性明显增加，逆全球化的浪潮不时涌现，单边主义、保护主义、霸权主义不时发出刺耳的声音。我国如何迎接这一大变局，处理好中国与世界的关系，处理好两种社会制度的竞争和较量，是新时代中国共产党人面临的新挑战。党的十八大以来，中国共产党正确把握世界发展大势，密切关注国际形势变化，以深远的世界眼光推动中国特色社会主义的新发展，在把握世界发展大势的基础上，提出要构建人类命运共同体这一全新的理念，为世界发展提供了中国智慧和中国方案。

最后，是中国共产党面临执政环境新变化的新举措。1978 年底，党的十一届三中全会作出了全党工作重心转移到社会主义现代化建设上来的战略决策，确定了改革开放的路线和方针，改革开放于是成为中国共产党实现其历史任务的第二次转变，在这次转变中，主要是解决怎样建设的问题，即在什么样的方针下进行社会主义建设，以及建设一个什么样的社会主义。从党的十四大开始，提出建立社会主义市场经济体制，到 2000 年提出"三个代表"重要思想，预示着我们党又将在社会主义建设时期面临一次新的转变。21 世纪的市场经济是我们党面临的新课题。对于中国共产党来说，不仅要正确地处理好市场与计划的关系，而且要处理好市场追求效率最大化而又难以兼顾公平的矛盾，还需要正确认识市场经济的传统形式与现代形式的关系，特别是如何正确理解社会主义与市场经济的关系。"我国仍处于并将长期处于社会主义初级阶段的基本国情没有变，我国的主要矛盾没有变化。"[①] 许多国家的发展进程表明，在人均国内生产总值处于 1000～3000 美元的发展阶段，既有巨大发展潜力和动力，又有各种困难和风险，是整个现代化进程中的一个非常关键的阶段。如何成功处理好黄金发展期和矛盾凸显期的时代主题，继续围绕马克思主义的主题、中国特色社会主义的主题和时代的主题，进行中国特色社会主义的战略谋划就成了科学发展观形成的重要依据。改革开放后，在开创中国式现代化的起飞阶段，首要任务是解放和发展社会生产力，即"做大蛋糕"。"蛋糕做大"以后，中国式现代化进入了邓小平称为的"发展起来以后"阶段，进入"表达诉求期"。民众表达诉求日趋觉醒和增强，但受主客观条件的限制，其诉求难以完全得到满足，进而产生了各种矛盾，进入矛盾突发期。如何破解"表达诉求、矛盾突发、攻坚克难"这一新的历史起点上的难题？对中国共产党治国理政提出了全新的要求，既要健全我国的制度体系，也要不断提升治理能力，实现治理体系和治理能力的现代化。新中国成立 70 余年伟大成就的取得，是因为我们建立和完善了中国特色社会主义制度体系，这一制度体系已经在社会生活的各个领域发挥出重要作用，但还需要随着实践的发展和时代的要求不断进行完善。既要形成完整的制度体系以及建立在制度体系基础上的体制机制，又要把制度优势转化为国家治理效

---

① 中共中央党史和文献研究院编《十九大以来重要文献选编》（上），中央文献出版社，2009，第 9 页。

能。中国特色社会主义进入新时代，中国共产党能否始终如一地保持其先进性，保持其初心和使命的连贯性和统一性；能否适应时代发展的要求，与时俱进地加强自身的执政能力；能否克服自身肌体的腐败等，这些都是中国共产党必须在实践发展的过程中不断加以解决的现实问题。习近平总书记运用历史思维，来分析解决这些问题，强调要通过全面深化改革来解决。改革的总目标就是为实现国家治理体系和治理能力现代化提供现代化的制度模式和治理能力。这里讲的治理，核心首先是治理国家公共权力与正确处理党、国家、社会、公民的关系，而国家治理的现代制度模式就是：在中国共产党领导下，注重党政主导、社会参与、协商共治、法德并举、能力现代化。这种治理模式，有利于破除权力高度集中而又缺乏有效制约的体制弊端。显然，推进国家治理体系和治理能力现代化，是针对我国执政环境的新变化提出的，它试图为解决新的历史起点上的矛盾、难题和问题提供一整套制度设计和治理体系。

二 当代中国发展所处的历史方位和世界方位

任何一个重大理论都是在一定的社会历史条件下形成和发展起来的，构成一定社会历史条件的基本要素包括国情依据和时代背景，在此基础上，不同的理论的形成和发展可能还存在其他条件。当代中国发展所处的历史方位和世界方位实际上就是作为当代中国马克思主义和 21 世纪马克思主义的习近平新时代中国特色社会主义思想形成和发展的国情依据与时代背景。

（一） 当代中国发展所处的历史方位

党的十九大在科学把握时代趋势和国际局势重大变化、科学把握世情国情党情深刻变化的基础上，根据我国社会主要矛盾的转化和历史交汇期的特点指出，经过长期努力，中国特色社会主义进入新时代，这是我国发展新的历史方位。这是对中国特色社会主义发展到新的历史时期所作出的重大判断，是中国特色社会主义发展的历史逻辑、理论逻辑和实践逻辑的必然结果。

第一，新时代的基本内涵。"新时代"在党的十九大报告中首先提出，并围绕新时代的内涵进行了科学阐释，即新时代是承前启后、继往开来、在新的历史条件下继续夺取中国特色社会主义伟大胜利的时代，是决胜全面建成小康社会进而全面建设社会主义现代化强国的时代，是全国各族人民团结奋斗、不断创造美好生活、逐步实现全体人民共同富裕的时代，是全体中华儿女勠力同心、奋力实现中华民族伟大复兴中国梦的时代，是我国日益走近世界舞台中央、不断为人类作出更大贡献的时代。党的十九届六中全会通过的《中共中央关于中国共产党百年奋斗重大成就和历史经验的决议》在坚持原有界定的基础上，去除了"我国日益走近世界舞台中央"的表述，并再次明确指出中国特色社会主义新时代是我国发展新的历史方位。这一表述的微调并不影响我国在国际治理事务中重要角色的扮演和国际话语权的争取。中国共产党始终是为中国人民谋幸福、为中华民族谋复兴的党，也是为人类谋进步、为世界谋大同的党。以世界眼光去深刻洞察人类发展进步潮流，积极回应各国人民普遍关切，为解决人类面临的共同问题作出贡献，是中国共产党人始终不变的立场和原则。

第二，新时代的重要意义。中国特色社会主义进入新时代，对我国和世界意义非凡。它意味着近代以来久经磨难的中华民族迎来了从站起来、富起来到强起来的伟大飞跃，迎来了实现中华民族伟大复兴的光明前景，表现在全面深化改革取得重大突破，全面依法治国深入推进，全面从严治党成效卓著，解决了许多长期想解决而没有解决的难题，办成了许多过去想办而没有办成的大事。党和国家事业发生历史性变革，我国经济实力、科技实力、国防实力、综合国力进入世界前列，我国国际影响力显著提升，党的面貌、国家的面貌、人民的面貌、军队的面貌、中华民族的面貌发生了前所未有的变化。意味着科学社会主义在 21 世纪的中国焕发出强大生机活力，在世界上高高举起了中国特色社会主义伟大旗帜，在今天，世界上高举社会主义旗帜的国家和政党有很多，社会主义分为科学社会主义、民族社会主义、民主社会主义、阿拉伯社会主义等，而我国旗帜鲜明地强调在中国特色社会主义道路的探索中科学社会主义既是出发点，也是一个重要原则。意味着中国特色社会主义道路、理论、制度、文化不断发展，拓展了发展中国家走向现代化的途径，给世界上那些既希望加快发展又希望保持自身独立性的国家和民族提供了全新选择，为解决人类问题贡献了中国智慧和中国方案，从而突破了现代化只能走资本主义道路、走西方道路的唯一选择，超越了以自由主义、资本至上、西方中心论为支柱的西方资本主义现代化模式，成功推进和拓展了世界现代化发展新道路，在实践中为人类社会特别是发展中国家探索适合本国国情的现代化道路及应对世界百年未有之大变局的挑战提供了中国智慧和中国方案。

第三,新时代的判定依据。首先,中国特色社会主义进入新时代是改革开放以来特别是党的十八大以来我国取得的历史性成就和发生的历史性变革的必然结果。改革开放以来,中国特色社会主义建设取得了巨大成就,举世瞩目,有口皆碑,党的十八大召开标志着中国特色社会主义开始进入新时代。党的十八大以来,以习近平同志为核心的党中央以巨大的政治勇气和强烈的责任担当推进全面深化改革,更是取得了历史性成就和发生了历史性变革,中国特色社会主义在新时代进一步取得了巨大成就。其次,中国特色社会主义进入新时代是我国社会主要矛盾转化的必然结果。中国特色社会主义进入新时代,我国社会主要矛盾已经从原来的人民日益增长的物质文化需要同落后的社会生产之间的矛盾转化为人民日益增长的美好生活需要和不平衡不充分的发展之间的矛盾。主要矛盾的变化需要在继续推动发展的基础上,着力解决好发展不平衡不充分的问题,大力提升发展质量和效益,更好满足人民在经济、政治、文化、社会、生态等方面日益增长的需要,更好推动人的全面发展、社会全面进步。需要说明的是,我国社会主要矛盾的变化没有改变我们对我国社会主义所处历史阶段的判断,我国仍处于并将长期处于社会主义初级阶段的基本国情没有变,我国是世界最大发展中国家的国际地位没有变。

(二) 当代中国发展所处的世界方位①

当今世界正处于百年未有之大变局,这是习近平对当今时代特征所作的重大判断,是当代中国发展所处的世界方位。2017 年 12 月,习近平在接见 2017 年度驻外使节工作会议与会使节时最先提出这一看法。他指出:"放眼世界,我们面对的是百年未有之大变局。新世纪以来一大批新兴市场国家和发展中国家快速发展,世界多极化加速发展,国际格局日趋均衡,国际潮流大势不可逆转。"② 结合习近平的其他论述,这一重大判断包含以下几个重点论断。

第一,国际格局日趋均衡。国际格局日趋均衡是相对于之前国际格局

---

① 本节参见张爱武《习近平对马克思世界历史思想的坚持和发展》,《扬州大学学报》(人文社会科学版)2021 年第 4 期。

② 《习近平谈治国理政》第 3 卷,外文出版社,2020,第 421 页。

失衡而言的。近代以来国际格局失衡源头可以追溯到地理大发现，地理大发现发现了之前未发现的地域，为西方国家进行世界扩张提供了现实条件，后来又在资产阶级革命和工业革命的推动下，国际主导力量逐渐向西方倾斜，到 20 世纪初形成了以欧洲为中心的国际格局，第二次世界大战后，欧洲中心地位终结，形成了美苏争霸的两极格局，东欧剧变、苏联解体后又形成了"一超多强"的多极化趋势。总体说来，20 世纪少数强国占据国际舞台的中心，"中心—外围"结构极为明显，国际格局严重失衡。但是，21 世纪以来，一大批新兴市场国家和发展中国家快速发展，多个发展中心在世界各地区逐渐形成，国际力量对比继续朝着有利于世界和平与发展的方向发展。这是当今世界正处于百年未有之大变局的根本原因和表现所在。

第二，新一轮科技革命和产业变革带来的新陈代谢和激烈竞争前所未有。科技革命推动生产力的发展是颠覆性的。马克思恩格斯在《共产党宣言》中指出，"资产阶级在它的不到一百年的阶级统治中所创造的生产力，比过去一切世代创造的全部生产力还要多，还要大"。其根本原因在于 18世纪 60 年代开始发生的以蒸汽机为主导技术的第一次科技革命的推动。后来，19 世纪 70 年代开始又发生了以电力和内燃机为主导技术的第二次科技革命，20 世纪四五十年代开始再发生了以计算机、原子能、航天技术、生物工程等为主导技术的第三次科技革命。科技革命史表明，每一次新科技革命推动生产力发展的速度、程度等都比之前的更加快速和猛烈，对人类社会发展的推动作用都更大。现在，第四次新科技革命和产业变革浪潮正汹涌而来。这次新科技革命涉及范围之广、程度之深前所未有，引起的产业变革之大史无前例，必将掀起一次大规模的智能化浪潮。这是习近平关于当今世界正处于百年未有之大变局重大判断的一个重要缘由和表现。

第三，中国特色社会主义进入新时代拓展了发展中国家走向现代化的途径。实现现代化是全人类发展的共同目标，但是，至今只有少数国家和地区实现了现代化甚至发展到了后现代化阶段，大多数国家和地区仍然走在实现现代化的道路上，甚至有的还处于前现代化阶段。现有的现代化类型大致有西方资本主义现代化、苏联社会主义现代化、发展中国家现代化等。从现代化的实际进程看，至今只有西方资本主义现代化取得了成功，苏联社会主义现代化因东欧剧变、苏联解体已经走向了终结，发展中国家现代化都处在探索和实现现代化目标的过程中。正因如此，西方资本主义国家一直宣传西方资本主义现代化是实现现代化的唯一途径，人类社会走向现代化的路径是单一的而不是多样的。而中国式现代化是"外围"国家走向现代化的崭新探索，发展路径与西方资本主义现代化正好相反。中国式现代化实现了人口规模巨大的现代化这一人类历史上前所未有的壮举，改变了世界现代化人口版图和比例，其创造的新时代中国特色社会主义经济快速发展、社会长期稳定的两大奇迹有效回答了中国之问、世界之问、人民之问、时代之问；中国式现代化以全体人民共同富裕的方案克服了西方资本主义现代化两极分化的局限；中国式现代化以物质文明和精神文明协调发展的方案解决了西方资本主义现代化以资本为中心、物欲横流的问题；中国式现代化倡导的人与自然和谐发展的思路解决了西方国家"先污染后治理"的发展阵痛问题；中国式现代化提倡的人类命运共同体理念和和平发展的现代化道路克服了西方资本主义现代化发展中以他国利益为代价的侵略扩张模式的局限。这是一种全新的、具有一般意义的现代化模式，从而为那些大量存在的、希望实现现代化的发展中国家提供了中国智慧和中国方案。同时，这也是当今世界正处于百年未有之大变局的题中应有之义。

大变局带来大挑战，也带来大机遇。当代中国发展必然要把握这一世界发展大势，推进中国特色社会主义发展，进一步应对全球共同挑战，维护人类共同利益。

三　习近平新时代中国特色社会主义思想的核心要义、原创贡献、理论建构和历史地位

党的十八大以来，国内外形势新变化和实践新要求，迫切需要我们从理论和实践的结合上深入回答关系党和国家事业发展、党治国理政的一系列重大时代课题。我们党勇于进行理论探索和创新，以全新的视野深化对共产党执政规律、社会主义建设规律、人类社会发展规律的认识，对关系新时代党和国家事业发展的一系列重大理论和实践问题进行了深邃思考和科学判断，就新时代坚持和发展什么样的中国特色社会主义、怎样坚持和发展中国特色社会主义，建设什么样的社会主义现代化强国、怎样建设社会主义现代化强国，建设什么样的长期执政的马克思主义政党、怎样建设

长期执政的马克思主义政党等重大时代课题，提出一系列原创性的治国理政新理念新思想新战略，集中体现为习近平新时代中国特色社会主义思想。党的十九大、十九届六中全会提出的"十个明确""十四个坚持""十三个方面成就"概括了这一思想的主要内容，形成了一个主题鲜明、系统全面、内涵丰富的科学理论体系，具有重要的历史地位。

（一）习近平新时代中国特色社会主义思想的核心要义

准确把握习近平新时代中国特色社会主义思想的核心要义，是正确认识这一思想的理论主题和精神实质的关键所在。习近平新时代中国特色社会主义思想的核心要义是坚持和发展中国特色社会主义。党的十八大以来，我们党的全部理论和实践探索都是围绕坚持和发展中国特色社会主义展开的。其具体内涵包含内在统一的两个方面。

第一，坚持和发展什么样的中国特色社会主义。中国特色社会主义是社会主义而不是其他什么主义。中国特色社会主义是既坚持科学社会主义基本原则，又具有鲜明实践特色、理论特色、民族特色、时代特色的社会主义，是中国特色社会主义道路、理论、制度、文化四位一体的社会主义，是统揽伟大斗争、伟大工程、伟大事业、伟大梦想的社会主义，是根植于中国大地、反映中国人民意愿、适应中国和时代发展进步要求的社会主义。历史和现实告诉我们，只有社会主义才能救中国，只有中国特色社会主义才能发展中国。

第二，怎样坚持和发展中国特色社会主义。习近平总书记以"十个明确"和"十四个坚持"，分别从理论建构和实践指向两个不同层面深刻回答了新时代"怎样坚持和发展中国特色社会主义"这一重大实践课题。其中，"十个明确"重在对理论创新进行概括，立足新的历史方位、历史起点，在对改革开放以来的经验进行全面总结的基础上，对中国特色社会主义进行全方位的思考，科学阐述了新时代坚持和发展中国特色社会主义一系列基本问题，形成一个系统完整、逻辑严密的科学理论体系，构成了新时代中国特色社会主义的发展目标和行动总纲领；"十四个坚持"重在对中国特色社会主义实践经验进行高度凝练，从新时代中国特色社会主义的实践要求出发，对改革开放以来中国特色社会主义形成发展过程中取得的实践经验和理论创新进行全面总结，构成了坚持和发展中国特色社会主义的基本方略，是"十个明确"思想主张在实践中的具体展现，是对中国共产党领导社会主义现代化建设以来形成的基本原则、基本经验的逻辑展开，对如何坚持和发展中国特色社会主义这一实践要求进行了科学解答，构成了新时代中国特色社会主义的行动方略，是完成行动总纲领的基本路径。两者有机融合、相互支撑，共同构成了一个逻辑严密、系统科学、完整统一的理论框架，深刻揭示了新时代中国特色社会主义的本质特征、发展规律和建设路径，为在新的时代条件下坚持和发展中国特色社会主义提供了科学理论指引。

（二）习近平新时代中国特色社会主义思想的原创性贡献

习近平新时代中国特色社会主义思想是马克思主义基本原理与当代中国实践紧密结合的产物，正是在运用马克思主义立场观点方法分析、解决当代中国和当今世界的重大课题中，提出的一系列富有创见的新理念新思想新战略。

第一，对马克思主义哲学的重大贡献。习近平新时代中国特色社会主义思想，坚持马克思主义哲学基本立场，以一系列原创性重大思想观点丰富和发展了马克思主义哲学。例如，提出中国特色社会主义进入新时代的重大论断，赋予了马克思主义时代理论新的内涵；提出我国社会主要矛盾已经转化为人民日益增长的美好生活需要和不平衡不充分的发展之间的矛盾，丰富和发展了马克思主义社会矛盾理论；坚持全面深化改革和党的自我革命，丰富和发展了辩证否定的观点；坚持以人民为中心的发展思想，丰富和发展了马克思主义群众史观；习近平以宏大的战略眼光和宽广的国际视野治国理政，既看到国内各项事业之间的密切联系，也不忽视中国与世界的联系，既看到中国发展面临的多重困难，也强调中国发展具有光明的前景，丰富和发展了唯物辩证法关于联系和发展的观点；坚持战略定力、问题导向、全面协调、底线思维、调查研究、抓铁有痕、历史担当等马克思主义思想方法和工作方法，创造性地提出了治国理政的科学思维；提出推动构建人类命运共同体的构想，丰富和发展了马克思主义世界历史理论和共同体思想；提出人与自然是生命共同体，强调人与自然和谐共生，创新了马克思主义关于人与自然关系思想；等等。

第二，对马克思主义政治经济学的重大贡献。习近平经济思想是马克思主义政治经济学中国化时代化的最新成果，对马克思主义政治经济学作出重大原创性贡献。比如，关于把人民对美好生活的向往作为奋斗目标的思想，关于坚持创新、协调、绿色、开放、共享的新发展理念、加快推动经济高质量发展的理论，关于发展社会主义市场经济、使市场在资源配置中起决定性作用和更好发挥政府作用的理论，丰富并发展了生产力与生产关系辩证关系的原理。关于适应把握引领经济发展新常态，不断深化供给侧结构性改革的理论；关于加快构建以国内大循环为主体，国内国际双循环相互促进的新发展格局的理论；关于推动新型工业化、信息化、城镇化、农业现代化相互协调的理论；关于促进社会公平正义、逐步实现全体人民共同富裕的理论，都从不同角度丰富了马克思主义政治经济学。

第三，对科学社会主义理论的重大贡献。习近平新时代中国特色社会主义思想，坚持科学社会主义基本原则，科学总结世界社会主义运动经验教训，根据时代和实践发展变化，提出了一系列创新性重大论断。比如，提出实现中华民族伟大复兴的中国梦，统领伟大斗争、伟大工程、伟大事业、伟大梦想，丰富发展了无产阶级历史使命理论；提出中国特色社会主义进入新时代，从历史方位的角度创造性地发展了中国特色社会主义理论体系；提出"五位一体"的总体布局和"四个全面"的战略布局，从全局和战略谋划的角度创造性地发展了中国特色社会主义理论体系；从十三个方面系统总结了我国国家制度和国家治理体系的显著优势，丰富发展了中国特色社会主义根本制度、基本制度、重要制度的内容，对坚持和完善中国特色社会主义制度、推进国家治理体系和治理能力现代化作出战略安排，完善了科学社会主义理论，提出的要将治理优势转化为治理效能的论断凸显了我们党治国理政方面的理论创新；提出党的领导是中国特色社会主义最本质特征，必须坚持党对一切工作的领导，丰富发展了党的领导理论；新时代党的建设总要求和全面从严治党思想的提出，与时俱进地发展了马克思主义政党建设理论；提出"总体国家安全观"，从安全观的角度对中国特色社会主义理论体系进行了独创性发展；坚持以人民为中心的发展，发展全过程人民民主思想丰富了马克思主义人民民主理论；等等。

（三）习近平新时代中国特色社会主义思想的理论建构

党的十八大以来，中国特色社会主义进入新时代。党面临的主要任务是，实现第一个百年奋斗目标，开启实现第二个百年奋斗目标新征程，朝着实现中华民族伟大复兴的宏伟目标继续前进。以习近平同志为核心的党中央统筹把握中华民族伟大复兴战略全局和世界百年未有之大变局，坚持把马克思主义基本原理同中国具体实际相结合、同中华优秀传统文化相结合，坚持毛泽东思想、邓小平理论、"三个代表"重要思想、科学发展观，深刻总结并充分运用党成立以来的历史经验，从新的实际出发，创立了习近平新时代中国特色社会主义思想。习近平新时代中国特色社会主义思想是中国特色社会主义的最新理论成果，是马克思主义中国化时代化的最新理论成果，反映了科学社会主义的基本内涵和精神实质，其理论框架由"十个明确""十四个坚持""十三个方面成就"构成，是一个逻辑严密、系统科学、完整统一的理论框架。

1. 围绕发展目标和行动总纲领以"十个明确"进行了理论建构

习近平新时代中国特色社会主义思想最核心的内容，就是"十个明确"："明确中国特色社会主义最本质的特征是中国共产党领导，中国特色社会主义制度的最大优势是中国共产党领导，中国共产党是最高政治领导力量，全党必须增强"四个意识"、坚定"四个自信"、做到"两个维护"；明确坚持和发展中国特色社会主义，总任务是实现社会主义现代化和中华民族伟大复兴，在全面建成小康社会的基础上，分两步走在本世纪中叶建成富强民主文明和谐美丽的社会主义现代化强国，以中国式现代化推进中华民族伟大复兴；明确新时代我国社会主要矛盾是人民日益增长的美好生活需要和不平衡不充分的发展之间的矛盾，必须坚持以人民为中心的发展思想，发展全过程人民民主，推动人的全面发展、全体人民共同富裕取得更为明显的实质性进展；明确中国特色社会主义事业总体布局是经济建设、政治建设、文化建设、社会建设、生态文明建设五位一体，战略布局是全面建设社会主义现代化国家、全面深化改革、全面依法治国、全面从严治党四个全面；明确全面深化改革总目标是完善和发展中国特色社会主义制度、推进国家治理体系和治理能力现代化；明确全面推进依法治国总目标是建设中国特色社会主义法治体系、建设社会主义法治国家；明确必须坚持和完善社会主义基本经济制度，使市场在资源配置中起决定性作用，更好发挥政府作用，把握新发展阶段，贯彻创新、协调、绿色、开放、共享的新发展理念，加快构建以国内大循环为主体、国内国际双循环相互促进的新发展格局，推动高质量发展，统筹发展和安全；明确党在新时代的强军目标是建设一支听党指挥、能打胜仗、作风优良的人民军队，把人民军队建设成为世界一流军队；明确中国特色大国外交要服务民族复兴、促进人类进步，推动建设新型国际关系，推动构建人类命运共同体；明确全面从严治党的战略方针，提出新时代党的建设总要求，全面推进党的政治建设、思想建设、组织建设、作风建设、纪律建设，把制度建设贯穿其中，深入推进反腐败斗争，落实管党治党政治责任，以伟大自我革命引领伟大社会革命。"① 这些战略思想和创新理念，是党对中国特色社会主义建设规律认识深化和理论创新的重大成果。

这"十个明确"，立足新的历史方位、历史起点，科学阐述了新时代坚持和发展中国特色社会主义的一系列基本问题，形成一个系统完整、逻辑严密的科学理论体系，集中展现了马克思主义在当代中国、在 21 世纪的新发展，为党和人民更好地坚持和发展中国特色社会主义提供了思想指引。

2. 以"人民为中心"和"党的领导"为两条主线，用"十四个坚持"规定了新时代中国特色社会主义的实践指向和行动要求

"十四个坚持"包括：坚持党对一切工作的领导，坚持以人民为中心，坚持全面深化改革，坚持新发展理念，坚持人民当家作主，坚持全面依法治国，坚持社会主义核心价值体系，坚持在发展中保障和改善民生，坚持人与自然和谐共生，坚持总体国家安全观，坚持党对人民军队的绝对领导，坚持"一国两制"和推进祖国统一，坚持推动构建人类命运共同体，坚持全面从严治党。②

"十四个坚持"作为新时代坚持和发展中国特色社会主义的基本方略，是对改革开放以来我们党的基本纲领、基本经验、基本要求的总结和提升。"十四个坚持"回答了在新时代坚持和发展中国特色社会主义实践中"由谁来领导"的问题；明确了在新时代坚持和发展中国特色社会主义实践中"为了谁、依靠谁"的问题；回应了在新时代坚持和发展中国特色社会主义实践中"如何推进发展"的问题；回应了在新时代坚持和发展中国特色社会主义实践中"如何提供有效保障"的问题。"十四个坚持"明确了新时代各项事业发展的大政方针，指明了新时代坚持和发展中国特色社

---

① 《中共中央关于党的百年奋斗重大成就和历史经验的决议》，人民出版社，2021，第 24 ~ 25 页。

② 参见习近平《决胜全面建成小康社会 夺取新时代中国特色社会主义伟大胜利——在中国共产党第十九次全国代表大会上的报告》，人民出版社，2017，第 20 ~ 26 页。

会主义的目标、路径、方法，是实现"两个一百年"奋斗目标、实现中华民族伟大复兴中国梦的"路线图"。

3. 以"十三个方面成就"诠释了习近平新时代中国特色社会主义思想的科学性和正确性

"十三个方面成就"包括：在坚持党的全面领导上，党的十八大以来，党中央权威和集中统一领导得到有力保证，党的领导制度体系不断完善，党的领导方式更加科学，全党思想上更加统一、政治上更加团结、行动上更加一致，党的政治领导力、思想引领力、群众组织力、社会号召力显著增强；在全面从严治党上，党的十八大以来，经过坚决斗争，全面从严治党的政治引领和政治保障作用充分发挥，党的自我净化、自我完善、自我革新、自我提高能力显著增强，管党治党宽松软状况得到根本扭转，反腐败斗争取得压倒性胜利并全面巩固，消除了党、国家、军队内部存在的严重隐患，党在革命性锻造中更加坚强；在经济建设上，党的十八大以来，我国经济发展平衡性、协调性、可持续性明显增强，国内生产总值突破百万亿元大关，人均国内生产总值超过一万美元，国家经济实力、科技实力、综合国力跃上新台阶，我国经济迈上更高质量、更有效率、更加公平、更可持续、更为安全的发展之路；在全面深化改革开放上，党的十八大以来，党不断推动全面深化改革向广度和深度进军，中国特色社会主义制度更加成熟更加定型，国家治理体系和治理能力现代化水平不断提高，党和国家事业焕发出新的生机活力；在政治建设上，党的十八大以来，我国社会主义民主政治制度化、规范化、程序化全面推进，中国特色社会主义政治制度优越性得到更好发挥，生动活泼、安定团结的政治局面得到巩固和发展；在全面依法治国上，党的十八大以来，中国特色社会主义法治体系不断健全，法治中国建设迈出坚实步伐，法治固根本、稳预期、利长远的保障作用进一步发挥，党运用法治方式领导和治理国家的能力显著增强；在文化建设上，党的十八大以来，我国意识形态领域形势发生全局性、根本性转变，全党全国各族人民文化自信明显增强，全社会凝聚力和向心力极大提升，为新时代开创党和国家事业新局面提供了坚强思想保证和强大精神力量；在社会建设上，党的十八大以来，我国社会建设全面加强，人民生活全方位改善，社会治理社会化、法治化、智能化、专业化水平大幅度提升，发展了人民安居乐业、社会安定有序的良好局面，续写了社会长期稳定奇迹；在生态文明建设上，党的十八大以来，党中央以前所未有的力度抓生态文明建设，全党全国推动绿色发展的自觉性和主动性显著增强，美丽中国建设迈出重大步伐，我国生态环境保护发生历史性、转折性、全局性变化；在国防和军队建设上，党的十八大以来，在党的坚强领导下，人民军队实现整体性革命性重塑、重整行装再出发，国防实力和经济实力同步提升，一体化国家战略体系和能力加快构建，建立健全退役军人管理保障体制，国防动员更加高效，军政军民团结更加巩固，人民军队坚决履行新时代使命任务，以顽强斗争精神和实际行动捍卫了国家主权、安全、发展利益；在维护国家安全上，党的十八大以来，国家安全得到全面加强，经受住了来自政治、经济、意识形态、自然界等方面的风险挑战考验，为党和国家兴旺发达、长治久安提供了有力保证；在坚持"一国两制"和推进祖国统一上，香港、澳门回归祖国后，重新纳入国家治理体系，走上了同祖国内地优势互补、共同发展的宽广道路，"一国两制"实践取得举世公认的成功，实践证明，有中国共产党的坚强领导，有伟大祖国的坚强支撑，有全国各族人民包括香港特别行政区同胞、澳门特别行政区同胞和台湾同胞的同心协力，香港、澳门长期繁荣稳定一定能够保持，祖国完全统一一定能够实现；在外交工作上，经过持续努力，中国特色大国外交全面推进，构建人类命运共同体成为引领时代潮流和人类前进方向的鲜明旗帜，我国外交在世界大变局中开创新局、在世界乱局中化危为机，我国国际影响力、感召力、塑造力显著提升。①

总之，这"十三个方面成就"彰显了中国特色社会主义的强大生机活力，以现实实践更好地诠释了习近平新时代中国特色社会主义思想的理论力量。

（四）习近平新时代中国特色社会主义思想的历史地位

习近平新时代中国特色社会主义思想，是对马克思列宁主义、毛泽东思想、邓小平理论、"三个代表"重要思想、科学发展观的继承和发展，是马克思主义中国化时代化的最新成果，是党和人民实践经验和集体智慧的结晶，是当代中国马克思主义、21 世纪马克思主义，是中华文化和中国

---

① 参见《中共中央关于党的百年奋斗重大成就和历史经验的决议》，人民出版社，2021，第 27~61 页。

精神的时代精华，实现了马克思主义中国化新的飞跃。

1. 是当代中国马克思主义和 21 世纪马克思主义

这里有几个重要理论问题必须首先作出说明。首先，"当代"作为一个断代史概念，在不同的国别、不同的学科有不同的时间划界。从中国化马克思主义的形成和发展来看，"当代"是指党的十一届三中全会以来的历史时期，"当代中国马克思主义"这一概念涵盖改革开放以来中国化马克思主义系列理论成果，习近平新时代中国特色社会主义思想是当代中国马克思主义的最新理论成果。其次，"21 世纪马克思主义"不同于"21 世纪的马克思主义"。"21 世纪的马克思主义"是指产生于 21 世纪的不同流派的马克思主义，尽管都冠以"马克思主义"之名，但是，其解释世界的理论意义、改造世界的实践效能存在天壤之别，不是任何派别的马克思主义都能够作为马克思主义的世纪形态载入人类的思想史册，都能冠名"21 世纪马克思主义"的称号。最后，从马克思主义发展史角度看，马克思主义已经跨越了三个世纪，冠名"21 世纪马克思主义"至少要同时具备四个条件：理论策源地是世界级的中心重镇（世界历史民族）、研究对象是世界级的伟大样本（世界伟大样本）、理论形态属于马克思主义在这一世纪的主干形态、理论成果具有世界级的重大意义（世界历史意义）。因此，从 21 世纪的马克思主义现状而言，符合冠名"21 世纪马克思主义"条件的必然是属于"当代中国马克思主义"最新理论成果的习近平新时代中国特色社会主义思想。① 因此，习近平新时代中国特色社会主义思想是当代中国马克思主义和 21 世纪马克思主义。

习近平新时代中国特色社会主义思想是在继承和发展马克思列宁主义、毛泽东思想、邓小平理论、"三个代表"重要思想、科学发展观基础上的当代中国马克思主义。当代中国马克思主义也就是新时代中国马克思主义。习近平新时代中国特色社会主义思想，既是 21 世纪中国的马克思主义，也是 21 世纪世界的马克思主义。马克思主义创立 170 多年来，其主要传承传播者是交替转移的。当今世界，中国共产党义不容辞地担起了传承传播马克思主义的神圣职责，科学社会主义在新时代中国的创新实践是发展 21 世纪马克思主义的丰厚土壤。所以我们可以说，当代中国马克思主义

---

① 参见陈曙光《"21 世纪马克思主义"的几个元理论问题》，《江海学刊》2022 年第 2 期。

具有世界意义，本身就是 21 世纪马克思主义。

习近平新时代中国特色社会主义思想是 21 世纪马克思主义，首先在于其具有独特价值。这一思想提供了坚持马克思主义原则、体现独特文明特征、独立于西方模式和西方话语的思想体系、价值体系、制度体系、目标体系、战略体系。从事物的普遍性和特殊性的关系看，具有世界意义的思想，都是产生于某个民族和国家，属于某个民族和国家的思想。但由于其提供了反映人类社会发展规律的普遍性思想，这些思想就超越了民族和国家，走向世界各国、走进人类社会，成为人类思想的宝贵财富。

习近平新时代中国特色社会主义思想是 21 世纪马克思主义，其次在于习近平新时代中国特色社会主义思想把坚持和发展什么样的马克思主义、如何坚持和发展马克思主义与坚持和发展什么样的中国特色社会主义、怎样坚持和发展中国特色社会主义系统地、有机地联系起来，实现了"21 世纪马克思主义"和"当代中国马克思主义"的有机统一和高度融合。两者虽然具有各自的侧重点，但总体上是从两个相互关联的维度达到一个共同的目的，即不断使马克思主义放射出更加灿烂的真理光芒，为马克思主义真理宝库努力增添新的财富。习近平新时代中国特色社会主义思想不仅蕴含着马克思主义中国化最新成果的重要价值，而且存续着世界科学社会主义和解决人类问题的深远意义。党的十八大以来，以习近平同志为主要代表的中国共产党人，解放思想、实事求是、与时俱进、求真务实，以全新的视野深化对共产党执政规律、社会主义建设规律、人类社会发展规律的认识，形成了一系列重要理论创新成果，彰显了马克思主义的强大生命力和中国共产党人的理论创造力，实现了马克思主义基本原理与中国具体实际相结合的又一次飞跃，写就了马克思主义的新的时代篇章。正是在这个意义上，当代中国马克思主义和 21 世纪马克思主义相互融合、相互促进，在新的时代条件和实践要求大背景下，一定能够展现出更强大、更有说服力的真理力量。

2. 是新时代中国共产党的思想旗帜，国家政治生活和社会生活的根本指针

习近平新时代中国特色社会主义思想，是新时代中国共产党的思想旗帜，是国家政治生活和社会生活的根本指针，是引领党和国家事业不断从胜利走向新的胜利的强大思想武器，是全党全国人民为实现中华民族伟大

复兴而奋斗的行动指南。新时代孕育新思想，新思想指导新实践。党的十八大以来，以习近平同志为核心的党中央准确把握中国特色社会主义的历史新方位、时代新变化、实践新要求，从理论和实践的结合中提出并系统回答新时代坚持和发展什么样的中国特色社会主义、怎样坚持和发展中国特色社会主义的重大时代课题，深化和拓展了什么是社会主义、怎样建设社会主义的问题。习近平总书记先后提出的一系列新理念新思想新战略，包括实现中华民族伟大复兴的中国梦，推进国家治理体系和治理能力现代化，统筹推进"五位一体"总体布局，协调推进"四个全面"战略布局，等等，深刻回答了新时代中国特色社会主义的重大问题，是新时代坚持和发展中国特色社会主义的根本指针。党的十八大以来，党和国家事业之所以取得全方位、开创性、历史性成就，发生深层次、根本性历史变革，根本在于以习近平同志为核心的党中央的坚强领导，根本在于习近平新时代中国特色社会主义思想的科学指导。坚持用习近平新时代中国特色社会主义思想武装全党、教育人民，对于统一思想认识、明确前进方向、凝聚奋进力量，实现社会主义现代化和中华民族伟大复兴，具有重大现实意义和深远历史意义。

3. 为推进"全球之治"提供了强大思想武器

实践是理论的源泉，理论是实践的先导。理论创新对客观规律的揭示越深刻，对实践活动的指导作用就越强大。习近平新时代中国特色社会主义思想源于实践又指导实践，紧贴时代发展，把握时代大势，不断在解答时代之问、世界之问中彰显巨大的实践价值。

随着经济全球化和世界多极化的发展，许多全球性问题对各国特别是发展中国家形成巨大挑战。中国发展与世界发展的联系越来越紧密，"中国问题"与"全球性问题"的关联性、共通性也越来越强，习近平新时代中国特色社会主义思想深刻洞悉纷繁复杂的国际大棋局，切中当代人类发展困境，既为解决中国问题提出了根本之策，也为解决全球性问题提出了独树一帜的中国智慧和中国方案。诸如全球治理观、总体国家安全观、新发展理念、正确义利观等新理念新主张，设立丝路基金、亚洲基础设施投资银行、金砖国家新开发银行等重大创举，提出"一带一路"、构建人类命运共同体等国际倡议，体现了国际共识特别是发展中国家心声，拓展了发展中国家走向现代化的途径，为解决人类面临的战乱、贫穷、共同发展等重大问题指明了根本之道，为维护世界和平提出了新方略、指明了新出路，为促进全球发展描绘了新蓝图、贡献了新动力。

四　中国道路、中国理论、中国话语的内涵、实质和关系

在当代中国，中国道路、中国理论、中国话语是中国特色社会主义道路、理论、话语的直观表达，有着内在的关联，既凸显了中国特色及其独立自主的内在品格，又体现了大众化、通俗化的重要特点。

（一）中国道路的内涵和实质

方向决定道路，道路决定命运。党在百余年的奋斗中始终坚持从我国国情出发，探索并形成符合中国实际的正确道路。在当代中国，中国道路就是中国特色社会主义道路，就是在中国共产党领导下，立足基本国情，以经济建设为中心，坚持四项基本原则，坚持改革开放，解放和发展社会生产力，建设社会主义市场经济、社会主义民主政治、社会主义先进文化、社会主义和谐社会、社会主义生态文明，促进人的全面发展，逐步实现全体人民的共同富裕，建成富强民主文明和谐美丽的社会主义现代化强国。这条道路是创造人民美好生活、实现中华民族伟大复兴的康庄大道，我们要坚定不移走中国特色社会主义道路，我们既不走封闭僵化的老路，也不走改旗易帜的邪路。

中国道路，是以科学社会主义为基本原则，按照马克思主义基本立场、观点和方法，从中国自己独特的文化传统、独特的历史使命、独特的基本国情出发而成功探索出的具有中国特色社会主义的革命和建设的独特方式和路径的一种理论概括和实践总结，也是关于中国经济社会发展、文化发展和政治发展模式和路径的总称。

（二）中国理论的内涵和实质

中国理论的发展进程从根本上说就是马克思主义中国化、时代化的进程，在这一进程中产生了毛泽东思想、邓小平理论、"三个代表"重要思想、科学发展观、习近平新时代中国特色社会主义思想。毛泽东思想、邓小平理论、"三个代表"重要思想、科学发展观、习近平新时代中国特色社会主义思想分别是对革命时代的中国社会、发展时代的中国社会以及不同发展阶段的中国社会的理论凝聚和思想抽象。同时，又是那个阶段的社

会的行动指南，是引领那个时代的思想理论。

新民主主义革命时期，党面临的主要任务是，反对帝国主义、封建主义、官僚资本主义，争取民族独立、人民解放，为实现中华民族伟大复兴创造根本社会条件。在革命斗争中，以毛泽东同志为主要代表的中国共产党人，把马克思列宁主义基本原理同中国具体实际相结合，对经过艰苦探索、付出巨大牺牲积累的一系列独创性经验作了理论概括，开辟了农村包围城市、武装夺取政权的正确革命道路，创立了毛泽东思想，为夺取新民主主义革命胜利指明了正确方向。社会主义革命和建设时期，党面临的主要任务是，实现从新民主主义到社会主义的转变，进行社会主义革命，推进社会主义建设，为实现中华民族伟大复兴奠定根本政治前提和制度基础。在这个时期，以毛泽东同志为主要代表的中国共产党人提出关于社会主义建设的一系列重要思想。毛泽东思想是马克思列宁主义在中国的创造性运用和发展，是被实践证明了的关于中国革命和建设的正确的理论原则和经验总结，是马克思主义中国化的第一次历史性飞跃。改革开放和社会主义现代化建设新时期，党面临的主要任务是，继续探索中国建设社会主义的正确道路，解放和发展社会生产力，使人民摆脱贫困、尽快富裕起来，为实现中华民族伟大复兴提供充满新的活力的体制保证和快速发展的物质条件。党的十一届三中全会以后，以邓小平同志为主要代表的中国共产党人，团结带领全党全国各族人民，深刻总结新中国成立以来正反两方面经验，围绕什么是社会主义、怎样建设社会主义这一根本问题，借鉴世界社会主义历史经验，创立了邓小平理论。党的十三届四中全会以后，以江泽民同志为主要代表的中国共产党人，团结带领全党全国各族人民，坚持党的基本理论、基本路线，加深了对什么是社会主义、怎样建设社会主义和建设什么样的党、怎样建设党的认识，形成了"三个代表"重要思想。党的十六大以后，以胡锦涛同志为主要代表的中国共产党人，团结带领全党全国各族人民，在全面建设小康社会进程中推进实践创新、理论创新、制度创新，深刻认识和回答了新形势下实现什么样的发展、怎样发展等重大问题，形成了科学发展观。党的十八大以来，中国特色社会主义进入新时代，党面临的主要任务是，实现第一个百年奋斗目标，开启实现第二个百年奋斗目标新征程，朝着实现中华民族伟大复兴的宏伟目标继续前进。党领导人民自信自强、守正创新，创造了新时代中国特色社会主义的伟大成就。以习近平同志为主要代表的中国共产党人，坚持把马克思主义基本原理同中国具体实际相结合、同中华优秀传统文化相结合，坚持毛泽东思想、邓小平理论、"三个代表"重要思想、科学发展观，深刻总结并充分运用党成立以来的历史经验，从新的实际出发，创立了习近平新时代中国特色社会主义思想。

由此可见，中国理论的实质，都是马克思列宁主义普遍原理在中国这个东方大国中的创造性坚持、运用和丰富发展，是面向不同阶段的中国问题而生的历史性飞跃的理论成果，是马克思主义在中国的特殊的理论形态，所以，我们称它为"中国理论"。"中国问题"是"中国理论"的研究对象，"中国理论"则是"中国问题"相对正确的反映，是马克思主义在中国的具体化。这些理论成果，在不同的具体历史条件下，都体现了马克思主义的理论和实践、革命性与科学性相统一的本质特征，并将其贯通于哲学、政治经济学、科学社会主义等领域，渗透进经济、政治、文化、党的建设等各个方面，形成了理论内容丰富、特色鲜明、逻辑严谨、历史感与现实性高度统一的科学体系。它们对中国重大的基本问题的回答，既坚持了马克思主义的立场、观点和方法，又不从书本、概念和抽象的原则出发，而是一切从实际出发，注意深刻总结实践创造的新鲜经验并上升到理论，在推动马克思主义的发展中卓有成效地坚持马克思主义，从而使中国化马克思主义不断得到理论创新。

（三）　中国话语的内涵和实质

"中国话语"从内涵上说是一种诉求表达。那么，中国为什么要表达？从逻辑上看，是因为"中国道路""中国理论""中国方案"具有主体性。再深入说，"中国道路"又为什么具有主体性，则是因为它与世界上其他现代化模式，尤其是西方资本主义现代化模式相比，具有异质性。在实践上，这种异质性，不仅迥异于世界和西方，更主要的是优异于西方。因为这种优异性，世界需要理解中国、认识中国、学习中国，这是外部需求；因为这种异质性，中国需要回应、需要思考、需要负起大国责任，这是内在供给。可以说，"中国话语"应运而生，正是"需求—供给"的逻辑使然。"中国话语"的核心内容是"中国道路"的异质性和优异性。该路径意味着，如何表达好这一核心内容，取决于中国对自身的思考质量，即"中国理论"的水平。因此，"中国话语"与"中国理论"又具有紧密的关联。一方面，"中国理论"需要用"中国话语"表达；另一方面，"中国话语"的功能及实质，就是解释、表达"中国理论"。当然，"中国话语"也要对"中国方案"进行表达。

所以，"中国话语"本质上是对"中国道路"的理论表达，它是基于特定的历史实践与时代语境，在现实需要、历史进步与理论自觉的三重支撑下所形成的表达体系。所谓现实需要，实质上就是国家发展的需要，因为"理论在一个国家实现的程度，总是取决于理论满足这个国家的需要的程度"①，理论又总是通过话语或语言的方式满足国家需要，所以话语自身的实现程度取决于这个国家的现实需要的程度。在现实需要之外，话语还和历史进步相关。在现实与历史双重支撑的前提下，中国话语的生成还必须有自身的学理支撑，这体现为理论上的自觉。中国腾飞必须面对西方话语中心主义，这种话语垄断的格局无时不在压制中国话语。如果中国不能建构自身的话语体系，或者说自身拥有话语体系却在世界历史演变中没有拥有话语权，那么中国就很难说是实现了真正的腾飞。中国话语的建构必须是基于特定时代背景的理论自觉，既要注重对中国发展经验的提升，也要认识到必须在西方话语之外建构中国话语。

（四）中国道路、中国理论、中国话语的关系

中国道路、中国理论、中国话语是相互联系、相互支撑的。其中，探索中国特色社会主义发展道路，是发展中国化马克思主义、构建中国特色哲学社会科学的实践基础；中国化马克思主义是中国道路和中国话语的理论指导；构建中国特色哲学社会科学又为中国道路和中国理论提供学术、学科和理论的支撑。因此，中国道路、中国理论、中国话语是一个统一的整体。

第一，中国道路是中国理论阐释的核心内容。构建中国理论不是"空穴来风"，也不是"飞来峰"，必须建立在坚实的基础上，也就是说首先必须具有赖以阐释的对象，也必须聚焦于这一对象。这一对象当为我国改革开放以来所形成的"中国道路"。

第二，围绕中国道路构建中国理论。中国理论必须紧紧围绕中国道路进行阐释。实际上，中国理论就是关于中国道路的理论，把中国道路解释清楚了，我们所构建的中国理论也就基本清楚了。中国道路必然包括以下

---

① 《马克思恩格斯选集》第 1 卷，人民出版社，2012，第 11 页。

核心要素：奋斗目标、实现路径、历史逻辑、价值导向、强大动力、领导主体。只有基于中国道路这六大核心要素，才能构建当代具有核心地位的"中国理论"。

第三，创新话语体系，用中国话语表达中国理论。话语表达与理论内容绝不是隔绝孤立的，话语概念中蕴含着理论实质，理论逻辑中塑造着话语内涵。当前，中国理论迫切需要使用中国话语进行表达。在中国特色社会主义伟大实践和理论体系丰富和发展的过程中，符合中国实际，概括中国理论的新概念、新范畴、新表述正在不断生成。

第四，基于中国理论构建中国话语。中国理论是中国话语的内核，中国话语是对中国理论的话语表达。习近平在党的新闻舆论工作座谈会上强调，话语背后的力量是思想、是道。这个道，当然包括理论。中国话语的背后是中国理论。中国理论要得到有效传播，被人们理解、掌握和认同，就必须将其转化为中国话语。过去，我们在对理论进行宣传、传播，对人们进行理论教育时，往往忽视中国话语这一环节，结果往往是事倍功半。因此，基于中国理论构建中国话语，要正确处理好政治话语、学理话语和大众话语之间的关系，讲清楚中国理论需要用政治话语、学理话语和大众话语来表达和表述。

五　"四个自信"的基本内涵及相互关系

中国特色社会主义"四个自信"是指中国特色社会主义道路自信、理论自信、制度自信、文化自信，"四个自信"是马克思主义理论与中国特色社会主义实践相结合的最新成果，是对中国特色社会主义道路、理论、制度、文化发展的高度认同，是对中国特色社会主义共同信念的高度自信。

（一）"四个自信"的提出

中国共产党为国人开启的自信之源广泛而又深刻，"四个自信"是其凝练的表达。纵观"四个自信"在党内的提炼之路，也有一定阶段可循：从"一个自信"到"两个自信""三个自信"再到"四个自信"，如此逐步发展、不断深化。[①]

2002 年 11 月召开的党的十六大，第一次概括总结了我们党领导人民

---

① 韩振峰：《"四个自信"形成发展的历史路径》，《光明日报》2017 年 10 月 31 日，第 11 版。

建设中国特色社会主义的十条基本经验，指出"十一届三中全会以来，我们党找到建设中国特色社会主义的正确道路，赋予民族复兴新的强大生机"①，并强调我们党对这条道路充满信心。这是我们党的代表大会文件中对中国特色社会主义道路自信的初步表述。

2007 年 10 月召开的党的十七大，第一次把改革开放以来我们取得一切成绩和进步的根本原因，归结为开辟了中国特色社会主义道路，形成了中国特色社会主义理论体系，并强调"全党同志要倍加珍惜、长期坚持和不断发展党历经艰辛开创的中国特色社会主义道路和中国特色社会主义理论体系"②，始终保持"对马克思主义、对中国特色社会主义、对实现中华民族伟大复兴的坚定信念"③，保持对完成党的各项目标任务的信心。这是我们党的代表大会文件中对中国特色社会主义道路自信、理论自信的初步表达。

2012 年 11 月召开的党的十八大，第一次把党和人民 90 多年奋斗、创造、积累的根本成就概括为中国特色社会主义道路、中国特色社会主义理论体系、中国特色社会主义制度，并强调全党要坚定这样的道路自信、理论自信、制度自信。这是我们党的代表大会文件中对中国特色社会主义道路自信、理论自信、制度自信"三个自信"的最早表述。

2016 年 7 月 1 日，习近平总书记在庆祝中国共产党成立 95 周年大会上的讲话中第一次向全党明确提出坚持"四个自信"的整体战略要求，强调"坚持不忘初心、继续前进，就要坚持中国特色社会主义道路自信、理论自信、制度自信、文化自信"④。这是我们党第一次把"四个自信"并列在一起作为一个整体思想提出来。

（二）"四个自信"的内涵

第一，道路自信的科学内涵。道路自信是指党和人民坚持走中国特色社会主义道路的坚定信心。中国特色社会主义道路是中国共产党领导全国各族人民历经 100 余年奋斗探索出来的成功之路，是经过历史和实践检验完全符合中国国情的强国之路，是深深扎根于亿万人民群众实践中的富民

---

① 中共中央文献研究室编《十六大以来重要文献选编》（上），中央文献出版社，第 43 页。
② 中共中央文献研究室编《十七大以来重要文献选编》（上），中央文献出版社，第 69 页。
③ 中共中央文献研究室编《十七大以来重要文献选编》（上），中央文献出版社，第 43 页。
④ 习近平：《在庆祝中国共产党成立 95 周年大会上的讲话》，人民出版社，2016，第 12 页。

之路。只有树立这种"道路自信"，党才能更加自觉地带领中国人民走中国特色社会主义道路，更加自觉地为实现中华民族伟大复兴的美好前景而努力奋斗。中国特色社会主义道路之所以正确并能够引领中国发展进步，关键在于既坚持了科学社会主义的基本原则，又根据我国国情和时代特征赋予其鲜明的中国特色。中国道路在证明人类文明发展多样性的同时，仍要不断地发展和完善自身，通过深入了解中国特色社会主义道路真义，用科学的态度分析问题，在实践中了解中国国情和发展状况，确保群众利益的获得，在不断探索中使更多的人对中国发展道路形成更为深入全面的整体认知，持续增进我们坚持中国发展道路的自信心和凝聚力。

第二，理论自信的科学内涵。理论自信就是中国共产党对于中国特色社会主义理论体系的坚定信仰与执着追求，是社会大众对于中国特色社会主义理论体系价值的由衷认同和对发展前景的充分自信，是在普遍的社会信赖中对理论自身活力的不断追寻。中国特色社会主义理论体系是以马克思主义基本原理为基础，结合社会主义建设与改革开放的发展实际而形成的马克思主义中国化的理论创新成果，是符合客观规律的科学理论体系。中国特色社会主义理论体系坚持和发展了马克思列宁主义、毛泽东思想，凝聚了几代中国共产党人带领人民不懈探索实践的智慧和心血，明确了中国特色社会主义道路的本质要求和价值目标，为党在不同历史时期解决国内外问题提供了理论指导，是党最宝贵的政治和精神财富，是全国各族人民团结奋斗的共同思想基础，是最值得信赖的科学理论体系。我们的理论自信，就是对理论在这些方面发挥作用、产生实效的认可和信赖，理论自信表现为我们要毫不动摇地坚持马克思列宁主义、毛泽东思想、中国特色社会主义理论体系的指导地位，表现为我们对于以人为本的理论价值的自信，我们要在中国特色社会主义实践中展示自信。

第三，制度自信的科学内涵。制度自信，是一个政党、一个民族、一个国家对本国制度未来发展进程的准确把握，是对本国制度的充分认同和支持。中国特色社会主义制度自信，是对已经完成了的由僵化刻板变为充满生机活力的社会主义制度的自信，是对由自发、半自发转变为高度自觉的社会主义制度的自信。因此中国特色社会主义制度自信就是对这一制度有着坚定的信念，并肯定这一制度是符合中国当下基本国情的、科学合理的制度安排，它本身具备着其他性质的社会制度所没有的优势，它让中国人民生活更加幸福美好，社会更加稳定发展，国家更加繁荣富强，也必将实现中华民族伟大复兴的中国梦。

第四，文化自信的科学内涵。所谓文化自信，就是一个国家、民族、政党和社会全体成员对自身已有的文化价值的充分肯定以及对该文化光明前景所秉持的坚定信念，发挥着夯实民族屹立于世界根基的作用。坚持中国特色社会主义文化自信，是中华民族不畏艰险、奋勇前进的不竭动力，是我们实现中华民族伟大复兴中国梦的坚强支撑。只有对自己的文化有坚定的信心，才能获得坚持坚守的从容，鼓起奋发进取的勇气，焕发创新创造的活力。中国有坚定的道路自信、理论自信、制度自信，其本质是建立在5000多年文明传承基础上的文化自信。中华优秀传统文化是文化自信的源泉，使红色革命文化渗进血液、浸入心扉是文化自信的重要内涵，社会主义先进文化是文化自信的重中之重。文化自信思想的实质，是要改善中国人的精神状态，克服各种妄自菲薄（文化自卑）和妄自尊大（文化自大），确立起当代中国人的中国特色社会主义文化认同，增强中国人的精神力量和文化定力，把中国特色社会主义事业推向新阶段。在此意义上，文化自信不是可有可无的粉饰或点缀，而是使中国特色社会主义行稳致远，顺利实现中华民族伟大复兴中国梦的前提性要求。

（三）"四个自信"的相互关系

中国特色社会主义道路自信、理论自信、制度自信、文化自信，相互影响、相互作用、相互依存、相得益彰，形成了内在结构的密切联系和逻辑关系的辩证统一。道路自信是路径、方向的坚定性，理论自信是行动指南的明确性，制度自信是国家治理体系的有效性，而文化自信贯穿于社会生活的方方面面，渗透于道路自信、理论自信、制度自信之中，是"四个自信"的精神源泉。"四个自信"内在地统一于中国特色社会主义伟大实践。因此，只有全面把握"四个自信"的内在结构和逻辑关系，才能深刻理解中国特色社会主义"四个自信"的时代价值和实践意义，充分认识中国特色社会主义的基本内涵和理论特色。

第一，道路自信是理论自信、制度自信、文化自信的实践基础和基本前提。"道路问题是关系党的事业兴衰成败第一位的问题，道路就是党的生命。"① 没有正确的道路，再美好的愿景、再伟大的梦想，都不能实现。坚定道路自信，就是坚定不移地走中国特色社会主义道路不动摇，就是不断发展中国特色社会主义道路不停歇。坚定道路自信有力地促进了理论自信、制度自信、文化自信，为它们的生成、丰富和发展提供了实践基础和基本前提。离开对道路的高度自信，理论自信、制度自信、文化自信就无从谈起，就会失去现实依据，根本不可能形成和发展。实践是理论形成的源泉，理论创新是在实践发展的基础上实现的，中国特色社会主义道路的开辟为中国特色社会主义理论体系的创新、制度的完善和文化的繁荣发展提供了丰富的实践基础。实践的发展不断提出新的问题，必然推动理论创新的不断深化、制度建设的不断完善和文化发展的不断繁荣。正是在道路探索的实践中，中国共产党人对中国的国情和面临的一系列现实问题有了更为全面和清晰的认识。中国特色社会主义道路的拓展推进着中国特色社会主义理论体系和制度的不断丰富、发展和完善，推动中华优秀传统文化不断焕发出新的蓬勃生机。

　　第二，理论自信是道路自信、制度自信、文化自信的思想引领。理论是实践的先导，思想是行动的指南。理论自信是道路自信、制度自信、文化自信的思想引领和行动指南。理论自信能促进形成科学的思维方法、清醒的理论自觉、坚定的政治信念，能更加有效地引导道路自信、制度自信、文化自信的正确方向，为道路自信、制度自信、文化自信提供思想基础，为道路自信的合理性、制度自信的规范性、文化自信的意义性提供科学论证，有力地促进道路自信的正确拓展、制度自信的完备有效、文化自信的传承发展。离开对理论的高度自信，道路自信、制度自信、文化自信就会失去思想基础，就会迷失前进的方向。② 对中国特色社会主义理论体系的自信，实质和核心是对科学的自信、对真理的自信、对价值的自信、对科学社会主义逻辑的自信。因此，它是中华民族自信的灵魂，是构成道路自信、制度自信、文化自信的理性基石与价值支撑。理论源于实践，实践也需要理论来指导。没有理论指导的实践，是盲目的实践。中国特色社会主义理论体系为道路开辟提供了理论指导，中国特色社会主义道路探索

① 中共中央文献研究室编《十八大以来重要文献选编》（上），中央文献出版社，2014，第117页。

② 曲青山：《关于文化自信的几个问题》，《中共党史研究》2016年第9期。

的实践，离不开中国特色社会主义理论体系的指导。理论创新推动制度创新，中国特色社会主义理论体系为制度创新提供了理论支撑。思想引领推进文化繁荣发展，中国特色社会主义理论体系为文化繁荣发展提供了思想引领和价值规范。中国特色社会主义体系的形成，开创了科学社会主义发展的新境界，是我们坚持中国特色社会主义道路、制度和文化的思想保障，也是我们继续深化中国特色社会主义道路的坚实基础。

第三，制度自信是道路自信、理论自信、文化自信的根本保障。中国特色社会主义制度是中国特色社会主义道路探索始终坚持社会主义方向的根本保证。坚定制度自信，就是要积极推动中国特色社会主义制度的创新与完善。制度自信是道路自信、理论自信、文化自信的具体展开，制度自信是道路自信、理论自信、文化自信的规范机制，为其他三个自信提供可靠保障。制度为道路的拓展、理论的创新和文化的繁荣发展提供了坚实的保障。中国特色社会主义制度规定了道路的探索、理论的创新和文化的繁荣发展必须坚持社会主义的前进方向和价值取向。中国特色社会主义制度的确立，巩固了中国特色社会主义道路探索、理论创新和文化繁荣发展的成果。道路探索的进步、理论创新的成果和文化的繁荣发展都以制度的确立和完善为体现，制度的完善程度代表了道路发展、理论成熟和文化繁荣的程度。如果没有制度的确立作为保障，道路的探索可能会走回头路，理论的创新也可能出现倒退，文化发展可能出现凋敝。

第四，文化自信是道路自信、理论自信、制度自信的精神源泉。文化自信是一个国家、民族、政党和民众对自身文化价值的积极认同、充分肯定和积极践行，是对自身文化及其生命力的坚定信心。文化自信是更广泛的自信，是支撑道路自信、理论自信、制度自信的基础，为道路自信、理论自信、制度自信奠定了深厚的民族文化根基。如果缺乏文化自信，道路自信、理论自信、制度自信就很难支撑起来，基础不牢，地动山摇。只有坚持文化自信，才能进一步做到坚持道路自信、理论自信、制度自信。文化自信不仅渗透于道路自信、理论自信、制度自信之中，而且在人的一切活动一切方面都存在，所以文化自信的影响更广泛。坚持文化自信，也会使道路、理论和制度的实践慢慢内化为文化的基因。文化是人的各项活动的精神基因，文化一旦内化于心，就具有深厚而长远的渗透力与持续影响力。文化自信是道路自信、理论自信、制度自信的精神源泉与心理根基。

坚持文化自信，为继续前进积淀精神力量，才能更有理性、更加自觉、更加从容和更加有力地推动道路自信、理论自信、制度自信。

第五，"四个自信"统一于中国特色社会主义伟大实践。任何道路都不会自发形成，任何理论都不会凭空产生，任何制度都不是空中楼阁，任何文化都不是无本之木、无源之水。中国特色社会主义道路的探索、理论体系的形成、制度的确立和文化的繁荣发展都离不开中国特色社会主义的伟大实践。按照历史唯物主义观点，历史主体与客体、价值与手段是辩证统一的，统一于历史实践中。因此，我们可以说道路自信、理论自信、制度自信、文化自信都源于当代中国社会主义现代化建设的伟大实践。道路自信、理论自信、制度自信、文化自信统一在一起，就是对中国特色社会主义伟大实践的自信。实践是"四个自信"的源泉，"四个自信"在实践中检验、在实践中发展。中国共产党对于中国特色社会主义的道路自信、理论自信、制度自信、文化自信还来自在实践中对历史经验教训的正确概括和总结。中国特色社会主义道路的开辟、中国特色社会主义理论体系的创立、中国特色社会主义制度的形成、中国特色社会主义文化的繁荣发展，都是历史的演进与现实的选择，都是新时代和新实践的要求，都是勇于推进实践基础上的创新。在新时代坚定"四个自信"的实践统一就是要坚持以深化道路探索为基础，以理论创新为先导，以制度完善为保障，以文化繁荣发展为支撑，推动中国特色社会主义事业不断前进。

（四）增强"四个自信"的现实路径

增强中国特色社会主义道路自信、理论自信、制度自信和文化自信是我们党长期奋斗的目标指向，是我们党领导人民建设中国特色社会主义的精神支柱，是中国特色社会主义走向成熟的根本标志。

第一，坚持道路自信，首先要自觉认识中国特色社会主义道路的真义，要深化对中国特色社会主义道路的认知和理解，在充分掌握其内涵本质的基础上坚定信念，搞清楚为什么既不能走封闭僵化的老路，也不能走改旗易帜的邪路，中国特色社会主义道路的优势究竟体现在哪些方面，从而不断强化人们对中国特色社会主义道路的正确的认识和自信心的培养。要明白中国道路是中国共产党在深刻分析社会主义初级阶段基本国情的基础上，把握现代化建设的规律，解放思想，实事求是，把马克思主义相关理论与中国实际相结合，开辟的中国特色社会主义道路。民众在享受中国特色社会主义道路带来的发展成果的同时，在情感上要认同它、忠诚于它，深刻认同中国特色社会主义道路是当代中国发展进步的唯一正确道路，是实现社会主义现代化的必由之路，是创造人民美好生活的必由之路，是实现中华民族伟大复兴的必由之路。

第二，坚定理论自信，首先要提升主体理论自觉，增强人民理论自信的主体意识。从主体来看，理论自觉的主体既包括各级领导干部，更包括广大人民群众；既包括个人，也包括政党、社会组织。从理论自觉到理论自信的过程，实质上也是人们对中国特色社会主义理论体系逐渐认识、接受、认可并内化，将其上升为个人的自觉行动和坚定信仰的过程。作为党员干部，需要对理论有着科学认识和准确把握，要自觉适应时代需要进行理论创新。对于人民群众来说，要更好实现人民利益，夯实理论自信认同的群众基础。只有争得广大人民群众的支持和拥护，增强人民群众的信心，赢得人民群众的信任，理论自信才可能化作现实。同时，要加强意识形态工作，强化社会主义理想信念教育，一方面要加强对于理论的正面宣传，坚持全面从严治党，消解理论自信各种耗损因素；另一方面要加强同西方意识形态和各种错误社会思潮的斗争。

第三，坚持中国特色社会主义制度自信，就要深刻认识中国制度的特点和优势，认识中国特色社会主义制度建设的一般规律，积极推进中国特色社会主义制度建设和创新。要深刻认识中国特色社会主义制度无论是经济制度还是政治制度，都是中国共产党结合我国的基本国情所制定的，从而使制度能够发挥出最佳的运行效率和社会功能，要了解中国特色社会主义制度具有集中力量办大事的优势，中国特色社会主义制度具有普惠民生的人民性，中国特色社会主义制度能够保障人民的权利神圣不可侵犯，中国共产党始终把人民群众的根本利益放在第一位，没有自己的特殊利益。

第四，坚定文化自信，要传承和弘扬中华优秀传统文化。文化自信也是历史自信的重要表现，一个国家和民族在历史发展的不同时期创造的精神文化，尤其是其中的精华部分，构成了一个民族共有的精神家园。要加强对中华优秀传统文化的挖掘和阐发，推动中华文明创造性转化、创新性发展，使中华民族最基本的文化基因与当代文化相适应、与现代社会相协调，把跨越时空、超越国界、富有永恒魅力、具有当代价值的文化精神弘扬起来。同时，在传承和弘扬中华优秀传统文化时还要善于借鉴、吸收其他文明成果。中华优秀传统文化是一个开放的文明系统，该系统内部各组成部分之间不仅相互吸收和借鉴，而且该系统还善于吸收借鉴其他文明的成果，善于学习他人的长处并转化为自我的东西，这是中华民族的优点之一。善于传播并吸收其他文明的优秀成果，也是文化自信的内在要求。文化的民族性和世界性并不是截然分开的，自身文化的创新发展离不开对外来文化的包容借鉴，需要做到"洋为中用"，一个真正有强大生命力的文化必然是在学习、交流中不断进行创新的。坚定文化自信，还要坚持社会主义先进文化的前进方向。坚持社会主义先进文化的前进方向，是坚定中国特色社会主义文化自信的本质要求。重视对文化发展方向的引导是我们党在文化建设上的有益经验。旗帜就是方向，方向决定道路，道路关乎命运。高举什么样的文化旗帜，坚持什么样的文化方向，开辟什么样的文化道路，是一个政党的生命之源与精神之钙。

后 记

　　《马克思主义理论前沿问题》是按照国务院学位委员会第七届学科评议组编写的由高等教育出版社于 2020 年 9 月出版的《学术学位研究生核心课程指南（一）（试行）》（以下简称《指南》）中"马克思主义理论一级学科研究生核心课程指南"之一博士生课程"马克思主义理论前沿问题"的课程内容在党的二十大召开后组织编写的。在编写过程中我们认真学习了《指南》的精神和要求，充分吸收了中国化时代化的马克思主义最新理论成果以及学界最新研究成果，按照《指南》中专题讲座的模块形式进行编写，力求为马克思主义理论学科的博士生"马克思主义理论前沿问题"课程学习提供一本体现基础性、规范性、学术性、前沿性等特征的教材。

　　本书是集体智慧的结晶。各讲撰稿分工如下。第一讲：胡立法、雍梦茜；第二讲：吴恒；第三讲：邹升平；第四讲：刘华；第五讲：唐慧玲；第六讲：刘勇、张爱武；第七讲：张爱武；第八讲：佘远富；第九讲：戴玉琴。以上撰稿人除刘勇是同济大学马克思主义学院教师、雍梦茜是扬州大学马克思主义博士研究生外，其他人都是扬州大学马克思主义学院教师。以上老师大多数是博士生导师。最后全书由张爱武统稿、定稿。

　　《马克思主义理论前沿问题》的编写和出版得到了扬州大学马克思主义学院党委书记刘继平和时任副院长曹功林的高度重视，得到了社会科学文献出版社的大力支持，责任编辑黄金平进行了认真细致的审阅，提出了许多宝贵的修改意见，付出了辛勤劳动，在此表示衷心的感谢！

本书编写组

2023 年 3 月 3 日

图书在版编目（CIP）数据

马克思主义理论前沿问题 / 张爱武主编. -- 北京：
社会科学文献出版社，2023.9（2025.1 重印）
ISBN 978-7-5228-2399-7

Ⅰ.①马… Ⅱ.①张… Ⅲ.①马克思主义理论-研究
Ⅳ.①A81

中国国家版本馆 CIP 数据核字（2023）第 164453 号

马克思主义理论前沿问题

主　　编 / 张爱武
副 主 编 / 戴玉琴

出 版 人 / 冀祥德
责任编辑 / 黄金平
文稿编辑 / 胡金鑫
责任印制 / 王京美

出　　版 / 社会科学文献出版社·文化传媒分社（010）59367004
　　　　　　地址：北京市北三环中路甲 29 号院华龙大厦　邮编：100029
　　　　　　网址：www.ssap.com.cn
发　　行 / 社会科学文献出版社（010）59367028
印　　装 / 唐山玺诚印务有限公司

规　　格 / 开　本：787mm×1092mm　1/16
　　　　　　印　张：18　字　数：295 千字
版　　次 / 2023 年 9 月第 1 版　2025 年 1 月第 3 次印刷
书　　号 / ISBN 978-7-5228-2399-7
定　　价 / 98.00 元

读者服务电话：4008918866